"十二五"职业教育国家规划教材
经全国职业教育教材审定委员会审定

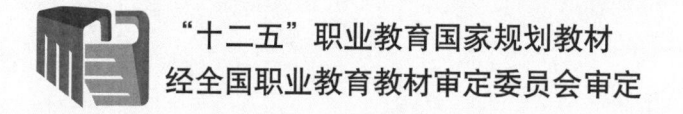

微课版

管理学基础

（第二版）

新世纪高职高专教材编审委员会 组编

主　编　杨　华
副主编　周阿利　苏克治
　　　　何　辛
主　审　吕　薇

大连理工大学出版社

图书在版编目(CIP)数据

管理学基础 / 杨华主编. -- 2版. -- 大连：大连理工大学出版社，2021.11(2023.1重印)
新世纪高职高专财经大类专业基础课系列规划教材
ISBN 978-7-5685-3285-3

Ⅰ.①管… Ⅱ.①杨… Ⅲ.①管理学－高等职业教育－教材 Ⅳ.①C93

中国版本图书馆CIP数据核字(2021)第221330号

大连理工大学出版社出版

地址：大连市软件园路80号 邮政编码：116023
发行：0411-84708842 邮购：0411-84703636 传真：0411-84701466
E-mail:dutp@dutp.cn URL:https://www.dutp.cn
大连天骄彩色印刷有限公司印刷 大连理工大学出版社发行

幅面尺寸：185mm×260mm	印张：16.25	字数：375千字
2014年12月第1版		2021年11月第2版
2023年1月第3次印刷		

责任编辑：赵部　　　　　　　　　　　责任校对：欧阳碧蕾
封面设计：对岸书影

ISBN 978-7-5685-3285-3　　　　　　　定　价：49.80元

本书如有印装质量问题，请与我社发行部联系更换。

前　言

《管理学基础》(第二版)是"十二五"职业教育国家规划教材,也是新世纪高职高专教材编审委员会组编的财经大类专业基础课系列规划教材之一。

近年来,习近平总书记对职业教育工作多次作出重要指示,强调在全面建设社会主义现代化国家新征程中,职业教育前途广阔、大有可为;指出优化职业教育类型定位,深化产教融合、校企合作,深入推进育人方式等。职业教育得到社会各界越来越多的关注,并且越来越注重学科的应用特色,注重培养学生的动手实践能力。因此,如何在有限的时间里最大限度地突出课程的应用特色,是每一个高职教育工作者都要面临的挑战。本教材建立在职业教育培养高级技能型应用人才的办学理念基础上,从编写指导思想,到内容选择、体系设计、编写模式,都以服务于培养基层管理岗位所需的综合管理技能与素质为出发点,努力打造充分体现高职教学特色的实用教材。本教材具有如下特色:

一、体现课程思政

本教材以习近平新时代中国特色社会主义思想为指导,将立德树人的理念及课程思政元素有机融入教材中,注重学生职业素质、职业道德的养成。

二、教材结构创新

本教材创建了"引导案例＋工作任务＋知识链接＋实践应用"的四步式结构模式。"引导案例"模块,引导学生进入本项目的感性思考中;"工作任务"模块,一方面激发学生自主学习的兴趣,另一方面使其在做任务过程中发现问题并带着实践中遇到的问题,然后通过做相关任务进入"知识链接"模块的学习,跟随教师的指导去学习相关知识;"实践应用"模块,则通过案例分析提高学生对知识的实践应用能力。

三、教材内容创新

本教材以学生分组模拟设立企业的方式,按照管理企业的各项职能,以组织、计划、领导、控制、创新管理过程中遇到的问题为主线,引导出每一项目的学习任务,使学生按照管理过程的顺序,在实际管理情境中创设问题、寻找答案,学习管理知识,训练管理技能。通过项目任务的推进,学生不断深入自己的角色,学习相关的知识,从而全面提高学生相应的职业能力与素养。每一个项目下各模块相互衔接,内容丰富,形式多样,调动学生学习积极性。

四、将"互联网+"引入教材,课程资源渠道多元化

对教材中的关键知识点、重要案例等制作了微课,读者扫码即可观看视频资源,更加符合新时期学生的学习习惯、兴趣和特点,也丰富了教师和学生的教学资源。

本教材由西安职业技术学院杨华担任主编,中共西安市委党校周阿利、大连理工大学苏克治、辽宁金融职业学院何辛担任副主编。此外,西安职业技术学院柯沪芬、赵婷、刁英,联想(西安)有限公司肖飞,陕西罗泰律师事务所罗小静,参与了部分内容的编写工作。具体编写分工如下:杨华编写项目一、项目二、项目四;柯沪芬编写项目三;刁英编写项目五;苏克治编写项目六、何辛编写项目七;周阿利、赵婷编写项目八;肖飞、罗小静对各项目内容进行了校对与修改补充。全书由杨华负责总体架构设计、修改、补充、定稿。滨州职业学院吕薇通审了全部书稿并提出了宝贵建议,在此表示衷心的感谢!

本教材在编写过程中参阅了大量的教材、著作、法律、法规,书中所引案例大多来源于各种教材及管理经典案例资源库或网络,在此向相关人员表示衷心的感谢!

本教材是各相关高职院校与企业倾心合作的结晶。在本次编写过程中,编者做了很大的努力,但不足之处在所难免,恳请各相关单位和院校继续关注,并将意见及时反馈给我们,以便及时修订完善。

编　者

2021 年 11 月

所有意见和建议请发往:dutpgz@163.com
欢迎访问教材服务网站:https://www.dutp.cn/sve/
联系电话:0411-84706671　84707492

目　录

项目一　管理、管理学、管理者　1
　任务一　管理与管理学　2
　任务二　管理者　7

项目二　管理理论的演进　20
　任务一　中国古代管理实践与智慧　21
　任务二　西方管理理论演进　27

项目三　组　织　46
　任务一　组织与组织结构　47
　任务二　人员配备　63

项目四　企业战略与决策　81
　任务一　企业战略　82
　任务二　决　策　94

项目五　计　划　116
　任务一　市场调查与预测　117
　任务二　计划与计划工作　128
　任务三　目标管理　143

项目六　领导与激励　155
　任务一　领　导　156
　任务二　激励与沟通　168

项目七 控 制 ... 185

　　任务一 控制与控制工作 ... 186

　　任务二 控制技术与方法 ... 195

项目八 创 新 ... 211

　　任务一 管理创新 ... 212

　　任务二 当代创新管理思想 ... 221

参考文献 ... 251

项目一　管理、管理学、管理者

项目学习目标

知识目标 >>>

1. 掌握管理的含义，理解管理的属性与职能；
2. 了解管理学科研究的对象与内容；
3. 理解和掌握管理者的角色与分类，理解管理者应具备的素质。

能力目标 >>>

1. 初步培养对管理的艺术性和技能性的感悟；
2. 认识并有意识培养学生的管理素质。

思政目标 >>>

1. 本项目通过融入习近平总书记的治国执政思想分析管理的含义，引导学生深入了解现代管理大到国家管理，小到企业管理、班级管理其理论是相通的。

2. 本项目通过分析管理者素质要求，融入社会主义核心价值观，从爱国、敬业、责任、担当入手，引导学生应情系国家，树立爱国情怀，自觉融入坚持和发展新时代中国特色社会主义事业，建设社会主义现代化强国，实现中华民族伟大复兴的奋斗中去。

项目指南

本项目有两个主要任务：任务一启发学生从认识身边的管理事件入手，学生总结列举出多项涉及管理的事件，由这些事件总结什么是管理，引出管理学者对管理含义的认识，再引出管理学科所要研究的对象与内容；任务二指导学生分小组概括、总结管理者的素质，在完成项目的同时也在潜移默化地影响学生，使学生在今后的学习、生活中有意识培养自身的管理素质。

任务一　管理与管理学

引导案例

时间管理的关键点

美国一家钢铁公司的总经理常常遇到很多时间管理上的问题。如为什么公司总是这么忙？做事情效率总是这么低？他非常想让人帮助他分析和解决时间管理的瓶颈问题，于是就找了一个顾问。这个顾问花了一段时间，天天观察这家公司的做事方法，最后给总经理提出了三条建议，并说："你可以先不付给我钱，你先根据我这三条建议做一段时间后，如果有成效，你再来决定给我多少酬金。如果没有成效，你可以一分不给。"两个月以后，这个顾问收到了一张25 000美元的支票。实践证明，这三条建议是非常有成效的。

这三条建议是：

(1) 把每天要做的事情列一份清单。
(2) 确定优先顺序，从最重要的事情做起。
(3) 每天都这么做。

任务导入

● 任务目标

找出身边你认为是管理的事件。

● 任务引导

1. 每一名学生选定一个关于管理实践的交流话题，设计交流提纲和内容。
2. 选定一名合适的朋友、企业管理者或社会组织管理者进行深度交流。

● 任务方法

每一名学生均须完成一次实地交流活动，做好交流记录，并上交交流记录。班级分若干组，每个小组推荐两名学生介绍关于"管理是什么"话题的交流过程及体会，汇总学生列举出的管理事件。教师点评。

项目任务指引案例：

采访者："请谈谈您对管理的认识？"

被采访者××企业主："只要有一个人就要进行管理，即便这个人就是自己。管理这个名词太抽象，很多年轻人无法直接解释管理的含义。最好的名词解释应该以自己的企业为例，管理在不同的行业、规模企业中有很大区别，但根本的内涵却是一样的。"

采访者:"请谈谈您在管理企业中是如何做的?"

被采访者××企业主:"我从自己的企业谈起,最早我就是不断地整理自己的客户、项目、进度、需求、故障等信息,将这些信息不断地更新,无非就是几天就有一堆纸头产生。随着人员的增加,我必须对整个过程进行基本管理,我对公司例行业务设计了两份表单,一份是项目设立的表单,一份是项目完工后不断修改、完善的表单。管理很简单,因为整个公司只有这两份表单。管理也很完善,而且绝大部分的公司工作都能在这两份表单中体现,不仅能够通过这两份表单进行公司基本业务的记录和跟踪,也能作为发生重大故障和纠纷时的依据,当然也能作为年度发放奖励的重要依据(有些企业到年底,对年初贡献大的员工奖励不高,但对年底可能正在忙一个小项目的员工更加重视,这就导致内部的利益纠纷)。

对于我,将所有项目的表单都装订起来并"一字排开",这倒不是寻找自我感觉,而是使我一目了然,每个员工手上只有一个夹子,里面都是自己正在或者即将开展的工作,完成了就交给我,我对工作进行核对,填写完成时间,完成意见后签名,然后进入我的夹子阵列。

我经营的企业虽然很小,但多年下来也积累了很多客户和订单,尤其我们提倡后期服务,即项目完成才是真正的服务开始,所以我的夹子基本是增加,现在主要是按等级、类型分开。

我的管理很简单,我在办公室的事情再多也就是我面前的这些夹子了。"

知识链接

一、管理的含义

在现代社会中,管理无时不在,无处不在。耳熟能详的有关管理的词语就很多,比如,行政管理、社会管理、工商企业管理、人力资源管理、情报管理等。在现代市场经济中,工商企业管理最为常见。每一种组织都需要对其事务、资产、人员、设备等资源进行管理。每一个人也同样需要管理,比如,管理自己的起居饮食、时间、健康、情绪、学习、职业、财富、人际关系、社会活动、精神面貌等。那么,管理到底是什么?

"科学管理之父"弗雷德里克·泰罗认为:管理就是确切地知道你要别人干什么,并使他用最好的方法去干。在泰罗看来,管理就是指挥他人能用最好的办法去工作。

诺贝尔奖获得者赫伯特·西蒙对管理的定义是:管理就是制定决策。

"经营管理之父"亨利·法约尔在其《工业管理和一般管理》中给出管理概念,并由此产生了整整一个世纪的影响,对西方管理理论的发展具有重大的影响。法约尔认为:管理是所有的人类组织都有的一种活动,这种活动由五项要素组成,分别是计划、组织、指挥、协调和控制。法约尔对管理的看法颇受后人的推崇与肯定,形成了管理过程学派。

著名的管理学教授斯蒂芬·罗宾斯对管理的定义是:所谓管理,是指同别人一起,或通过别人使活动完成得更有效的过程。

管理活动自古有之，人们在长期实践中认识到管理的重要性和必要性，但把管理活动作为一门学科进行系统研究只有一二百年，因此，对于管理的概念，至今国内外众说纷纭，没有统一的定义。

我们认为，管理是各级管理者在执行计划、组织、领导、控制、创新等基本职能的过程中，通过优化配置和协调使用组织内的人、财、物、信息等资源，从而有效地实现组织目标的活动过程。管理的概念包括六个方面的含义：

(1) 管理的目的是实现特定的目标；
(2) 管理的主体是管理者；
(3) 管理的客体是动员和配置的有效资源；
(4) 管理具有基本的职能——计划、组织、领导、控制和创新；
(5) 管理的本质是协调；
(6) 管理是一种社会实践活动。

二、管理的性质与基本职能

(一) 管理的性质

1. 管理具有二重性

管理的一种属性是其所具有的合理组织生产力的自然属性。管理是由于许多人协作劳动而产生的，是由生产社会化引起的，是有效地组织共同劳动所必需的，因此它具有同生产力、社会化大生产相联系的自然属性。

另一种属性是为一定生产关系服务的社会属性。管理是在一定的生产关系条件下进行的，必然体现出生产资料占有者指挥劳动、监督劳动的意志。因此，它具有同生产关系、社会制度相联系的社会属性。

自然属性是管理最根本的属性，它要求管理工作要适应现代化的客观要求，按社会化大生产的客观规律来合理地组织生产力，采用科学的方法，不断提高管理的现代化水平，这有助于我们及时借鉴和吸收先进的管理经验和管理知识。同时，管理又具有明显的社会属性，任何一种管理方法、管理技能和手段的出现，总是带有时代的烙印，其有效性往往同生产力水平及社会历史背景相适应。实践证明，一个适用于古今中外的普遍管理模式是不存在的。因此，在学习和运用某些管理理论、原理、技术和手段时，必须结合本国、本单位、本部门的实际情况，因地制宜，才能取得预期的效果。

2. 管理的科学性与艺术性

管理是一门科学，是指它以反映管理客观规律的管理理论和方法为指导，有一套分析问题、解决问题的科学方法。人们经过无数次的实践，从中收集、整理、归纳、总结出一系列反映管理过程中客观的规律、科学的管理理论和一般方法。管理也是艺术，它的艺术性体现在若管理者仅靠管理理论和方法，不与具体的管理活动结合，不能灵活运用这些知识和方法的技巧,则管理活动必然是无效的。因此,管理既是一门科学,也是一门艺术,是科学与艺术的有机结合体。

(二)管理的基本职能

管理的基本职能包括计划职能、组织职能、领导职能、控制职能、创新职能。

1.计划职能

计划是事先对未来行为所做的安排,计划职能是管理的首要职能。首先,计划从明确目标着手,为实现组织目标提供了保障。其次,计划还通过优化资源配置保证组织目标的实现。最后,计划通过规划、政策、程序等的制定保证组织目标的实现。

2.组织职能

从静态意义上讲,组织是指具有一定目标,按照一定原则成立的有秩序的人事综合体。从动态意义上讲,组织是围绕一定目标,设置并建立组织结构,安排群体成员的职位,确定其职责、权限及其相互关系,从而使群体具有较高的效率。

组织由三个基本要素构成,即目标(组织存在的依据)、部门(组织的基本单元)和关系(部门及其活动的联系方式)。

3.领导职能

领导职能是指领导者运用组织赋予的权力,组织、指挥、协调和监督下属人员,完成领导任务的职责和功能。领导职能的"职"代表职责,"能"代表能力。作为一个领导者,其主要的责任是激发下属人员的潜能,让每一位下属人员的潜能发挥到百分之百,甚至是百分之二百。领导,是引领指导的意思,不单纯是"管人"这么简单。管理学中的领导职能是一门艺术,它贯彻在整个管理活动中。不仅组织的高层领导、中层领导要实施领导职能,基层领导,例如工厂的车间主任、医院的护士长也担负着领导职能,都要做人事工作,重视工作中人的因素的作用。

4.控制职能

控制的实质就是使实践活动符合计划,计划就是控制的标准。控制职能是管理者按照既定的目标、计划和标准,对组织活动各方面的实际情况进行检查和考察,发现差距,分析原因,采取措施,予以纠正,使工作能按原计划进行。或根据客观情况的变化,对计划做适当的调整,使其更符合实际。

通过控制,管理者能够监督和评估组织的战略结构是否如预期那样发挥作用,思考如何改进它们,以及如果它们不能发挥作用,应该怎样对其进行修正。

5.创新职能

计划、组织、领导、控制是保证计划目标实现所不可缺少的职能,从某种角度上讲,它们是管理的"维持职能",其任务是保证系统按预定的方向和规则进行。但是管理是在动态环境中生存的社会经济系统,仅靠维持是不够的,还必须不断调整系统活动的内容和目标,以适应环境变化的要求,这就要求其不断创新。创新首先是一种思想及在这种思想指导下的实践,还是一种原则以及在这种原则指导下的具体活动,是管理的一种基本职能。

三、管理学研究的对象与内容

管理学是关于管理活动的科学,是从管理实践中总结、归纳、提炼出来的一门研究一般管理理论和原理的科学,它从实践中来,到实践去,是指导组织管理活动的基本思想和方法论。既然管理学是一门系统地研究管理活动和管理过程的普遍规律、基本原理和一般方法的科学,那么管理活动和管理过程就是管理学的研究对象。

根据管理的性质和管理学研究的特点,管理学的研究内容大体上分为三个层面:

(1)管理活动总是在一定的社会生产方式下进行的,其研究内容可以分为生产力,生产关系和上层建筑。生产力方面,管理学主要研究生产力诸要素之间的关系,即合理组织生产力的问题。研究如何配置组织中的人、财、物,使各要素充分发挥作用的问题。研究如何根据组织目标的要求和社会的需要,合理地使用各种资源,以求得最佳的经济效益和社会效益的问题。生产关系方面,管理学主要研究如何正确处理组织中人与人之间的相互关系。研究如何建立和完善组织结构及各种管理体制等。研究如何激励组织内部成员,从而最大限度地调动各方面的积极性和创造性,为实现组织目标而服务。上层建筑方面,管理学主要研究如何使组织内部环境与外部环境相适应的问题。研究如何使组织规章制度与社会的政治、经济、法律、道德等上层建筑保持一致的问题。

(2)从管理的历史出发,着重研究管理实践、管理思想、管理理论的形式、演变和发展,知古鉴今。

(3)从管理者的工作或职能出发,系统研究管理活动的原理、规律和方法问题。

【任务小结】

　　管理是各级管理者在执行计划、组织、领导、控制、创新等基本职能的过程中,通过优化配置和协调使用组织内的人、财、物、信息等资源,从而有效地实现组织目标的活动过程。管理贯穿于组织经营活动的始终。计划、组织、领导、控制、创新,这五种职能是一切管理活动最基本的职能。管理的性质以其自然属性和社会属性表现出来,同时兼具科学性与艺术性而发挥作用。

　　管理学是关于管理活动的科学,是从管理实践中总结、归纳、提炼出来的一门研究一般管理理论和原理的科学,它从实践中来,到实践去,是指导组织管理活动的基本思想和方法论。管理活动和管理过程是管理学的研究对象,管理学的研究内容大体上有三个方面,从管理活动的社会生产方式方面研究,从管理的历史出发及从管理者的工作或职能出发来研究。

任务二 管理者

引导案例

大事精明，小事糊涂

新希望集团董事长刘永好曾说：在企业管理上，作为一个集团企业，我们新希望集团的60多家企业分布在全国各地，有些我去了，有些我还没有去过，我们的员工我认识一部分，但大多数我不认识；我们公司每天都有好消息报上来，当然也有坏消息。有的事情明明是坏事，我本可以去制止它，但我没有，为什么？因为我认为应该如此，这叫大事精明，小事糊涂。要留有空间，你什么事都管了，留什么给你的下属做？你的总经理做什么？这是一个现代企业应该考虑的，有时候装糊涂是有好处的，能够培养一批人。当然装糊涂并不等于真糊涂，要是真的糊涂了，那就麻烦了。

这番话体现了一位企业家对如何管理好企业的感悟。人才是企业之本，此道理知易而行难。管理的科学性就在于用人的科学性，管理的艺术就在于用人的艺术性。无论是管理者还是企业家，培养下属是领导者思想和行动的延伸。

任务导入

任务目标

总结最受欢迎与最不受欢迎的管理者特征。

任务引导

1．以小组为单位，每个小组选定三家企业或社会组织，了解其管理者工作现状和员工的想法。在此基础上制订一份最受欢迎与最不受欢迎的管理者特征方案。

2．设计一份关于管理者性格特征、受欢迎程度的问卷调查表，在每家企业或社会组织中邀请十名到二十名员工答卷，回收问卷调查表。

3．归纳总结问卷调查表内容，每个小组出一份调查报告。

任务方法

以学习小组为单位，走访企业及其他社会组织；在调查了解基础上制定关于管理者性格特征及受欢迎程度的问卷调查表；邀请企业或社会组织员工填写调查表，回收并总结问卷调查情况；小组汇报方案及结论，教师点评，评选最佳小组活动方案。

项目任务指引案例：

最不受欢迎的管理者特征列举

被采访者××酒店员工："我认为是讽刺挖苦，员工不喜欢领班用嘲笑的方式与他们讲话，尤其是在其他员工面前嘲笑、讽刺一名员工，这样会使员工没有面子，使员工自尊受损。"

完成表1-1。

表1-1　　　　　　　　　最不受欢迎的管理者特征

最不受欢迎的管理者特征	条形图	被采访者统计	归类总结
讽刺挖苦		6	品德素质
瞎指挥		4	技术素质
……	……	……	……

知识链接

一、管理者及其分类

在日常生活中，我们会看到各具特色的管理者。如任正非，依靠其创造的独特企业狼性价值观，成就了华为这样强大的企业；每天喜欢午睡、平时游走于"崇山峻岭"的王石，把万科管理得井井有条。可见，没有固定的成功管理模式，具有不同管理风格的管理者都可以在自己的领域做出骄人的业绩。

微课：诸葛亮VS司马懿——谁才是更优秀的管理者

组织中的成员一般分为两大类：一类是管理者，另一类是作业人员。管理者的工作性质与作业人员的工作性质是截然不同的。作业人员直接在某一岗位或任务中制造产品或提供服务，但是他们不负有监管他人的工作责任。管理者则是指在组织中全部或部分从事管理活动的人员，即在组织中担负计划、组织、领导、控制和创新等工作，以期实现组织目标的人。一个组织中从事管理工作的人可能有很多，不同的管理者可处于不同的管理岗位上。

（一）按管理层次划分

1. 高层管理者

高层管理者是指对整个组织的管理负有全面责任的人，他们的主要职责是制定组织的总目标、总战略，把握组织的发展方向，并评价整个组织的绩效。

2. 中层管理者

中层管理者处于高层管理者和基层管理者之间，他们的主要职责是贯彻执行高层管理者所制定的重大决策，监督和协调基层管理者的工作。

3.基层管理者

基层管理者亦称第一线管理者,也就是组织中处于最低层次的管理者,他们所管辖的仅仅是作业人员而不涉及其他管理者。相对于高层管理者而言,在一个单位,基层管理者一般是指部门经理、车间主任、科室负责人、学科带头人、系主任、班组长、领班、工头等。基层管理者是单位的骨干,起着承上启下的重要作用。

(二)按管理领域和专业划分

1.综合管理人员

综合管理人员是指负责管理整个组织或组织中某个部门的全部活动的管理人员,如总经理、地区经理。

2.专业管理人员

专业管理人员是指负责管理组织中某一类活动的管理人员。对于现代组织而言,随着其规模的不断扩大和所处环境的日益复杂,将越来越多地需要各种专业管理人员,因此这些专业管理人员的地位也将变得越来越重要。根据专业领域不同,可以将其具体划分为生产部门管理人员、营销部门管理人员、行政部门管理人员、人事部门管理人员、财务部门管理人员及研究开发部门管理人员等。

二、管理者的角色

管理者的角色如图 1-1 所示。

人际关系角色	信息角色	决策角色
• 挂名领袖 • 领导者 • 联络员	• 监听者 • 传播者 • 发言人	• 企业家 • 危机控制者 • 资源配置者 • 谈判者

图 1-1 管理者的角色

(一)人际关系角色

人际关系角色是指所有管理者都要履行礼仪性和象征性工作的义务。

1.挂名领袖

作为挂名领袖,管理者必须出席许多法律性和社交性等活动的仪式,可能为公司资助的活动剪彩、致辞或代表公司签署法律合同文件等。在承担挂名领袖角色时,管理者会成为大众瞩目的焦点,其举手投足、一言一行都代表着企业的形象,因此对管理者的口头沟通能力和非语言沟通能力提出了很高的要求。一般情况下,挂名领袖要通过微笑、挥手致意等形体语言,以及铿锵有力的声音、言简意赅的表达来展现企业的自信和能力。

2.领导者

作为领导者,管理者主要负责激励和动员下属,负责人员配备、培训和交往,统筹所有下属参与的活动。这个角色同样要求管理者擅长面谈等口头沟通和非语言沟通形式。当然,管理者可以通过发布倡导书、书面指令等来影响和改变员工的行为,但仅有书面沟通的形式是不够的,优秀的管理者必然要通过口头沟通和形体语言来激励和鼓舞员工。因为,面对面的口头沟通加上相应的形体语言能够更快、更有效地传达管理者的意图,而且管理者有条件做到这一点,因为管理者与员工在同一个办公场所工作。

3. 联络员

管理者在组织中要与其他部门协调,还要与外部组织,包括供应商和顾客协调。部门的设立将企业从一个整体分割成若干个小组,管理者必然要承担起联络员的角色。管理者应及时向相关的部门提供各种信息,使之相互协调。同时,管理者也要维护企业发展起来的外部联络与关系网络,担当企业公共关系负责人的重任。通常,管理者通过召开跨部门的会议来分配和协调各部门的工作,通过与外部关系人单独会面等方式来协调企业与外部环境的沟通活动。这就要求管理者必须具备优秀的会议主持、面谈等口头沟通和非语言沟通能力。

(二) 信息角色

整个组织依赖于管理结构和管理者进行必要的内外信息沟通。信息角色有三种:

1. 监听者

管理者持续地收集组织内部和外部变化信息来监督组织的过程,识别机会和威胁,调整方向和方式。作为监听者,管理者寻求和获取各种特定的、即时的信息,以便比较透彻地了解外部环境和组织内部的经营管理现状,如,经常阅读各种报纸和杂志、政府报告、财务报表等。换言之,管理者充当了组织的内部、外部信息的神经中枢。这就要求管理者具备基本书面沟通和口头沟通的技巧,主要是理解和倾听的能力。

2. 传播者

拥有源于组织内部和外部的关键信息,并把他们传递给组织中需要了解这些信息的人。管理者将与员工工作相关或有助于员工更好工作的必要的、重要的信息传递给有关人员,就是管理者作为传播者的职责。有些是有关事实的信息,有些则涉及对组织有影响的各种人的不同观点的解释和整合。管理者几乎可以采用所有的信息沟通形式传播信息,如以面谈、电话交谈,做报告、书面报告、备忘录、书面通知等形式将相关的信息传递给有关人员。正因为这一点,管理者必须懂得如何通过多种途径,或针对信息内容选择恰当的沟通形式。

3. 发言人

发言人代表组织面向组织外部任何人——顾客、供应商或媒体等。作为发言人,管理者通过董事会、新闻发布会等形式向外界发布有关组织的计划、政策、行动、结果等信息。这要求管理者掌握和运用正式沟通的形式,包括报告等书面沟通和演讲等口头沟通形式。

(三) 决策角色

管理者需要进行各种各样的决策活动,其中包括市场机遇的识别与把握、资源的应用、冲突与危机的控制,并以谈判者身份出面解决上述问题。

1. 企业家

把握经营机会,识别和利用市场机遇,领导变革与实现创新。作为企业家,管理者必须积极探寻组织在竞争环境中的机会,制订战略与持续改善的方案,督导决策的执行进程,不断开发新的项目,换句话说,管理者要充当组织变革的发起者和设计者。这在一定程度上要求管理者具有良好的人际沟通能力,善于通过与他人沟通来获取信息,帮助决策,同时能与他人就新思想、新发展等观点进行交流。

2. 危机控制者

冲突管理,处理矛盾和冲突。当组织面临或陷入重大意外危机时,负责开展危机公关,采取补救措施,并相应建立预警系统,防患于未然,消除混乱出现的可能性。这包括召开处理故障和危机的战略会议,以及定期地检查会议执行情况。因此,管理者要具备娴熟的会议沟通技巧。

3. 资源配置者

分配组织的各种资源,如时间、财力、人力、信息和物质资源等,决定组织如何发挥作用。其实就是管理者负责所有的组织决策,包括编制预算、安排员工的工作等。在执行资源分配时,管理者在很大程度上需要使用书面沟通形式,如批示、指令、签署授权书和委任状等。

4. 谈判者

在主要的谈判中作为组织的代表,调停各个下属与组织其他管理者之间、组织外部的竞争者之间的关系。这项角色包括代表资方与劳方进行合同谈判,或为采购设备、购买专利、引进生产线等与供应商洽谈。这要求管理者掌握谈判的沟通技巧。

以上这些角色各有特色,但又高度关联。管理者无论履行什么管理职能,或在扮演什么管理者角色,都离不开管理沟通。为了提升管理效率,不时地充当各种角色的管理者必须不断与组织内外的人员进行持续而有效的沟通。

与此同时,有证据证明,管理者更主要的是信息角色。管理者每个工作日要花费80%的时间用来和其他人进行沟通,换句话说,每个小时有48分钟用在会议、电话或者和其他人进行的非正式谈话上。管理者审视周围,寻找重要的书面和私人信息,收集实情、数据和创意,这些都将传递给追随者或者需要这些信息的其他人。然后,管理者会接到追随者的信息和反馈,检查是否在信息的传递过程中造成了误解,并且决定是否需要将这些信息改进得更准确一些。

管理者角色的侧重点是随组织的等级层次变化而变化的,特别是挂名领袖、联络员、传播者、发言人和谈判者角色,对于高层管理者要比低层管理者更重要;相反,领导者角色对于低层管理者,要比中、高层管理者更重要。

知识窗

明茨伯格的管理者角色理论见表 1-2。

表 1-2　　　　　　　　　　明茨伯格的管理者角色理论

角　　色	描　　述	特征活动
人际关系角色		
1.挂名领袖	象征性的首脑,必须履行许多法律性的或社会性的例行义务	迎接来访者,签署法律文件
2.领导者	负责激励和动员下属,负责人员配备、培训交往的职责	实际上从事所有的下级参与的活动
3.联络员	维护企业发展起来的外部联络和关系网络,向人们提供信息	发感谢信,从事外部委员会工作,从事其他有外部人员参加的活动
信息角色		
4.监听者	寻求和获取各种特定的信息(其中许多是即时的),以便透彻地了解组织与环境;作为组织内部和外部信息的神经中枢	阅读期刊和报告,保持私人接触
5.传播者	将从外部人员和下级那里获得的信息传递给组织的其他成员——有些是关于事实的信息,有些是解释和综合组织有影响的人物的各种价值观点	举行信息交流会,用打电话的方式传达信息
6.发言人	代表组织面向组织外部任何人	发布有关组织的计划、政策等
决策角色		
7.企业家	寻求组织和环境中的机会,制订改进方案以发起变革,监督某些方案的策划	制定战略,检查会议要求执行情况,开发新项目
8.危机控制者	当组织面临重大的、意外的动乱时,负责采取补救行动	制定战略,组织陷入混乱和危机时,开展危机公关
9.资源配置者	负责分配组织的各种资源——事实上是批准所有重要的组织决策	调度、询问、授权,从事涉及预算的各种活动和安排下级的工作
10.谈判者	在主要的谈判中作为组织的代表	参与工会进行合同谈判

三、管理者的素质

素质是指人在先天条件下,通过后天的教育训练和受环境影响,而形成的比较稳固的且在比较长时间内起作用的基本品质,它是一个人行为的基础和根本因素。管理者在组织中担负重要的任务,管理工作决定着组织的成败,所以要求管理者应该具备优良的素质。然而,不同的管理岗位要求的素质又不尽相同。管理者的素质大体可以从以下几个方面来展示。

(一)品德素质

品德体现了一个人的世界观、人生观、价值观、道德观等,是其对待现实的态度和行为方式的指导。作为一名管理者,应具备良好的精神素质、强烈的管理意愿和责任感。

1.良好的精神素质

奉献精神：管理者要有一种服务社会，造福人民的奉献精神，对事业执着追求，并愿意为此牺牲个人利益。

实干精神：在组织发展过程中，会遇到各种困难，如遇到强大的竞争对手，甚至遭受挫折和失败，这就要求管理者具有百折不挠的拼搏精神和吃苦耐劳、艰苦奋斗的实干精神。

合作精神：管理者的任务是带领下属努力工作，管理主要是对人的管理，管理者要有与人合作共事的精神，善于团结群众、依靠群众。

创新精神：面对复杂多变的管理环境，管理者要有创新精神，勇于开发新产品，开拓新市场，引进新技术，起用新人，采用新的管理方式。管理者要勇于冒风险，没有一定的风险承受能力是管理不好企业的。

2.强烈的管理意愿和责任感

管理意愿是决定一个人能否学会并运用管理基本技能的主要因素。现代行为科学研究认为，缺乏管理欲的人同样缺乏敢作敢为、敢于承担工作责任的勇气和担当。只有树立起一定的理想，有强烈的事业心和责任感，人才会有干劲，才会渴望在管理岗位上有所作为，从而有所贡献。

（二）知识素质

知识是提高科学管理水平和管理艺术的基础与源泉。管理学是一门综合性的科学，涉及的学科知识很广，因此，管理者必须掌握以下几方面的知识。

1.政治、法律知识

要掌握所在国家和执政党的路线、方针、政策，国家的有关法令、条例和规定，以便及时把握组织发展的方向。

2.经济学、管理学知识

要懂得按经济规律办事，了解当今管理理论的发展情况，掌握基本的管理理论与方法。

3.心理学、社会学知识

要善于协调人与人之间的关系，积极调动员工的积极性。

4.专业基础知识

不管是谁，无论管理什么行业，都得有一定的专业基础知识。

（三）技术素质

美国著名的管理学学者罗伯特·卡茨的研究表明，管理者要具备技术技能、人际技能及概念技能以确保管理活动的实现。

1.技术技能

技术技能即管理者运用所监督的专业领域中的过程、惯例、技术和工具的能力。它是指执行一项特定的任务所必需的专业能力，它需要管理者普遍了解和熟悉本部门及组织其他部门所从事的技术项目。技术技能对于基层和中层管理者来说非常重要。

2.人际技能

人际技能即成功与他人打交道并与他人沟通的能力。管理者除了领导下属外，还需要与上级领导和同事打交道，还得学会说服上级领导，学会同其他部门同事紧密合作等，这些都需要人际技能。

3.概念技能

概念技能即把观念设想出来并加以处理以及将关系抽象化的能力。具有概念能力的管理者能准确把握组织和单位内的各种关系，识别问题的存在，拟订可供选择的解决方案，挑选最好的方案并付诸实施。

以上三种技能按照职位的高低，侧重有所不同。越是低层的管理者，其技术技能要求得越高，越是高层的管理者，其技术技能要求得越低。

各种层次管理者所需要的管理技能比例如图1-2所示。

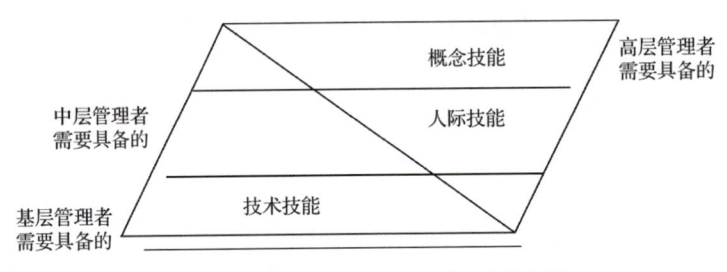

图1-2　各种层次管理者所需要的管理技能比例

【任务小结】

　　管理者是指在组织中指挥他人完成具体任务的人。按照管理者在组织中所处的地位不同，可以将管理者分为：高层管理者、中层管理者和基层管理者；按管理领域和专业分为综合管理人员和专业管理人员。明茨伯格把管理者扮演的角色分成三大类：人际关系角色、信息角色和决策角色。作为一名管理者应具备以下素质：品德素质，包括良好的精神素质、强烈的管理意愿及责任感；知识素质，包括政治、法律知识、经济学和管理学知识、心理学和社会学知识以及专业基础知识；技能素质，包括技术技能、人际技能、概念技能。

职场指南

作为职业学校的学生，可能会在未来短期内从事基础技术方面的工作。但是了解管理是重要的，不仅可以在管理自己的方方面面中运用管理学方面的思维方式，而且在工作中，了解自己在管理中所处的地位，该如何服从管理者的需要以及理解管理者的做法，也是作为好员工必须掌握的。从长远来说，培养自身的管理素质更重要，只有提升自我修养，多学习管理者所具备的品德素质和精神素质，未来的路才会越走越顺畅。

案例分析

案例1 他是一位好厂长吗？

某机械厂是一家拥有职工2 000多人，年产值约5 000万元的中型企业。该厂贾厂长虽年过50，但办事风格仍风风火火，每天都要处理厂里大大小小的事情，从厂里的高层决策、人事安排，到职工的生活起居，可以说无事不包，人们每天都可以见到贾厂长骑着他那辆破旧的自行车穿梭于厂里厂外。正因为这样，贾厂长在厂里的威信很高，职工有事都找他，他也总是有求必应。不过，贾厂长的生活也的确过得很累，有人劝他少管些职工的鸡毛蒜皮的事，可他说："我作为一厂之长，职工的事就是我自己的事，我怎能坐视不管呢！"贾厂长这么说也这么做。为了把这个厂办好，提高厂里的生产经营效益，改善职工的生活，贾厂长一心扑在事业上。他每天从两眼一睁忙到熄灯，根本没有节假日，妻子患病他没时间照顾，孩子的家长会他也没时间出席，他把全部的时间和心血都花在了厂里。正因为贾厂长这种勤勤恳恳、兢兢业业的奉献精神，他多次被市委市政府评为市先进工作者，市晚报记者还专门对他的事迹进行过报道。

在厂里，贾厂长事必躬亲，大事小事都要过问，能亲自办的事绝不交给他人办，可办可不办的事也一定是自己去办；交给下属的一些工作，总担心下面办不好，常要插手过问，有时弄得下面的领导不知如何是好，心里憋气。但大家都了解贾厂长的性格，并为他的好意所动，不便直说。有一次，厂里小王夫妇闹别扭，闹到了贾厂长那里，当时贾厂长正忙着开会，让工会领导去处理一下，工会主席在了解情况后，做双方的思想工作，事情很快就解决了。可贾厂长开完会后又跑来重新了解情况，结果本来平息了的风波又闹起来了。像这样的例子在厂里时有发生。

虽然贾厂长的事业心令人钦佩，但厂里依然陷入了困境。随着市场环境的变化，厂里的生产经营状况每况愈下，成本费用急剧上升，效益不断下滑，急得贾厂长常常难以入眠。不久，贾厂长决定在全厂推行成本管理，厉行节约，他以身作则，率先垂范。但职工并不认真执行，浪费的照样浪费，考核成了一种毫无实际意义的表面形式。贾厂长常感叹职工没有长远眼光，却总也拿不出有力的监管措施。

在有关部门的撮合下，厂里决定与一家外国公司合作，由外方提供一流的先进设备，厂里负责生产。当时这种设备在国际上处于先进水平，如果合作成功，厂里不仅能摆脱困境，而且可以使厂里的生产、技术和管理都跃上一个新台阶，因此大家都对此充满信心。经多方努力，合作的各项准备工作已基本就绪，就等双方领导举行签字仪式。仪式举行的前一天，厂里一个单身职工生病住院，贾厂长很担心他，亲自到医院陪他。第二天，几乎一夜未合眼的贾厂长又到工厂查看生产进度，秘书几次提醒他晚上有重要会议，劝他休息一下，但他执意不肯，下午，贾厂长在车间听取职工反映情况时病倒了。晚上，贾厂长带病出席签字仪式。

在晚上的签字仪式上，贾厂长最终没能支撑下去，中途不得不被送进医院。外方领导在了解事情的经过后，一方面为贾厂长的敬业精神所感动，另一方面也对贾厂长的能力表示怀疑，决定推迟合作事宜。贾厂长出院后，职工们对他的能力同样表示怀疑，他在厂里的威信也从此大为下降。对此，贾厂长有苦难言，满脸无奈。

请思考：

你认为贾厂长是一名优秀的管理者吗？

案例 2　忙碌的生产部长

金星公司是一家专门生产住宅建筑用的特殊制品的合资企业。王雷是该厂的生产部长，他的直接上级是公司总经理。张立是装配车间的主任，归王雷领导。张立手下有7名工人负责装配住房中的各种用锁。

夏季的一天上午，公司总经理打来电话对王雷说："我们收到好几次客户投诉，说我们的锁装配得不好。"王雷对此事很快做了调查，然后来到总经理办公室，向上司汇报说："我可以放心跟您说，对那些蹩脚的锁的装配，没有我的责任。那是装配车间主任张立的失职，他没有去检查手下的工人是否按正确的装配程序工作。"王雷同时向总经理汇报了他在这个星期所做的几件重要的工作：A.对工厂下半年的生产进度与人员使用做了初步安排；B.在装卸码头指导搬运工人使用一台新买的起重机；C.对一位求职者进行面试，填补厂里质量管理职位的空缺；D.包装生产线上一位操作工去看病，他顶班在生产线上干了大半天；E.将生产系统中有关人员间的关系做了一点调整，让工程师以后直接向工厂的总监汇报工作，不必再通过总工程师；F.与总会计师一起查阅报表，检查厂里上半年的经费开支和生产情况。

王雷向总经理出示了他摘录的以下几项数字记录：

	上半年实际	下半年计划
①经费开支：		
设备维修与折旧	1 000 万元	
水电等公用事业费	100 万元	
电脑使用与信息费	300 万元	
原材料	10 000 万元	
其他生产用品	500 万元	
工资	6 000 万元	6 100 万元
现金开支	100 万元	
总支出	18 000 万元	18 100 万元
②生产结果：		
总产量	2 000 万件	1 900 万件
其中，报废品	200 万件	50 万件
合格品售价	10 元/件	10 元/件
③利润额：	？	

王雷还向总经理说明了他个人对企业盈利情况的分析。他认为目前的形势已不容乐观，所以他计划下半年要在监督和激励工人方面再下点功夫，宁可多花点钱，也要确保将报废品控制在50万件以内，不过总产量也许会跌到1 900万件。他估算了一下，作为劳动力成本的工资会从6 000万元上升到6 100万元，但原材料耗费自然会随着报废品的减少而降低，其他开支保持不变。王雷认为，采取这一措施是明智的，因为它在预期的开支

与看来可能达到的成果之间是均衡的,因此,此举将使企业盈利得到改善。王雷将自己的计划意见交给了总经理,由他定夺是否采取新的方案。那天从总经理那里汇报回来,王雷抓紧时间办妥了几件事:一是与工会处理了一桩劳资纠纷;二是向厂里的基层管理者解释了在工伤赔偿政策上打算做哪些改动;三是同销售部经理讨论了产品的更新换代问题;四是打电话给一家供应厂商,告诉他们有一台关键的加工机器坏了,无法修理,请他们速来换一台;五是考虑如何改进厂里的制造工艺。待办完这些事,他一看表才知早已过了下班的时间。

请思考:

1. 王雷和张立分别是这家企业哪一层次的管理者?( )
   A. 高层管理者和中层管理者　　B. 中层管理者和基层管理者
   C. 高层管理者和基层管理者　　D. 都是中层管理者

2. 关于锁装配不善问题,公司总经理应该首先责成谁负起最终责任?这依据的是什么原则?( )
   A. 装配车间主任,监督职责明确原则
   B. 装配车间的工人,执行职责明确原则
   C. 生产部长,责任的不可下授原则
   D. 依据责权对等原则,没人该对此负责

3. 依据王雷所提供的资料分析,金星公司上半年的盈利情况怎样?如果按照王雷的方案对生产活动进行调整,下半年的盈利将会怎样?( )
   A. 上半年获得利润50万元,下半年利润将增加到100万元
   B. 上半年发生亏损,下半年亏损额将增大
   C. 上半年有微利,下半年将发生亏损
   D. 上半年不盈也不亏,下半年将获得盈利

4. 劳资纠纷的处理和工伤赔偿政策的解释都共同需要何种管理技能?( )
   A. 人际技能　　　　　　　　　　B. 技术技能
   C. 概念技能　　　　　　　　　　D. 根本不需要管理方面的技能

5. 产品更新换代和制造工艺改进都对管理工作的职能和技能有哪些要求?( )
   A. 它们都是技术方面的问题,与管理工作无关
   B. 它们都涉及管理中的决策职能,所以只要具备概念技能就可做好该类工作
   C. 它们是纯粹技术领域内的业务决策,做好该项决策需要一定的管理技能,但主要限于技术技能方面
   D. 技术领域的决策是一项富有挑战性的管理工作,要求同时具备概念技能和技术技能,甚至有时还需要人际技能

6. 打电话请供应厂商替换一台同损坏机器相同型号的设备,需要的管理技能主要是( )。
   A. 概念技能和技术技能　　　　　B. 人际技能和技术技能
   C. 技术技能　　　　　　　　　　D. 人际技能和概念技能

案例3 传奇人物任正非的领导风格

华为技术有限公司是一个值得国人骄傲的民营企业。作为华为技术有限公司的主要创始人兼总裁,任正非的经营思想已经被许多的国家和学者所研究、重视和传播。

1978年,任正非从部队转业,以2万元注册资本创办了深圳华为技术有限公司(以下简称华为),公司主营电信设备,发展迅猛,成为中国市场GSM设备、交换机产品及接入系统的佼佼者。2005年,他入选《时代周刊》全球"建设者与巨子"100名排行榜,他是中国唯一入选的企业家。同样入围的还有美国苹果公司董事长兼首席执行官乔布斯、传媒大亨默多克、俄罗斯石油巨头阿布拉莫维奇等。在《财富》中文版第七次发布中,任正非位居"中国最具影响力的商界领袖"榜单之首。

他的领导风格有两个显著的特征:

1. 低调

低调的人做有高度的事业。木秀于林,风必摧之,故老子云:"夫唯不争,故天下莫能与之争。"不争者胜天下,任正非深谙这一道理,为人处世一向低调。他对各种采访、会议、评选统统拒绝。他向华为高层发出死命令:"除非重要客户或合作伙伴,其他活动一律免谈,谁来游说我就撤谁的职。"2019年任正非之女在加拿大被捕之前,人们几乎没有看见过他在电视屏幕上登场亮相,也几乎没有听到过他的激情演讲。有次《南风窗》杂志曾经从华为内刊上转载过一篇任正非的文章,虽然读者反响很好,但任正非并不高兴,他要求公司法律事务部跟《南风窗》交涉,并批示退回了杂志社寄来的稿费。

因为低调,任正非与他所领导的华为少了浮躁;因为低调,华为似乎更加沉稳成熟;因为低调,使华为走向卓越并不断超越。因此,任正非的低调值得我们借鉴。做企业,自然是踏踏实实做起来的,不用炒作题材,不是短期行为,不靠明星效应,也不用媒体跟风。任正非一贯的追求是"做事业,做有高度的事业"。唯有练好内功,方可与对手论高下。"桃李不言,下自成蹊"。

2. 狼性精神

华为走的是一条荆棘丛生的路,生存多艰,如何在强手如林的竞争中争夺一片自己的领地?任正非给华为开出的秘方是:作一群狼,一群嗅到腥味就毫无顾忌地扑上去的狼。因此,人们习惯称华为的企业精神为"狼""土狼",代表一种强烈扩张的欲望和霸气。狼性是一种创新和顽强的拼搏精神,是一种在有限(劣势)环境和资源条件下求生存和求发展的手段,是一种主动奉行自然界优胜劣汰规则,优化集体的意识!

任正非军人出身,其雷厉风行的军人性格也深深地影响着华为,他曾经对"土狼"时代的华为精神做过经典概括。他说:"发展中的企业犹如一只狼。狼有三大特性,一是敏锐的嗅觉,二是不屈不挠、奋不顾身的进攻精神,三是群体奋斗的意识。企业要扩张,必须要具备狼的这三个特性。"任正非特别称道"狼"和"狈"的攻击组合,对"狼狈为奸"的故事大加称道,并据此有了"狼狈组织计划"的奇思妙想。即一线职员是狼,强调进攻性;其他职员是狈,强调管理性,两者紧密配合。现在这项计划虽已消散,但"狼性"却被作为华为精神延续下来,使华为的发展势头势不可挡。

为了耗空竞争对手,华为试图激发员工体内所有的狼性。1997年,一家经济效益堪忧的矿务局引入华为等3家企业,对矿务局全网改造进行招标。华为调查发现,矿务局对付款没有诚意,不过是想找几个厂家压价。决定退出的华为却不尽声色,如期参加招标,甚至在招标中与对手制造一种想夺得这笔业务的假象。因为华为知道对手们急于在煤炭行业树立样板点,并以此为突破口,与在煤炭系统拥有90%以上市场占有率的华为争夺市场。华为对竞争对手势在必得的心理洞若观火,为此,华为演出了一场"奉陪到底"的好戏,并报出270元/线这个与华为1 300元/线的目录价相去甚远的低价来冲击竞争对手。对方果然中招,报出230元/线的价格,加上用户提出以煤易货,折算下来不到200元/线。最终,低价竞争者在招标中胜出。但是,很快就因预付款迟迟没到位而与用户发生矛盾,华为则以此成功地打击了竞争对手。

创业之初,任正非带领华为人以一种土狼般的疯狂在战场上左冲右突。华为在电信设备市场迅速崛起,从创建时的不过一二十人的小工厂,壮大到如今拥有全球几十万职员的超大企业,其分支机构遍布全球。

(资料来源:任正非《传奇任正非》,现代出版社,2009.)

请思考:
请分析任正非作为成功的管理者的优秀品格与素质。

复习思考题

一、选择题

1.( )是通过协调其他人的活动达到与别人一起或者通过别人实现组织目标的人。
A.企业法人　　　　B.管理者　　　　C.经理　　　　D.顾客

2.现在最为广泛被接受的是将管理分为( )四项基本职能。
A.计划、组织、领导、激励　　　　B.计划、组织、决策、控制
C.计划、组织、领导、控制　　　　D.计划、协调、领导、控制

3.管理者的权利包括( )。
A.法定权　　　　B.奖励权　　　　C.影响力权　　　　D.处罚权

4.管理的特征包括( )。
A.管理的二重性　　　　B.管理的科学性和艺术性
C.管理的特殊性　　　　D.管理的普遍性与目的性

二、思考题

1.管理的含义是什么?
2.管理的职能有哪些?
3.如何理解管理的自然属性和社会属性?
4.管理学研究的对象和内容是什么?
5.管理者在实施管理活动时通常要扮演哪些角色?
6.管理者应具备的思想道德素质和知识技能是什么?

项目二　管理理论的演进

项目学习目标

知识目标 >>>

1. 了解管理思想的形成与发展阶段；
2. 认识管理实践、管理思想、管理理论间的关系；
3. 掌握各管理阶段的管理思想代表人物与管理理论。

能力目标 >>>

1. 培养用历史发展的眼光分析管理思想的发展进程；
2. 研究各个阶段管理思想的特点及与实际运用的关系。

思政目标 >>>

1. 本项目通过对中国古代管理思想发展历程的学习，注重融入中国优秀传统文化中的管理思想精华，引导学生不断探索中国优秀传统文化如何在现代社会发挥新的管理效用。

2. 本项目通过学习中国优秀传统文化精髓，学习东方管理智慧，结合新时代中国特色社会主义思想，培养学生的正向价值取向，增强文化自信。

项目指南

本项目有两个主要任务：任务一，引导学生利用图书馆的书籍，大量翻阅一些中国古代管理国家方面的实践资料，结合儒家、法家、道家等古代著名的思想流派，启发学生从中学习和总结中国人的管理智慧。任务二，引导学生将查找资料的范围扩充至国外，将眼光放之于世界范围，学习随西方发展史而产生的西方管理思想与异彩纷呈的管理流派。本项目引导学生养成利用图书馆或者网络去查阅学习资料的习惯，使学生在学习管理学知识的同时，结合历史去学习和分析管理学。管理学不是孤立产生的，是结合了历史发展进程而产生的人类智慧结晶。

任务一　中国古代管理实践与智慧

引导案例

我国先秦时期的管理思想

我国古代许多管理方面的思想火花是伴随着哲学思想和治国理念一起迸发出来的。先秦时期，主要的哲学流派有四家——儒、墨、道、法，他们均各有一套自己的管理思想。而法家最先登上历史舞台，成就了中国历史上第一个大一统的帝国——秦帝国。

春秋五霸之一的秦穆公去世之后，秦国一度衰落，到了秦孝公掌权时期，他想要通过自己的努力让国家强盛起来。这时，卫鞅（商鞅，下称商鞅）来到了秦国，以变法富国强兵之道打动秦孝公，秦孝公任命他为左庶长，开始推行变法。

管理实例一：《战国策》记载，秦国的士兵在作战过程中，不带盔甲，胳膊下夹着俘虏、身上挂着人头，赤身裸体地追杀逃跑的对手。六国的军队和这样的秦军作战，就如同鸡蛋碰石头一样。秦军为什么这样勇敢？

从秦代官吏墓葬中发现的法律文献可知，商鞅对于军功有如下规定：

秦国的士兵只要斩获敌人一个首级，就可以获得爵位一级、田宅一处和仆人数个。斩杀的首级越多，获得的爵位就越高。如果一个士兵在战场上斩获两个敌人首级，他做囚犯的父母就可以立即成为自由人。如果他的妻子是奴隶，也可以转为平民。而且军功爵是可以传子的，如果父亲战死疆场，他的功劳可以记在儿子头上。一人获得军功，全家都可以受益。

在军中，爵位高低不同，每顿吃的饭菜甚至都不一样。三级爵有精米一斗、酱半升、菜羹一盘。两级爵位的只能吃粗米，没有爵位的普通士兵能填饱肚子就不错了。

也就是说，是商鞅的军功制度造就了秦军的勇悍。

管理实例二：秦国在统一战争期间的总人口不过500多万，但是却长期负担着一支超过60万人常规军的存在（史书上称秦"带甲百万"），在当时的生产条件下，秦军后勤供应的压力之巨大是不难想象的，然而秦国还是完成了这一任务。

墓葬中记载秦律的竹简上说：播种的时候，水稻种子每亩用二又三分之二斗；谷子和麦子用一斗；小豆三分之二斗；大豆半斗。如果土地肥沃，出芽率高，每亩撒的种子可以适当减少一些。各县对牛的数量要严加登记。如果由于饲养不当，一年死三头牛以上，养牛的人有罪，主管牛的官吏要惩罚，县丞和县令也有罪。如果一个人负责喂养十头成年母牛，其中的六头不生小牛的话，饲养牛的人就有罪，相关人员也要受到不同程度的惩处。农户归还官府的铁农具，因为使用时间太长而破旧不堪的，可以不用赔偿，但原物得收下。

由此可见，秦国是采用国家权威来对耕作进行如此细致的管理。秦法已经深入到秦国人民生产生活的各个角落。正是通过这样细致的管理和严格的责任制，秦军带来的看似不可能完成的后勤负担才得以完成。

这种严格的责任制在秦军的兵器生产中也有体现。

管理实例三：为一支"带甲百万"的军队提供装备，秦国的兵工业面临的压力并不弱于后勤粮草供应的压力。考古发现，所有秦军使用的剑、弩、戈等兵器，不论在何地、何时、由何人制造，其规格都是一致的，即秦军的兵器使用的是"标准化"制度。

在随兵马俑一起出土的秦兵器上，发现了很多人名，经过分析总结，发现这是一种四级的分层责任制度。相邦(丞相)是全国所有兵器工厂的总监，工师(厂长)负责一个工厂的兵器生产，丞(相当于车间主任)负责工厂中某一类兵器的生产，最基层的工匠直接制造一件件兵器。

吕不韦(秦国相邦)在《吕氏春秋》中说："物勒工名"，意思是，器物的制造者要把自己的名字刻在上面。这是一种责任制度。这种责任制度与对失职有严厉惩罚的秦法结合起来，督促每个责任人都要把自己的工作做好，工师要兢兢业业地检查每件兵器，工匠则在加工的时候严格依据标准来进行制造，这样，在前线上每个士兵，使用的都是经过多年筛选的最优的兵器，而且具有同样良好的质量。

(资料来源：根据《中国管理思想史》相关内容改编)

任务导入

任务目标

管理是什么时候产生的？经历了怎样的发展轨迹？

任务引导

1.选定一个关于传统管理思想的交流话题，收集二手资料，整理并归纳不同管理学家、管理流派的观点，做好交流准备。

2.分组讨论交流所收集的资料与自己的想法，做好交流记录。

3.以学习小组为单位汇报交流结果及其对传统管理思想的认识、观点。

任务方法

每个学习小组做好组内交流日志，记录每一名学生的观点，每一名学生均须提供自己整理的资料，并上交交流记录。每个学习小组推荐两名学生介绍关于传统管理思想话题的交流过程及体会。教师点评。

项目任务指引案例：

交流日志——道家的管理思想

老子是道家学派的创始人，著有《老子》一书，《老子》又称《道德经》，分《道经》和《德经》上下两篇。《老子》这部书有丰富的管理思想，既有"治国"，又有"用兵"，既有宏观调控，又有微观权术，是被称为"君王南面之术"的重要著作。其主要思想归纳为：①无为而治的管理原则。老子哲学的最高范畴是"道",道本义是指道路,后来引申为法则、规律的意思。从这种认识出发,老子在治国问题上一贯强调"政简刑轻",反对以繁复苛重的政治、法律手段治国。"无为"作为一个宏观的管理原则,意味着国家对私人的活动(尤其是经济活动)采取不干预、少干预的态度。②以弱胜强的管理策略。其一,"哀者胜"——以弱胜强的前提条件。"哀者"有双重含义:一是哀痛,是指战争的弱势一方,全军、全民对强敌侵凌一致悲愤,同仇敌忾;二是哀怜,是指它得到交战双方以外的势力(包括敌国中反对战争的人民)的广泛同情。其二,"以正治国"——以弱胜强的基础。要想在战争中取胜,首先要做好内治工作来加强自己的实力,诸如将帅及各级军事干部的选拔、培养、考察,兵士的征集、编组、训练,武器和其他军事物资的准备以及整个国家的政治、经济情况的改善等,这些治国治军的工作,事先做得越充分,国家的实力就越强大。其三,启动制敌——以弱胜强的实现。老子的以弱胜强思想,除了要求"以正治国"外,还要求"以奇用兵","以奇用兵"最大的特点是提倡后敌而动、伺机制敌的原则。后敌而动,敌军求战不得,会逐渐使锐气衰弱。后敌而动,敌军躁急求战,会暴露弱点。由此后敌而动,才能制敌取胜。③善下的用人思想。老子说:"知人者智",这就是说,认识人才、发现人才,才称得上有智慧。如何使用人才呢?老子形象地比喻:"江海所以能为百谷王者,以其善下之,故能为百谷王。"这句话的意思是,许多河流为汇聚到江海之中,是因为江海处于低下的好地位。在这里,老子把江海比作领导者,把许多河流比作众多的人才,领导者对待人才应该谦下。老子认为,一个领导者要做到以贱为根本,高层的基础在下面,领导者应当时时处下,事事居后,不要显示自己的高贵,更不要把自己摆在前面,而应该谦恭、温和。另外,领导者还要做到"常善救人",这样才"故无弃人",这就是说,要做到人尽其才,才能做到不遗弃人才。善下的用人思想,对于现代管理中如何识别人才、使用人才有启示作用。

知识链接

一、我国管理思想发展概述

中国是世界上公认的四大文明古国之一,中华民族悠久的历史积累了丰富的管理实践和许多影响深远的管理思想与管理理论,这些实践和理论对人类社会进步与管理的发展做出了重要贡献。

由于古代中国是典型的农业经济,行政管理是社会管理最主要的模式,在封建的中央集权的国家管理制度中,财政赋税的管理、官吏的选拔与管理、人口田亩管理、市场与工商业管理、漕运管理、文书与档案管理等方面,出现了许多杰出的管理人才;在军事、政治、外交等领域,积累了许多宝贵的管理经验。战国时期著名的商鞅变法就是通过变法提高国家管理水平的一个范例;文景之治使国家出现了政治安定、经济繁荣的局面;万里长城的修建,充分反映了当时测量、规划设计、建筑和工程管理等的高超水平,体现了工程指挥者所具有的高度管理智慧;都江堰等大型水利工程,集防洪、排灌、航运综合规划于一体,显示了我国古代工程建设与组织管理的高超水平。此外,还有许多令人赞叹的管理实践都体现了中国古人高超的管理智慧。

古代中国有着丰富的治理国家、发展农桑、战争攻守、教化百姓、文化礼仪等文化典籍，以及探究天理、人性等哲学著作，其中蕴含着丰富的管理思想。其中，老子、孔子、孟子、孙子、管子的管理思想最具有代表性。

老子是道家学派的创始人。在他的思想体系中，不仅有着深邃的哲学思想，而且也包含着涉及政治、经济、文化、军事诸多方面的社会及国家管理思想。诸如"道法自然""无为而治"等许多思想对中外管理思想的发展产生了深刻影响。

孔子作为儒家学派的创始人，他的"以仁为核心，以礼为准则，以和为目标"的以德治国思想是其管理思想的精髓，成为中国传统思想的主流。

孟子是孔子思想的嫡派传人，也是继孔子之后儒家学派最重要的代表，被后世尊为"亚圣"，堪称中华民族的思想文化巨人。孟子的管理思想是孟子思想体系的一个重要组成部分，他的性善论的人性观、施"仁政"的管理准则以及"修其身而天下平"等思想，为中国管理思想的完善与发展做出了重要贡献。

孙子是中国古代著名的军事家，其军事思想和管理思想主要体现在他的传世之作《孙子兵法》中。国内外的许多大学师生和企业家都把《孙子兵法》作为管理著作来研读。"不战而屈人之兵""上兵伐谋""必以全争于天下""出其不意，攻其不备""唯民是保"等思想至今仍为管理者所运用。

管子是中国古代杰出的政治家、军事家和思想家，曾经辅佐齐桓公40年，政绩卓著，帮助齐桓公实现了称霸诸侯的理想。他的"以人为本"的思想、"与时变"的发展与创新精神以及"德能并举"的选贤标准等许多管理思想，无不透射出永恒的智慧之光。

我们对中国古代思想家的管理思想的精粹进行归纳、提炼、综合，概括的难免有局限性，但是我们还是发现其突出的共性特征。

第一，把人作为管理的重心。"以人为本"的思想在中国古代管理思想中始终占主导地位，"爱人贵民"，认为管理的成败在于用人。孟子指出："天时不如地利，地利不如人和。"《明通鉴》指出："得其人则百废兴，不得其人则百弊兴。"孔子说："自古皆有死，民无信不立。"取信于民，为民请命是一个重要的管理目标。唐太宗很明确地指出，民如同于水，既能载舟，也能覆舟。管子说："争天下必先争人。"人、财、物三个管理资源中，中国历来把人放在首位。

第二，把组织与分工作为管理的基础。强调组织与分工是管理的基础，建立层次分明的组织体系。家庭是最基本的组织形式，儒家和法家的富国富民之学都把一家一户作为一个单位，以男耕女织的个体农业作为社会生产的基本形式，"齐家"是管理的主要方式。孙子把军队划分为"军、旅、卒、伍"，实际上就是划分出管理的层次，同时确定了管理的幅度。《孙子兵法》中说："凡治众如治寡，分数是也；斗众如斗寡，形名是也。"这里的"分数"，就是划分为可以指挥管理的人数；"形名"，就是指通信、指挥的工具，如旌旗的信号、战鼓的声音等。

第三，强调了农本商末的固国思想。"民以食为天"，重农限商的思想一直在中国古代管理思想中居于主导地位。《管子》认为，农业是富国富民的本事、本业，韩非子提出："富国以农""仓廪之所以实者，耕农之本务也"。荀子主张，"轻田野之税，平关市之征，省商贾之数,罕兴力役,无夺农时,如是则国富矣。"商鞅主张以农固国,认为:"国不农,则与诸侯争权不能自持也,兵力不足也。"只有通过政治、经济、法律等手段把农民稳定在土地上,国家才能安稳。

第四,突出了义与情在管理中的价值。中国古代充满着浓重的讲情讲义的管理思想,倡导"见利思义"、"义然后取"、"义,利也"、"兼相爱,交相利"、"晓之以理,动之以情"和"以德服人"等。

第五,赞赏用计谋实现管理目标。重视谋划,主张以谋取胜为上策,适应环境变化,善于权变,不拘泥于既定的清规戒律。

第六,把中庸作为管理行为的基准。中庸思想在中国古代管理思想中始终占重要地位,把中庸作为道德标准、决策准则。

第七,"名正言顺"管理思想,相当于今天的指挥权的权威性。在《周礼》中,论述了组织的理论与实践,确立了官职名称、职责范围、相应的权力、上下隶属关系。孔子说:"不在其位,不谋其政。"越位谋政是制造混乱。《礼记·表记》中说:"处其位不履其事,则乱也。"意思是在其位,而不干事,是失职,也是制造混乱。孔子提出"名正言顺"的观点,实际上就是职责相符、职权相配的观点。孔子提出要"正名",他说:"名不正则言不顺,言不顺则事不成,事不成则礼乐不兴,礼乐不兴则刑罚不中,刑罚不中则民无所措手足。"所以,越权指挥是不顺的,如参谋人员去代替指挥员下命令是不行的。

第八,把求同视为管理的重要价值。重求同是中国古代管理思想的重要特征。中国地大物博的地理条件及自给自足的经济生活特点使得中国的管理活动获得了一个天然的"隔离机制",管理体制和思维方式一直保持着自己的特色,没有发生过大的文化断层、交融与更替现象,长期以来一直稳定地延续下来,使中国的传统管理思想凸显出求同性。孔子毕生致力于"克己复礼";董仲舒甚至把封建统治制度——"道"与"天"联系起来,提出"道之大原出于天,天不变,道亦不变。"国家的统一始终成为当政者的追求,这种思想被扩展到社会生活的各个方面。

从研究中国古代丰富的管理实践和古代名家管理思想的过程中,我们可以发现,中国古代管理思想博大精深,是一个丰富的、无尽的宝库,不仅成为滋养中华民族蓬勃发展的智慧之源,而且也被世界各国有识之士所开发和利用。我们有责任发掘、利用它,并为它的发展做贡献。

尽管中国古代有着无尽的管理思想汇聚而成的宝库,但实际上,我们所了解的中国古代管理实践,基本是一种经验管理。管理实践的成功与否主要取决于管理者或决策者的素质高低。管理者的个人知识、能力和经验越丰富,越有可能进行卓有成效的管理活动,否则,管理就可能缺乏成效,甚至失败。因此,中国古代的管理实践基本是一种典型的经验管理。

二、管理学形成与发展阶段的划分

管理活动源远流长,人类进行有效的管理活动,已有数千年的历史,但从管理实践到形成一套比较完整的理论,则是一段漫长的历史发展过程。回顾管理学的形成与发展,了解管理先驱对管理理论和实践所做的贡献,以及管理活动的演变和历史,这对每个学习管理学的人来说都是必要的。

从人类社会产生到18世纪，人类为了谋求生存自觉不自觉地进行着管理活动和管理实践，其范围是极其广泛的，但是人们仅凭经验去管理，尚未对经验进行科学的抽象和概括，没有形成科学的管理理论。随着资本主义的发展和工厂的形成与不断扩大规模，在18世纪中期及下半叶，工厂以及公司的管理问题越来越突出，为了解决工业革命所带来的一系列管理难题，一些学者从不同的角度对管理进行了理论研究，他们是传统管理思想的贡献者。管理学开始逐步形成。

管理学形成以前可分成两个阶段：早期管理实践与管理思想阶段（从有了人类集体劳动开始到18世纪）和管理产生的萌芽阶段（从18世纪到19世纪末）。

这个时期的代表人物有亚当·斯密、大卫·李嘉图等。亚当·斯密是英国资产阶级古典政治经济学派创始人之一，他的代表作是《国富论》。亚当·斯密发现，分工可以使劳动者从事某种专项操作，便于提高技术熟练程度，有利于推动生产工具的改革和技术进步，可以减少工种的变换，有利于劳动时间的节约，从而提出了分工理论。大卫·李嘉图是英国资产阶级金融家，古典政治经济学派的杰出代表者和完成者，他1817年出版的《政治经济学及赋税原理》一书在资产阶级经济学界产生了深远的影响。

管理学形成的标志是科学管理理论的产生。管理学形成后又分为三个阶段：

1. 古典管理理论阶段（20世纪初期到20世纪30年代行为科学理论出现前）

这一阶段的主要代表人物和管理理论有：泰罗及其科学管理理论、法约尔与管理过程理论、马克斯·韦伯与理想的行政组织理论等。

2. 新古典管理理论阶段（20世纪30年代行为科学理论出现到20世纪60年代初期）

这一阶段主要是行为科学理论的形成和发展，主要代表人物和管理理论有：梅奥及其人际关系学说、巴纳德及其社会系统组织理论等。

3. 现代管理理论阶段（20世纪60年代中后期至今）

这一阶段管理理论非常活跃，出现了一系列的管理学派，有"管理理论丛林"之称。20世纪60年代中后期到20世纪80年代初期，出现了以战略管理为主，研究企业组织与环境关系的学派。在20世纪80年代中后期到20世纪90年代初期，出现了企业再造，美国企业开始了大规模的"企业重组革命"，日本企业也开始进行所谓的"第二次管理革命"。20世纪90年代中后期，出现了全球化和知识经济时代的组织管理。

三、管理实践、管理思想、管理理论三者之间的关系

人类社会产生后，人们的社会实践活动表现为集体协作劳动的形式，而有集体协作劳动的地方就有管理活动。在漫长而重复的管理活动中，管理思想逐步形成。而随着社会生产力的发展，人们把各种管理思想加以归纳和总结，就形成了管理理论。人们反过来又运用管理理论去指导管理实践，以取得预期的效果，并且在管理实践中修正和完善管理理论。管理理论是管理实践和管理思想的基础，管理思想是管理实践和管理理论的内涵，而管理实践是管理理论和管理思想的行动。

管理实践、管理思想、管理理论三者之间的关系如图2-1所示。

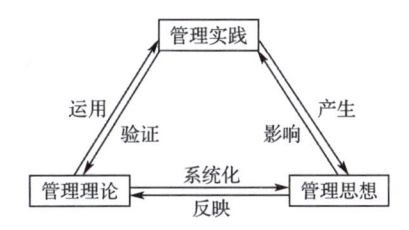

图 2-1　管理实践、管理思想、管理理论三者关系

【任务小结】

中华民族悠久的历史积累了丰富的管理实践和许多影响深远的管理思想和管理理论,其中老子、孔子、孟子、孙子、管子的管理思想最具有代表性。尽管中国古代有着无尽的管理思想汇聚而成的宝库,但实际上,我们所了解的中国古代管理实践,基本是一种经验管理。

管理学形成以前可分成两个阶段:早期管理实践与管理思想阶段(从有了人类集体劳动开始到 18 世纪)和管理产生的萌芽阶段(从 18 世纪到 19 世纪末)。这个时期的代表人物有亚当·斯密、大卫·李嘉图,亚当·斯密的代表作是《国富论》,大卫·李嘉图的代表作是《政治经济学及赋税原理》。管理学形成的标志是科学管理理论的产生。管理学形成后又分为三个阶段:古典管理理论阶段、新古典管理理论阶段、现代管理理论阶段。

人类在集体协作劳动中实践着管理活动,在漫长而重复的管理活动中,管理思想逐步形成。人们把各种管理思想加以归纳和总结,就形成了管理理论,人们反过来又运用管理理论去指导管理实践,以取得预期的效果。

任务二　西方管理理论演进

引导案例

联合邮包服务公司的科学管理

联合邮包服务公司(United Parcel Service,以下简称 UPS)拥有 15 万名员工,平均每天将 900 万个包裹发送到美国各地和其他 180 个国家和地区。为了实现他们"在邮运业中办理最快捷的运送"的宗旨,UPS 的管理当局系统地培训他们的员工,使他们以尽可能高的效率从事工作。让我们以送货司机的工作为例,介绍一下他们的管理风格。

UPS 的工业工程师对每一位司机的行驶路线进行了时间研究,并对每种送货、暂停和取货活动都设立了标准。这些工程师记录了等待红灯、通行、按门铃、穿院子、上楼梯、中间休息喝咖啡的时间,甚至上厕所的时间,将这些数据输入计算机中,从而给出每一位司机每天工作的详细时间标准。

为了完成每天取送 130 件包裹的目标,司机必须严格遵循工程师设定的程序。当他们接近发送站时,会提前松开安全带,按喇叭,关发动机,拉起紧急制动,把变速器推到1挡上,为送货车的启动离开做好准备,这一系列动作严丝合缝。然后,司机从驾驶室溜到地面上,右臂夹着文件夹,左手拿着包裹,右手拿着车钥匙。他们看一眼包裹上的地址记在脑子里,然后以每秒0.9144米的速度快步跑到顾客的门前,先敲一下门以免浪费时间找门铃。送完货后,他们回到卡车上,在路途中完成登录工作。

这种刻板的时间表是不是看起来有些烦琐?也许是,但它毫无疑问能带来高效率!生产效率专家公认,UPS是世界上效率最高的公司之一。举例来说,联邦捷运公司平均每人每天不过取送80件包裹,而UPS却是130件。UPS在提高效率方面的不懈努力,对其净利润产生了积极的影响。

试分析UPS有哪些具体的科学管理实践值得我们借鉴。

任务导入

任务目标

分析各阶段管理思想的特点。

任务引导

每个人对管理的定义和认识都不尽相同,完成此项任务:

1.可以选择传统管理思想中的科学管理理论、一般管理理论、组织管理理论或是以每种理论的代表性人物作为交流的主题,并根据自己想要得到的交流结果事先设计好交流的提纲和内容,确保交流取得实质性成果。

2.可以选择与同学、老师、父母等展开交流话题,确保准确表达你的思想和信息,正确倾听交流对象的观点,围绕交流话题展开讨论。

3.事先要有精心的策划,事后要进行简要的总结;运用交际与沟通理论,讲究交际与沟通的艺术;记录好交流情况总结。

任务方法

每一名学生均须提供自己整理的资料,并上交交流记录与心得体会,每个学习小组做好组内交流日志,记录每一名同学的观点。每个学习小组推荐两名学生介绍关于管理理论话题的交流过程及体会,教师可以分不同管理流派下达任务以避免学生集中围绕一两个管理理论进行交流。教师点评。

项目任务指引案例:

××同学整理资料

古典管理理论:泰罗重点研究在工厂管理中如何提高效率,提出了科学管理理论,科学管理的中心问题是提高劳动生产率,而科学管理的关键在于改原来的经验工作方法为科学工作方法。为此,泰罗提出了任务管理法和配备"第一流"的工人。法约尔对组织管理进行了系统的研究,提出了管理过程的职能划分理论,他在著作《工业管理和一般管理》中阐述了管理职能的划分,法约尔认为管理的职能是计划、组织、指挥、协调和控制。韦伯在管理思想方面的主要贡献是在《社会组织和经济组织理论》一书中提出了理想的行政组织体系理论,他认为建立一种高度结构化的、正式的、非人格化的理想的行政组织体系是提高劳动生产率的最有效形式。

××同学整理资料

管理过程学派又称管理职能学派,是美国加利福尼亚大学的教授哈罗德·孔茨和西里尔·奥唐奈里奇提出的。管理过程学派认为,无论组织的性质和组织所处的环境有多么不同,但管理人员所从事的管理职能却是相同的。孔茨和奥唐奈里奇将管理职能分为计划、组织、人事、领导和控制五项,而把协调作为管理的本质。孔茨利用这些管理职能对管理理论进行分析、研究和阐述,最终得以建立起管理过程学派。孔茨继承了法约尔的理论,并把法约尔的理论更加系统化、条理化,使管理过程学派成为管理各学派中最具有影响力的学派。

知识链接

一、早期管理实践与管理思想

人类进行的管理实践,大约已超过 6 000 年的历史。早期的管理思想与实践是指 19 世纪末 20 世纪初管理思想系统化之前,即管理学形成之前的时期,人类经过管理实践和经验总结而形成的对管理某些方面的思考和认识。除中国古代的管理智慧与思想以外,世界上还有许多国家与中国一样有着丰富的管理实践与管理思想,如埃及金字塔、巴比伦古城空中花园、罗马水道等,都是古代人民勤劳智慧的结晶,也是历史上伟大的管理实践。

埃及人很早就懂得了分权。法老作为"赖神之子"享有神权,而辅助法老的宰相则集"最高法官、宰相、档案大臣、工部大臣"等职衔于一身,掌管全国的司法、行政及经济事务,但军权由法老直接掌管,宰相不兼军务。还有,埃及人可能是首先意识到"管理幅度"的实践者,因为从法老的陪葬品雕像中发现,每一个监督者大约管理着 10 名奴仆。

巴比伦重新统一两河流域以后,建立了古巴比伦王国,统治者汉穆拉比建立起了强大的中央集权国家,并且制定了著名的《汉穆拉比法典》,法典中有许多条款都涉及了控制借贷、最低工资、会计和收据等经济管理思想。

古罗马帝国的兴盛,很大程度上归功于其有效的组织。戴克里先成为皇帝后,实行了一种把中央集权控制与地方的分权管理很好地结合起来的连续授权制度。罗马天主教会早在第一次工业革命以前,就采取按地理区域划分基层组织,并在此基础上又采用有高度效率的职能分工,成功地解决了大规模活动的组织问题。

进入 18 世纪 60 年代后,以英国为代表的西方国家开始了第一次工业革命,资本主义经历了简单协作、手工制造和机器大工业三个阶段。18 世纪到 19 世纪的工业革命,是资本主义的机器大工业代替以手工制造为基础的工场手工业的革命,既是生产技术又是生产关系的重大变革，使以机器为主的现代意义上的工厂成为现实。而工厂制度的发展，促使了人们对管理的关注。

随着工业革命以及工厂制度的发展，工厂以及公司的管理问题越来越突出。许多理论家特别是经济学家，在其著作中越来越多地涉及有关管理方面的问题。这一时期对管理最先做出贡献的是英国古典经济学家亚当·斯密，他发表的《国富论》一书，系统地阐述了劳动价值及劳动分工理论。在亚当·斯密之后，英国的数学家查尔斯·巴贝奇，进一步发展了亚当·斯密的劳动分工理论，提出了许多组织结构和经济学方面带有启发性的问题。在此期间，还有英国的空想社会主义者罗伯特·欧文，提出了在工厂生产中要重视人的因素，他的改革试验证明，重视人的因素和尊重人的地位，可以使工厂获得更多的利润。

总的来说，虽然有许多学者从不同的角度提出了一些管理思想，但并没有形成一种系统化的理论体系，没有形成专门的管理理论和学派。但他们已经意识到管理将会发展成一门具有独立完整体系的科学，预见到管理的地位将不断提高，为管理学的形成奠定了坚实的基础。这一阶段管理的特点有：

(1) 管理的指导思想是"认为人是有惰性的"，必须进行强制性的管理，所以那一时期的工厂都有所谓的拿着皮鞭的监工。

(2) 管理的重点是解决分工和协作问题，侧重研究通过分工与协作来保证生产的顺利进行，减少资金消耗，提高工人的日产量指标，获得更多的利润。

(3) 管理的方式是家长式的，独断专行的，专制式的。

(4) 管理的依据是靠个人的经验和感觉，不是靠数据而是靠记忆、靠主观判断来管理，管理的好坏完全取决于管理人的经验。

(5) 工人和管理人员的培养，靠师傅带徒弟的办法，没有统一的标准和要求。

二、古典管理理论

古典管理理论阶段是管理理论最初形成的阶段，在这一阶段，侧重于从管理职能、组织方式等方面研究企业的效率问题，对人的心理因素考虑很少或根本不去考虑。其间，在美国、法国、德国分别活跃着具有奠基人地位的管理大师，即科学管理之父泰罗、管理过程理论之父法约尔以及组织理论之父韦伯。

(一) 泰罗及科学管理理论

泰罗出生于美国，被后人称为"科学管理之父"，既有科学研究和发明的才能，又有从事社会活动和领导工作的才能。他在管理方面的主要著作有《计件工资制》《车间管理》《科学管理原理》等。

泰罗所创立的科学管理理论有以下主要观点：

(1) 科学管理的根本目的是谋求最高工作效率。最高工作效率是共同富裕的基础，没有雇员的富裕，雇主的富裕是不长久的。

(2) 达到最高工作效率的重要手段，是用科学的管理方法代替经验管理。

(3) 实施科学管理的核心问题，是要求管理人员和工人双方在精神上和思想上进行彻底变革。劳资双方变革思想，变对抗为合作、帮助。从盈利的分配转变为增加盈利。根据以上思想观点，泰罗提出了以下管理制度。

①制定科学的劳动定额。其方法是选择合适而熟练的工人,让他们完成每一项动作,把每一道工序的时间记录下来,并把这些时间加起来,再加上必要的休息时间和其他延误时间,就得出完成该项工作所需的总时间。据此要制定"合理的日工作量"。

②对工人提出科学的操作方法,以便合理利用工时,提高工效。

③在工资制度上实行差别计件制。完成定额和超额完成的工人,以较高的工资率计件支付工资。对完不成定额的工人,则按较低的工资率支付工资。

④对工人进行科学的选择、培训和提高,发挥他们的能力。

⑤明确划分计划职能和执行职能,并定立一些必要的规章制度和准则,以均分管理人员和工人之间的工作职责,使其能进行管理和履行职责。计划职能归管理当局,工人则从事执行职能。

⑥工人与雇主保持密切合作,共同完成所规定的工作任务。

⑦职能工长制。把管理工作细分,使每个工长只承担一种职能。这种思想为以后职能部门的建立和管理专业化提供了基础。

⑧例外原则。上级管理人员把一般的日常事务授权给下级管理人员去处理,自己只保留例外事项的决策和监督权。

(二)法约尔与管理过程理论

法约尔出生于法国,大学毕业后在一家煤矿公司工作直至退休。他一直从事管理工作,他对组织管理进行了系统的、独创的研究,特别是关于管理组织和管理过程的职能划分理论,对后来的管理理论研究产生了深远影响。他还是一位概括和阐述一般管理理论的先驱者,是伟大的管理教育家,被后人称为"管理过程理论之父""经营管理之父"。其代表作是《工业管理和一般管理》。

法约尔的管理过程理论的要点是:

(1)企业职能不同于管理职能。任何企业都有六种基本活动或职能,管理活动只是其中之一。在各类企业中,下属人员的主要能力是具有企业特点的职业能力;而较上层人员的主要能力是管理能力,并且随着地位的上升,管理越加重要。

(2)管理教育的必要性和可能性。企业对管理知识的需要是普遍的,而单一的技术教育适应不了企业的一般需要。应尽快建立管理理论,并在学校中进行管理教育。

(3)管理的14项原则。管理的14项原则包括分工、权力、责任、纪律、命令一致、指挥统一、公利先于私利、报酬、集权、等级制、秩序、公正、主动精神、集体精神等。这些原则,在管理工作中不是死板和绝对的东西,有个尺度问题。

(4)管理要素。法约尔的主要贡献在于提出了关于管理的五大要素或五大职能,即计划、组织、指挥、协调和控制。计划就是探索未来、制订行动计划,组织就是建立企业的物质和社会的双重结构,指挥就是使其人员发挥作用,协调就是连接、联合、协调所有的活动及力量,控制就是注意是否一切都按照已制定的规章和下达的命令进行。这一思想已成为认识管理职能和管理过程的一般性框架。

(三)韦伯与理想的行政组织体系

韦伯出生于德国。他在管理思想方面的贡献是在《社会组织和经济组织理论》一书中提出了理想的行政组织体系理论,由此被人们称为"组织理论之父"。

韦伯指出,任何组织都必须有某种形式的权力作为基础,才能实现目标。权力分三种:理性(法律)的权力;传统的权力;超凡的权力。理性(法律)的权力是指由社会公认的法律规定的,或者掌有职权的那些人下命令的权力。传统的权力是指由历史沿袭下来的惯例、习俗而规定的权力。超凡的权力是指以对某人的特殊和超凡的神圣、英雄主义或模范品质的崇拜为基础的权力。如某个企业领导者的特殊个人魅力所形成的对他人的支配力量,这种特殊影响力并不来源于其职位所赋予的权力,而是由于其个人魅力产生的。只有理性、合法的权力才宜于作为理想的行政组织体系的基础。

理想的行政组织体系特点包括:

(1)明确的分工。每个职位的权力和责任都应有明确的规定。

(2)自上而下的等级系统。组织内的每个职位,按照等级原则进行法定安排,形成自上而下的等级系统。

(3)人员的考评和教育。人员的任用完全根据职务的要求,通过正式考评和教育训练来进行。

(4)职业管理人员。管理者有固定的薪金和明文规定的升迁制度,是一种职业管理人员。

(5)遵守规则和纪律。管理者必须严格遵守组织中规定的规则和纪律。

(6)组织中人员之间的关系。组织中人员之间的关系完全以理性准则为指导,不受个人情感的影响。

韦伯认为理想的行政组织体系应以理性的、法律的权力为基础,其组织管理机构则是纯粹的应用法定权力的形态;理想的行政组织体系是建立在正式、合法和权威基础上的最好的管理制度,是最符合理性原则、高效率的一种组织结构形式。韦伯的理想的行政组织体系理论的基本点,是要通过职务或职位,而不是通过家族个人或世袭地位来进行管理,即用行政管理体制来代替传统管理制度。

泰罗、法约尔和韦伯的管理理论有一个共同点,就是主张用科学方法来代替凭个人经验和习惯进行管理的传统做法,因此被称为"科学管理理论"。

三、新古典管理理论

(一)人际关系学说

梅奥于1926年在哈佛大学工商管理研究院工业研究室任教,参与策划了霍桑实验。有关霍桑实验的总结主要集中在他的《工业文明的人类问题》和《工业文明的社会问题》这两本书中。霍桑实验是于1924至1932年,由美国国家研究委员会和西方电气公司合作,在西方电气公司的霍桑工厂进行的一项研究实验。该实验共分四个阶段:

(1)工场照明实验。研究人员希望由此推测出照明强度变化后所产生的影响。得出的结论是:工场照明只是影响员工产量的因素之一,而且是不太重要的因素。

(2)继电器装配室实验。实验结果表明,督导方法的变更,使员工的态度改善,因而产量增加。

(3)大规模的访问与普查。通过对2万多人次的调查访问,研究者得出的结论是:任何一名员工的工作成绩,都要受到周围环境与其他人的影响。

(4)电话线圈装配工实验。研究人员通过实验发现:团体不顾管理当局关于产量的规定而另外规定了团体的产量限额;工人使上报的产量显得平衡均匀,以免露出生产太快或太慢的迹象;团体制定了一套措施来使不遵守团体定额的人就范;车间里除了存在按公司编制建立的正式组织外,还存在因某些因素而形成的非正式组织,这些非正式组织有时会严重影响工作效率。

根据霍桑实验的结果,梅奥出版了《工业文明的人类问题》一书,提出了与古典管理理论不同的观点,形成了"人际关系学说",即霍桑实验的结论:

(1)员工是"社会人"。古典管理理论把人视为"经济人",认为金钱是刺激积极性的唯一动力,生产效率主要受到工作方法和工作条件的制约。霍桑实验表明,员工生产效率不仅受金钱的影响,还受社会和心理影响,生产效率主要取决于员工的积极性,取决于员工的家庭和社会生活以及企业中人与人的关系。

(2)企业中存在着"非正式组织"。它通过不成文的规范左右着成员的感情倾向和行为。

(3)新型的领导能力在于提高员工的满足度。企业中的主管人员要同时具有技术、经济技能和人际关系的技能,要学会了解人们的逻辑行为和非逻辑行为,学会通过交谈来了解人们感情的技巧,要使正式组织的经济需要与非正式组织的社会需要取得平衡。

(二)行为科学理论

行为科学理论是研究人类行为规律的科学,它是一个独立的研究领域,既不同于管理学,又与管理学的研究内容互相渗透。行为科学理论研究基本上可分为两个时期:前期的研究被称为人际关系学说,从霍桑实验开始;后期是1947年首次提出"行为科学"这一名称,1953年正式定名为行为科学。20世纪60年代,为避免同广义的行为科学相混淆,出现了"组织行为学"这一名称,专指管理学中的行为科学。组织行为学实质上是包括早期行为科学——人际关系学说在内的狭义的行为科学。目前它的研究对象和所涉及的范围主要分为三个层次:

(1)有关个体行为的理论。有关个体行为的理论主要包括两个方面,一是有关人的需要、动机和激励理论,又可分为激励内容理论(如需求层次论、双因素论、ERG理论等)、激励过程理论(如期望理论、公平理论等)和激励强化理论三大类;二是有关企业中的人性理论(如X、Y理论、不成熟-成熟理论等)。

(2)有关团体行为的理论。有关团体行为的理论主要包括团体动力、信息交流、团体及成员的相互关系三个方面。

(3)有关组织行为的理论。有关组织行为的理论主要包括有关领导性格理论、领导行为理论、领导权变理论、组织变革和发展理论等。

行为科学理论已在管理上得到广泛的应用,并取得了明显的成效。它的成功改变了管理者的思想观念和行为方式。行为科学理论把以"事"为中心的管理,改变为以"人"为中心的管理,由原来对"规章制度"的研究发展到对人的行为的研究。这也是新古典管理理论的一大特色与进步。

四、现代管理理论

现代管理理论是近几十年来正在迅速崛起的一个较新的研究领域,其蓬勃发展主要是受到了社会对更高领导能力需求的推动,而这种推动力又来源于社会环境的迅速变化对组织领导的更高要求。现代管理思想和理论的形成和发展是由以下因素作用的结果。

(1)在20世纪40年代,一方面,由于工业生产的机械化、自动化水平不断提高以及电子计算机进入工业领域,在工业生产集中化、大型化、标准化的基础上,也出现了工业生产多样化、小型化、精密化的趋势。另一方面,工业生产的专业化、联合化不断发展,工业生产对连续性、均衡性的要求提高,市场竞争日趋激烈、变化莫测,即社会化大生产要求管理改变孤立的、单因素的、片面的研究方式,而形成全过程、全因素、全方位、全员式的系统化管理。

(2)第二次世界大战期间,交战双方提出了许多亟待解决的问题,如运输问题、机场和港口的调度问题、如何对大量的军火进行迅速检查的问题等,都涉及管理的方法。

(3)科学技术发展迅猛,现代科学技术的新成果层出不穷。

(4)资本主义生产关系出现了一些新变化,由于工人运动的发展,赤裸裸的剥削方式逐渐被新的、更隐蔽、更巧妙的剥削方式所掩盖。新的剥削方式着重从人的心理需要、感情方面等着手,形成处理人际关系和人的行为问题的管理。

(5)管理理论的发展越来越借助于多学科交叉作用。经济学、数学、统计学、社会学、人类学、心理学、法学、计算机科学等各学科的研究成果越来越多地应用于企业管理。

这一时期出现了一系列的管理学派,有"管理理论丛林"之称。下面我们着重介绍一些主要流派。

(1)管理过程学派:代表人物是美国的管理学家哈罗德·孔茨。管理过程学派又叫管理职能学派、经营管理学派。事实上古典管理理论的创始人之一的法约尔就是这个学派的开山鼻祖。这个学派后来经孔茨等人的发扬光大,成为管理理论丛林中的一个主流学派。

主要观点:管理是一个过程,即让别人或同别人一起实现既定目标的过程。管理是由一些基本步骤(如计划、组织、控制等职能)所组成的独特过程。该学派注重把管理理论和管理者的职能和工作过程联系起来,目的在于分析过程,从理论上加以概括,确定出一些管理的基本原理、原则和职能。由于过程是相同的,从而使实现这一过程的原理与原则,具有普遍适用性。

(2)社会系统学派:代表人物是美国的切斯特·巴纳德,代表作为《经理人员的职能》。

他被誉为"现代管理理论之父"。

主要观点：

①组织的实质。组织是一个系统，是由人的行为构成的、整体的协作系统的一部分和核心。这一协作系统由人的系统、物的系统和社会系统所组成。

②组织要素。作为一个组织，必须具备三个要素：协作的意愿；共同的目标；成员间的信息沟通。经理人员是组织成员协作活动相互联系的中心。他的基本任务是建立整个组织的信息系统并保持其畅通；保证其成员进行充分协作；确定组织目标。

③权限接受论。a.权力来源原理：权力来源于生产资料的占有者。b.权力大小的确定：权力发出后被接受的程度，即不是上级授予，而来自下级接受的程度。

④组织平衡论。a.组织对内平衡：组织对个人的诱因要大于或等于个人对组织所做的贡献。b.组织对外平衡：组织内部效率产生外部效能，它与外部环境间的平衡。

(3)系统管理学派：代表人物是美国的弗里蒙特·卡斯特和詹姆斯·罗森茨韦克。该学派强调应用系统的观点，全面考察与分析研究企业和其他组织的管理活动、管理过程等，以便更好地实现企业的目标。他们认为，组织是由人们建立起来的相互联系并且共同工作着的要素所构成的系统。其中，这些要素可称为子系统。系统的运行效果是通过各个子系统相互作用的效果决定的。组织这个系统中的任何子系统的变化都会影响其他子系统的变化。为了更好地把握组织的运行过程，就要研究这些子系统及它们之间的相互关系，以及它们怎样构成了一个完整的系统。在组织管理上运用普通系统理论的基础思想。

主要观点：①企业是一个人造的开放系统；②企业的组织结构是一个完整的系统，同时也是一个管理信息系统。

(4)决策管理学派：代表人物是美国管理学家和心理学家赫伯特·西蒙。

主要观点：①管理就是决策，决策贯穿于整个管理过程；②决策分为程序性决策和非程序性决策，二者的解决方法一般不同；③决策的过程分四个阶段：搜集情报→拟订行动方案→选定方案→方案的实施和完善；④决策的准则：最优化；满意化；许可化。这一学派重点研究决策理论，片面地强调决策的重要性，但决策不是管理的全部。

(5)经验学派：代表人主要有美国的彼德·德鲁克、欧内斯特·戴尔、阿尔弗莱德·斯隆、威廉姆·纽曼等。

主要观点：认为管理仅仅是企业管理。他们认为传统管理、古典管理理论和行为管理理论都不能完全适应现在管理的需要，只有从实际中得来的，并被加以概括和理性化的经验才能真正指导管理实践，它通过研究一个组织或一个管理者的实践经验，进而向其他组织或管理者提供其成功的实践经验和科学方法。

(6)权变理论学派：代表人物是美国的弗雷德·卢桑斯。权变理论产生于20世纪60年代末70年代初，其核心是针对不同环境而权宜变化的一种管理理论。

主要观点：①人的需要是多方面的、多层次的、变化的、因人而异的，因此由需要引起的动机和行为也相应如此；②人在同一时间或地点也会有各种需要和动机，它们相互作用而形成一个复杂而统一的不同动机模式；③由于人的需要和能力等差异，对不同的管理方式会产生不同的反应，因此，不可能有适合一切时代、任何组织和个人的普遍有效的管理方式。

权变主要体现在计划、组织与领导方式等方面，计划要有弹性；组织结构要有弹性；领导方式应权宜应变。权变理论强调随机应变，主张灵活应用各学派的观点。

(7)管理科学理论学派：管理科学理论主要是运用先进的数学方法、电子计算机技术、通信技术、系统理论、控制论和信息论等方法到管理决策中，进而形成一系列以提高管理效率为目的的方法和技术的理论。这个学派认为，管理就是一个制定、运用数学模式和程序的系统，即用数学符号和公式表示管理的所有职能，并计算出最优值，从而完成组织目标，减少管理过程中的不确定性，使投入的资源发挥最大作用的过程。所以有人甚至认为，管理科学就是在管理过程中制定数学和统计模式，并将其通过计算机应用到管理实践中的一种方法。

主要观点：①以系统观念为基础，建立全面分析组织的框架结构，强调组织是由"经济人"(组织人、理性人)、物质技术和决策网络组成的系统；②以决策为目的，强调决策原则、方法和程序是组织管理的核心；③以数学方法及计量模型为手段，使运筹学应用于组织管理中；④以计算机为先进的计算工具，进一步加强组织管理。

(8)人类行为学派：代表人物是劳伦斯·阿普莱。

主要观点：既然管理是让别人或同别人一起去把事情办好，因此就必须以人与人之间的关系为中心来研究管理问题。该学派注重心理学，注重个人和人的动因，把人的动因视作一种社会心理现象。这一学派把管理看作是对组织行为的领导和协调，坚持认为抓好对人的管理是企业成功的关键。

(9)人际关系学派：美国的B·F·斯金纳是人际关系学派最负盛名的代表人物之一，这一学派是从人类行为学派演变来的。这个学派认为，既然管理是通过别人或同别人一起去完成工作，那么，对管理学的研究就必须围绕人际关系这个核心来进行。这个学派注重管理中"人"的因素，认为在人们为实现其目标而结成团体一起工作时，他们应该互相了解。

(10)群体行为学派：这一学派是从人类行为学派中分化出来的，因此同人际关系学派关系密切，甚至易于混同。但它关心的主要是群体中人的行为，而不是人际关系。它以社会学、人类学和社会心理学为基础，而不以个人心理学为基础。它着重研究各种群体行为方式。从小群体的文化和行为方式，到大群体的行为特点，都在它研究之列。它也常被叫作"组织行为学"。"组织"一词在这里可以表示公司、政府机构、医院或其他任何一种事业中一组群体关系的体系和类型。有时则按巴纳德的用法，用来表示人与人之间的协作关系。而所谓正式组织则指一种有着自觉的精心筹划的共同目的的组织。美国当代管理理论大师克瑞斯·阿吉里斯甚至用"组织"一词来概括"集体事业中所有参加者的所有行为"。

（11）经理角色学派：代表人物是亨利·明茨伯格。

这是最新的一个学派，同时受到管理学者和实际管理者的重视，其推广得力于明茨伯格。这个学派主要通过观察经理的实际活动来明确经理角色的内容。对经理（从总经理到领班）实际工作进行研究的人早就有，但把这种研究发展成为一个众所周知学派的却是明茨伯格。

明茨伯格系统地研究了不同组织中5名经理的活动，得出结论说，经理并不按人们通常认为的那种职能分工行事，而是还进行许多别的工作，即不仅仅是从事计划、组织、领导、协调和控制工作。

明茨伯格根据他自己和别人对经理实际活动的研究，认为经理扮演着10种角色：

①人际关系方面的角色有三种：a.挂名领袖角色（作为一个组织的代表执行礼仪和社会方面的职责）；b.领导者角色；c.联络员角色（特别是同外界联系）。

②信息方面的角色有三种：a.监听者角色（接收有关企业经营管理的信息）；b.传播者角色（向下级传达信息）；c.发言人角色（向组织外部传递信息）。

③决策方面的角色有四种：a.企业家角色；b.危机控制者角色；c.资源配置者角色；

④谈判者角色（与各种人和组织打交道）。

知识窗

现代管理理论主要代表人物及其作品简介

1.亨利·法约尔，管理过程学派代表人，代表作有《工业管理和一般管理》。

2.哈罗德·孔茨，美国管理学家，管理过程学派的主要代表人物之一，主要代表著作有《管理学原理》《管理理论丛林》《再论管理理论丛林》等。

3.威廉·纽曼，美国哥伦比亚大学的管理学教授，是美国管理过程学派的代表人物之一。主要代表著作有《管理过程：思想、行为和实务》等。

4.切斯特·巴纳德，社会系统学派的创始人，出生于美国的马萨诸塞州，1938年出版的《经理人员的职能》被管理学界称为"美国管理文献中的经典著作"。其代表作还有《组织实践中的业务原则》《经理人员的能力的培养》《雇主和职业指导》《关于经济行为中的非理性》《关于能力理论》《工业关系中的高层经理人员的职责》《集体协作》《经理人员的教育》《工业研究组织的若干方面》《科学和组织》《企业道德的基本条件》等。

5.赫伯特·西蒙，决策管理学派的主要代表人物之一，美国的管理学家和心理学家。由于他在决策理论的研究方面做出了贡献，1978年被授予诺贝尔经济学奖。代表作有《管理行为》《人的模型》《管理决策的新科学》等。

6.路德维格·冯·贝塔朗菲，一般系统理论的主要创始人之一，奥地利裔美籍的理论生物学家和哲学家。1950年，他在《科学》杂志上发表了《物理学与生物学的开放系统理论》,阐述了一般系统理论的主要观点。主要代表著作有《一般系统年鉴》《一般系统理论的基础、发展和应用》等。

7.克劳德·艾尔伍德·香农,信息论的创始人,美国贝尔电话研究所的数学家,代表作有《通讯的数学理论》。

8.阿奇博尔德·维维安·希尔,运筹学研究的创始人之一,英国生理学家。

9.弗雷德·卢桑斯,权变理论学派的主要代表人物之一,美国内布拉斯加大学教授,代表作有《权变管理理论:走出丛林的道路》《管理导论:一种权变学说》等。

五、近代管理理论与管理思想的发展趋势

(一)竞争战略理论

20世纪末,随着市场竞争的进一步激烈,企业形态呈现出新的形式,国际经济形势的变化更加促进了企业向国际化、大型化方面发展。同时社会的进一步分化提供了更多的市场机会,小型企业得到了快速发展。于是每一个企业为了生存和发展,都在寻找自己的发展道路,都在寻求一个适合自己的发展战略,制定战略成为企业首要考虑的问题。在这种背景下,美国哈佛大学的管理学家迈克尔·波特提出了他的战略三部曲,其中对企业发展的战略思想影响比较大的是《竞争战略》和《竞争优势》,这两本书成为企业发展战略理论方面的经典著作。

波特在其书中总结出了五种基本竞争力量,它们分别是产业内现有企业的竞争、潜在进入者的进入威胁、替代品的替代威胁、供应商的讨价还价能力以及消费者的讨价还价能力,这就是著名的"五力模型"。在激烈的商业竞争之中,只有灵活运用战略才能胜出,因此,波特为商界人士提供了三种卓有成效的战略,它们是成本优势战略、差异化战略和缝隙市场战略。公司应视具体情况和自身特点来选择战略方针,同时还应该考虑连接产品或者供给的系列信道,波特首次将这种信道称为价值链,他在每一条价值链上区分出内部后勤、生产或供给、外部物流及配送、市场营销及售后服务等五种主要的活动,而每一项活动都伴随着各自的派生活动,每一家公司的价值链相应地融入一个更为广阔的价值体系。

(二)企业再造理论

企业再造也译为"公司再造""流程再造"。它是1993年开始在美国出现的关于企业经营管理方式的一种新的理论和方法。所谓"再造",简单地说就是以工作流程为中心,重新设计企业的经营、管理及运用方式。按照该理论的创始人原美国麻省理工学院教授迈克·哈默与詹姆斯·钱皮的定义,"再造"是指"为了飞跃性地改善成本、质量、服务、速度等重大的现代企业的运营基准,对工作流程进行根本性重新思考并彻底改革",也就是说——"从头改变,重新设计"。为了能够适应新的世界竞争环境,企业必须摒弃已成惯例的运营模式和工作方法,以工作流程为中心,重新设计企业的经营、管理和运营方式。

自亚当·斯密提出劳动分工理论以后,200多年来的组织理论和生产实践都是按照

劳动专业化的方向发展。无论是"管理科学",还是以后的"管理理论丛林",在这些管理理论的指导下,企业都是基于劳动分工理论建立了金字塔式的组织结构。但是,随着企业经营环境的变化,这种部门明确的专业化分工组织结构已经越来越不适应企业生存和发展的需要。1993年,哈默与钱皮在长期研究的基础上,合作编写了《再造企业——管理革命的宣扬》。该书总结过去几十年来世界成功企业的经验,阐明了生产流程、组织流程在企业竞争中的作用,提出了应对市场变化的新方法——企业流程再造。1995年,钱皮又出版了《再造管理》。一时间,"企业再造""流程再造"成为世界管理理论界、实践界的热门话题。从此,在管理理论的殿堂中,一种崭新的管理理论又诞生了。

(三)企业文化理论

日裔美籍管理学家威廉·大内经过调查,对日美两国企业的管理制度、方法进行了比较研究,在此基础上提出了"企业文化理论"。他认为日本之所以能够在短时间内崛起,一个重要的原因是日本社会及企业中独特的文化。自此,西方现代管理理论中又出现了一支企业文化学派。1981年7月,美国哈佛大学教授特伦斯·迪尔和麦肯锡管理咨询公司顾问阿伦·肯尼迪合著的《企业文化》一书问世。该书进一步解释了构成企业文化的要素。

企业文化的构成要素可以归纳为以下五点:①企业环境,是塑造企业文化最重要的因素;②价值观,是构成企业文化的核心;③英雄人物,把组织的价值观"人格化",并提供广大员工效仿的典型;④典礼及仪式,是企业有系统、有计划的日常例行事务所构成的动态文化,能使企业文化的价值观得以健全和发展;⑤文化网,是企业中基本的(但也是非正式的)沟通方式,能有效地传递企业的价值观。《企业文化》一书在阐述了企业文化构成的五大要素后指出,关键问题是要掌握这些要素组合在一起后是如何在企业内部发生作用的。

关于企业文化的分类,作者按照企业经营的方式,把企业文化分为四类:①硬汉型文化。具体表现在企业由于自信,而敢于冒大风险。这是竞争性强,产品更新快的企业文化特点。②努力工作及尽情享受型文化。这种文化把工作与娱乐并重,鼓励员工完成风险较小的工作,或是以紧张的工作来增强企业实力,避免大的风险。③赌注型文化。它具有在周密分析基础上孤注一掷的特点。④过程型文化。这种文化着眼于如何做,基本没有工作的反馈,员工难以衡量他们所做的工作。

企业文化理论认为,企业文化是企业生命的基础,行动的准则,成功的核心。一个企业能够长久生存下来,最主要的因素并非是结构形式或管理技能,而是我们称之为信念的精神力量,以及这种信念对企业全体成员所具有的感召力。

(四)学习型组织

学习型组织是指员工全心投入并有能力不断学习的组织。它是美国学者圣吉在《第五项修炼》一书中提出的管理观念。那么,怎样才能塑造出学习型组织呢?圣吉接着提出了五项修炼原则——"系统思考""自我超越""心智模式""共同愿景""团队学习"。

企业应建立学习型组织,其含义为面临变糟的外在环境时,组织应力求精简、扁平化、弹性适应、终生学习、不断自我组织再造,以维持竞争力。知识管理是建设学习型组织的重要的手段之一。

学习型组织不存在单一的模型,而是用一种新的思维方式对组织进行思考。在学习型组织中,每个人都要参与识别和解决问题,使组织能够进行不断的尝试,改善和提高它的能力。学习型组织的基本价值在于解决问题,与之相对的传统组织设计的着眼点是效率。在学习型组织内,组织成员参加问题的识别不仅需要组织成员要懂得顾客的需要,还要帮助顾客解决问题,这意味着组织成员要以一种独特的方式将一切综合起来考虑以满足顾客的需要。组织因此通过确定新的需要并满足这些需要来提高其价值。它常常是通过组织成员新的观念和信息而不是物质的产品来实现价值的提高。

(五) 价值管理

价值管理,在企业中被广泛地引入管理行为。它的定义是依据组织的远景,企业设定符合远景与企业文化的若干价值信念,并具体落实到员工的日常工作中。一般的工作性质或问题,只要与企业的价值信念一致,员工即不必层层请示,直接执行工作或解决问题。

美国管理学者肯·布兰佳在《价值管理》一书中指出,要想实现组织目标,必须在组织中逐步建立能为成员广泛接受的核心观念,并且在内部工作与外部服务上付诸实施,将核心观念作为组织的标准行为典范,这样才能能获得真实与全面的顾客满意。

价值管理对企业的好处在于不仅能够实现远景,更能设定企业员工守则和工作信条,有利于组织内部进行各种层面的沟通,凝聚组织、团体、团队与个人的目标成为共同信念,以增加组织成员的生活品质满意度,最终做好顾客服务,获得持续的组织竞争力和长久的事业成功。

(六) 知识管理

知识管理是网络新经济时代的新兴管理思潮与方法,美国管理学者彼得·德鲁克早在1956年即预言知识将取代土地、劳动、资本与机器设备成为最重要的生产因素。在20世纪90年代中后期,美国波士顿大学信息系统管理学教授托马斯·H·达文波特在知识管理的工程实践和知识管理系统方面做出了开创性的工作,提出了知识管理的两阶段论和知识管理模型,是指导知识管理实践的主要理论。

知识管理是指在组织中建构一个量化与质化的知识系统,让组织中的信息与知识通过获得、创造、分享、整合、记录、存取、更新、创新等过程,不断的回馈到知识系统内,形成永不间断的累积个人与组织的知识,成为组织智能的循环,在企业组织中成为管理与应用的智能资本。知识管理有助于企业做出正确的决策,以顺应市场的变迁。

受到信息化蓬勃发展的影响,知识管理的观念结合网络的发展,借助建构网站、数据库以及应用计算机软件系统等工具,成为企业累积知识财富,创造更多竞争力的新世纪利器。

【任务小结】

在人类的历史发展进程中,随着工业文明的发展,管理学应运而生并蓬勃发展,西方管理界先后出现了一些代表性人物与代表性的管理思想。古典管理理论阶段出现了三个重要人物及学说,科学管理之父泰罗与科学管理理论、管理过程理论之父法约尔与管理过程理论以及组织理论之父韦伯与理想的行政组织体系。新古典管理理论阶段出现了人际关系学说、行为科学理论。现代管理理论则百花齐放、百家争鸣,出现了管理过程学派、社会系统学派、系统管理学派、决策管理学派等有一定影响力的11个学派。而近代管理理论阶段则出现了竞争战略理论、企业再造理论、企业文化理论、学习型组织、价值管理、知识管理等理论思想。

职场指南

学习中国古代的管理智慧,从管理学角度更深层次地了解老子、孔子、孟子、孙子等古代著名思想家及其博大精深的思想内涵,不仅增加了同学们的课外知识,更拓宽了同学们的思想认识,开阔了同学们的思维方式。学习西方管理发展史,则让同学们站在历史的高度,去把握管理的产生、形成和发展的整体脉络,学会从不同的视角去研究和看待管理问题,发散同学们的思维,更灵活地运用这些管理思想去处理和解决今后工作中所遇到的问题。

案例分析

案例1 向蚂蚁学管理

著名的企业管理顾问邦纳保和梅耶在《哈佛商业评论》上发表了一篇关于蚂蚁和蜜蜂管理学的论文,在当时引起了极大的关注。

论文分析了蚂蚁的行为,当蚂蚁集结的时候能够自我组织,不需要任何领导人监督,就形成一支很好的团队。更重要的是,它们能够根据环境变动,迅速调整,找出解决问题的答案。两位学者把这种能力称为"蜂群智慧",并且把这种智慧运用到工厂管理,人员组织,甚至策略拟定上。

举例来说,蚂蚁总能找出最短的路径,把食物搬回家。当发现食物时,两只蚂蚁同时离开巢穴,分别走两条路线到食物处。较快回来的蚂蚁会在其路线释放出较多的化学激素作为记号。因此,其他同伴闻到较重的味道时,自然就会走较短的路线。这个智慧靠的是两个简单原则:留下体外激素,以及追随足迹。

运用这个简单原则,可以解决复杂问题。例如,电信网络从夏威夷到巴黎必须经过很多节点,聪明的系统必须能自动躲避掉塞车的地方。惠普实验室想出一个方法,设计大批软件使用者不断流动,在网络间留下资讯,就像蚂蚁留下体外激素一样,电话就追随这些资讯来连接。当一个路线塞车,这条路线的使用者也会塞车,自然发出讯号,这条路线就放弃,电话改走比较顺畅的路线,让塞车迅速缓解。

蚂蚁的另一个分工模式是弹性分工。一只蚂蚁搬食物往回走时,碰到下一只蚂蚁,会把食物交给它,自己再回头,碰到上游的蚂蚁时,将食物接过来,再交给下一只蚂蚁。蚂蚁要在哪个位置搬运食物不一定,唯一固定的是起始点和目的地。

一家大型零售连锁店就运用蚂蚁的弹性分工模式,来管理其物流仓储中心。以前该物流仓储中心用区域方式来捡货,除非上一手完成工作,否则下一手不能接手。以书为例,一个人专门负责装商业书,另一个人专门负责装儿童书。问题是每个人的速度可能差距非常大,订单对每一种商品的需求差异也有大小,因此总有人在等待别人完成才能接手。

经过研究,该物流仓储中心改用"蚂蚁模式",一个人不断拣出产品,一直到下游有空来接手工作后,再回头接手上游工作。研究人员用电脑模拟运算发现,运用这个模式时,应该将速度最快的员工放在最末端,速度最慢的放在一开始,如此是最有效率的。该物流仓储中心通过这种方法,生产效率比之前提高了30%。

两位学者指出,这种蜂群智慧有三种优势:

①弹性,可以迅速根据环境变化进行调整;

②强韧,即使个体失败,整个群体仍然可以运作;

③自我组织,不需要太多从上而下的控制或管理,就能自我完成工作。这些正是今天多变的环境中企业最需要具备的特质。

请思考:

1. 蜂群智慧是一种什么样的智慧?有何特点?对你有何启示?
2. 探讨这些智慧在企业中如何推广和运用。

案例2 管理理论真能解决实际问题吗?

海伦、汉克、乔、萨利四个人都是美国西南金属制品公司的管理人员。海伦和乔负责产品销售,汉克和萨利负责生产。他们刚参加过在大学举办的为期两天的管理培训班学习。他们在培训班里主要学习了权变理论、系统管理理论和一些有关职工激励方面的内容。他们对所学的理论各有不同的看法,现正展开激烈的争论。

乔首先说:"我认为系统管理理论对于像我们这样的公司是很有用的。例如,生产工人偷工减料或做手脚、原材料价格上涨等,都会影响我们的产品销售。系统理论中讲的环境影响与我们的情况很相似。我的意思是,在目前这种经济环境中一个公司会受到环境的极大影响。在油价暴涨期间我们还能控制自己的公司,现在呢?我们在销售方面前进一步,都要经过艰苦的战斗。这方面的艰苦你们大概都深有感触吧?"

萨利插话说："你的意思我已经了解了。我们的确有过艰苦的时期,但是我不认为这与系统管理理论之间有什么必然的联系,我们曾在这种经济系统中受到过伤害。当然,你可以认为这与系统理论是一致的。但是我并不认为我们就有采用系统管理理论的必要。我的意思是,如果每个东西都是一个系统,而所有的系统都能对某一个系统产生影响的话,我们又怎么能预见到这些影响所带来的后果呢?所以,我认为权变理论更适用于我们。如果你说事物都是相互依存的话,系统管理理论又能帮我们什么忙呢?"

海伦对他们这样的讨论表示了不同的看法。她说:"对系统管理理论我还没有很好地考虑。但是,我认为权变理论对我们是很有用的。虽然我们以前也经常采用权变理论,但是我没有认识到自己是在运用权变理论。例如,我经常听到一些顾客讨论关于孩子如何度过周末之类的问题,从他们的谈话中我就知道他们想采购什么东西了。顾客不希望"逼"他们去买他们不需要的东西。我认为,如果我们花上一两个小时与他们自由交谈的话,那肯定会扩大我们的销售量。但是,我也碰到过一些截然不同的顾客,他们一定要我向他们推销产品,要我替他们在购货中做主。这些人也经常到我这里来走走,但是不是闲谈,而是做生意。因此,你们可以看到,我每天都在运用权变理论来对待不同的顾客。为了适应形势,我经常都在改变销售方式和风格,许多销售人员都是这样做的。"

汉克显得有些激动地插话说:"我不懂这些被大肆宣传的理论是什么东西。但是,关于系统管理理论和权变理论问题,我同意萨利的观点。教授都把自己的理论吹得天花乱坠,他们的理论听起来很好,但是却无助于我们的管理实际。对于培训班上讲的激励要素问题我也不同意。我认为泰罗在很久以前就对激励问题有了正确的论述。要激励工人,就是要根据他们所做的工作付给他们报酬。如果工人什么也没做,就用不着付任何报酬。你们和我一样清楚,人们只是为钱工作,钱就是最好的激励。"

请思考:

1. 你同意哪个人的意见?他们的观点有什么不同?
2. 如果你是海伦,你如何使汉克信服权变理论?
3. 你认为汉克关于激励问题的看法怎样?他的观点属于哪一种管理理论的观点?

案例3　回到管理学的第一个原则

纽曼公司的利润在过去的一年来一直在下降,尽管在同一时期,同行们的利润不断上升。公司总裁杰克先生非常关注这一问题。为了找出利润下降的原因,他花了几周的时间考察公司的各个方面。接着,他决定召开各部门经理人员会议,把他的调查结果和他得出的结论连同一些可能的解决方案告诉他们。

杰克说:"我们的利润一直在下降,我们正在进行的工作大多数看来也都是正确的。比方说,推销策略帮助公司保持住了在同行中应有的份额。我们的产品和竞争对手的一样好,我们的价格也不高,公司的推销工作看来是有成效的,我认为还没有必要改进什么"。他继续评论道:"公司有健全的结构、良好的产品研究和发展规划,公司的生产工艺在同行中也占领先地位。可以说,我们的处境良好。然而,我们的公司却面临这样的严重问题。"

室内的每一个人都有所期待地倾听着。杰克开始讲到了劳工关系:"像你们所知道的那样,几年前,在全国劳工关系局选举中工会没有取得谈判的权利。一个重要的原因是,我们支付的工资一直至少和工会提出的工资一样高。从那以后,我们继续给员工提高工资,问题在于,没有维持相应的生产率。车间工人一直没能生产足够的产量,可以把利润维持在原有的水平上。"杰克喝了点水,继续说道:"我的意见是要回到管理学的第一个原则。近几年来,我们对工人的需求注意太多,而对生产率的需要却注意不够。我们的公司是为股东创造财富的,是工人的俱乐部。公司要生存下去,就必须要创造利润。我在上大学时,管理学教授十分注意科学管理先驱们为获得更高的生产率所使用的方法,这就是为了提高生产率而广泛地采用了刺激性工资制度。在我看来,我们可以回到管理学的第一个原则上去,如果我们的工人的工资取决于他们的生产率,那么工人就会生产更多。管理先驱们的理论在今天一样地在指导我们。"

请思考:

1. 纽曼公司的技术和管理条件改善了,但为什么利润却下降?
2. 为什么要回到管理学的第一个原则?对你有何启示?
3. 你认为杰克的解决方案怎么样?
4. 生产率低的原因还可能有哪些?
5. 你认为科学管理理论在当今的管理实践中应当怎样应用?

复习思考题

一、单项选择题

1. 西方早期的管理思想中,(　　)是最早研究专业化和劳动分工的经济学家。
   A. 亚当·斯密　　　B. 查尔斯·巴比奇　　C. 泰罗　　　　D. 大卫·李嘉图
2. 法约尔提出的管理五项职能或要素是(　　)。
   A. 计划、组织、指挥、协调和控制　　　B. 计划、组织、决策、领导和控制
   C. 计划、组织、决策、协调和控制　　　D. 计划、组织、激励、协调和控制
3. 管理的14项原则是由(　　)提出来的。
   A. 韦伯　　　　　B. 泰罗　　　　　　C. 梅奥　　　　　D. 法约尔
4. 法约尔是西方古典管理理论在法国的杰出代表,其代表作是《工业管理和一般管理》,他被誉为(　　)。
   A. 工业管理之父　　　　　　　　　B. 科学管理之父
   C. 经营管理之父　　　　　　　　　D. 行政管理之父

5.在组织中存在着正式组织与非正式组织,正式组织与非正式组织之间的一个重大区别就是,正式组织是以( )为重要标准。

A.感情的逻辑　　B.正规的程序　　C.科学的理念　　D.效率的逻辑

6.理想的行政组织体系理论是由韦伯提出来的,其中"理想的"是指现代社会( )组织形式。

A.最有效和合理的　　　　　　B.最符合需要的
C.最经济和合理的　　　　　　D.最先进科学的

二、判断正误

1.泰罗的科学管理既重视技术因素,也重视人的社会因素。（ ）

2.正式组织是为了实现企业目标所规定的企业成员之间个人感情关系的一种结构。在正式组织中,以效率逻辑为其行动标准。（ ）

3.企业流程再造是为了提高经济效益。（ ）

4.韦伯是德国古典管理理论的代表人物,他对管理理论的贡献是提出了理想的行政管理体系,其代表作是《行政组织体系理论》。（ ）

5.梅奥认为,在共同的工作过程中,人们必然发生相互之间的联系,产生感情,自然形成一种行为准则或惯例,要求个人服从,这就形成了正式组织。（ ）

6.1993年,哈默和钱皮合著了一本书,该书总结了世界成功企业的经验,阐明了生产流程、组织流程在企业竞争中的作用,提出了应变市场变化的新方法——企业流程再造。

（ ）

7.在《社会和经济理论》一书中,他最早提出一套比较完整的行政组织体系理论,因此被称之为"组织理论之父"。他就是法国古典管理理论的代表——韦伯。（ ）

8."正式组织"与"非正式组织"的区别在于,"非正式组织"中以效率的逻辑为重要标准。

（ ）

9.西蒙是决策管理学派的代表人,他认为管理就是决策,并将决策分为程序性决策和非程序性决策,他的研究重点是程序性决策。（ ）

10.权变理论学派试图通过"权责改变"融各学派和学说于一体,风行一时,有一定的实用价值。（ ）

三、思考题

1.管理的形成和发展经历了哪几个阶段?各阶段有何特点?

2.如何理解管理实践、管理思想和管理理论之间的关系?

3.古典管理理论有哪些代表人物?他们的主要观点是什么?

4.什么是科学管理理论?为什么说它是科学的?其主要内容是什么?

5.什么是霍桑实验?梅奥的霍桑实验解决了管理学中的哪些问题?

6.现代管理阶段有哪些主要理论?他们的观点是什么?

项目三　　组　织

项目学习目标

知识目标 >>>

1. 掌握组织的含义,了解组织的分类与作用;
2. 掌握组织结构的构成模式;
3. 了解和理解组织结构设计的内容与原则;
4. 掌握人员配备与团队精神的含义;
5. 掌握人员选聘的方法和考评程序与方法。

能力目标 >>>

1. 初步培养设立组织与组织结构设计能力;
2. 根据人员配备与评价的要求认识并有意识地培养相应的职业素质。

思政目标 >>>

1. 本项目通过学习组织结构的设计,融入党史教育,引入党的组织管理经验,如三湾改编、十九大国家部委调整等。
2. 本项目通过对组织职权中集权与分权的学习,引入马克思主义哲学矛盾统一规律,推动学生进行思维模式的改造。

项目指南

本项目有两个任务,任务一引导学生实地走访日常生活中不同类型的企业,观察并了解其组织形式,以小组为单位,在全班范围内组建不同类型的企业团队,从而为更加深入地学习组织、组织结构等理论知识打下实践基础,在这一过程中增强学生的感性认识;任务二引导学生在组建企业团队的基础上,进一步模拟企业内部组织结构的设立情况,对小组内的成员进行细化分工,即赋予每个人不同的角色,如董事长、总经理、销售总监,生产部门主管等。在这一实践过程中,加深对管理人员配备、选聘等理论知识的学习。本项目的学习,可以使学生在调研企业的过程中,增强对理论知识的理解和掌握,培养学生理论结合实际的思想。教师应鼓励学生多到企业走动,多到企业观察,把课堂的管理理论带到企业,把企业的管理思想带进课堂。

任务一　组织与组织结构

引导案例

"因人设岗"还是"因事设岗"?

东莞益民冰箱厂近几年来有了很大的发展,该厂厂长张震华是个思路敏捷、有战略眼光的人,早在前几年"冰箱热"的风潮中,他已预见到今后几年中冰箱热会渐渐降温,变畅销为滞销,于是命该厂新产品开发部着手研制新产品,以保证企业能够长盛不衰。果然,不久冰箱市场急转直下,各大商场冰箱都存在着不同程度的积压。好在益民冰箱厂早已有所准备,立即将新研制生产出的小型冰柜投入市场,这种冰柜物美价廉且很实用,一面世便立即受到广大消费者的欢迎,益民冰箱厂不仅保住了原有的市场,而且又开拓了一些新市场。

但是,近几个月来,该厂产品销售出现了一些问题,用户接二连三地退货,要求赔偿,影响了该厂产品的声誉。究其原因,原来问题主要出在生产上,主管生产的副厂长王英是半年前从东莞市××局调来的。她工作认真负责,口才好,有一定的社交能力,但对冰箱生产技术不了解,组织生产能力欠缺,生产中常因所需零部件供应不上而停产,加之质量检验没有严格把关,尤其是外协件的质量常常不能保证,故产品接连出现问题,影响了冰箱厂的销售收入,原来较好的产品形象也有一定程度的破坏。这种状况如不及时改变,该厂几年来的努力也许会付诸东流。张厂长为此很伤脑筋,有心把王英撤换下去,但又为难,因为王英也没犯什么严重的错误。不撤换吧,厂里的生产又抓不上去,长此以往,企业很可能会出现亏损局面。张厂长想来想去不知如何是好,于是就去找该厂的咨询顾问某大学的石教授商量。石教授听了张厂长的诉说,思忖一阵,对张厂长说:"你何不……?"张厂长听完,喜上眉梢,连声说:"好办法、好办法。"于是便按石教授的意图回去组织实施。果然,不出两个月,冰箱厂又恢复了生机。石教授到底如何给张厂长出谋划策的呢?原来他建议该厂再设一生产指挥部,把王英升为副指挥长,另任命懂生产、有能力的李翔为生产指挥长主管生产,而让王英负责抓零部件、外协件的生产和供应,这样既使企业生产指挥的强化得到了保证,同时又调动了二人的积极性,解决了一个两难的难题。

小刘是该厂新分来的大学生,他看到厂里近来一系列的变化,很是不解,于是就去问张厂长:"厂长,咱们厂已经有了生产科和技术科,为什么还要设置一个生产指挥部呢?这不是机构重复设置吗?我在学校里学过有关组织设置方面的知识,从理论上讲组织设置应该是因事设人,咱们厂怎么是因人设岗?这是违背组织设置原则的呀!"张厂长听完小刘一连串的提问,拍拍他的肩膀关照说:"小伙子,这你就不懂了,理论是理论,实践中并不见得都有效。"小刘听了,仍不明白,难道是书上讲错了吗?

思考:

1. 在企业中如何设置组织结构?到底应该"因事设岗"还是应该"因人设岗"?
2. 你认为石教授的建议是否合适?
3. 你认为应该如何看待小刘的提问?
4. 如果你是厂长,你将如何处理这个难题?

任务导入

任务目标

模拟组织的形式——组建以6~8人为一组的企业团队。

任务引导

1. 学生实地走访日常生活中接触到的不同类型的公司,如华润万家、人人乐、百盛等,观察不同企业的组织结构。
2. 分组讨论不同企业采用的是什么类型的组织结构,为什么要设置这样的组织结构。
3. 以小组为单位模拟成立不同的企业,为企业命名并设置不同的组织结构。

任务方法

每个学习小组做好组内交流日志,记录每一名同学的观点,并进行分类、归纳和总结。每个学习小组介绍关于企业组织结构的讨论结果,在教师的指导下,学生分组成立不同的企业团队,并为企业设置不同的组织结构。

知识链接

一、组织概述

(一)组织的含义

管理学者们关于组织的定义非常多。

一方面,从广义上说,组织是指由诸多要素按照一定方式相互联系起来的系统。在这个定义中包含生物学中关于有机体的组织,因为器官是自成系统的,如皮下组织、肌肉组织等出自细胞组成的活组织;动物的群体组织,如一窝蜜蜂就是一个以蜂王为核心、秩序井然、纪律严明的群体;人的组织等。从这个角度来看,组织和系统是同等程度的概念。

从狭义上说,组织就是指人们为着实现一定的目标,互相分工与协作结合而成的集体或团体,如党团组织、工会组织、企业、军事组织等。狭义的组织专门指人群,运用于社会管理之中。在现代社会生活中，人们已普遍认识到组织是按照一定的目的、任务和形式编制起来的社会集团，组织不仅是社会的细胞、社会的基本单元，而且可以说是社会的基础。

另一方面，组织还是管理的一大职能，是人与人之间或人与物之间资源配置的活动过程，也被称为组织工作。

人们对组织的认识仍处于不断深入的过程中，随着人类实践的向前发展，人们的认识还会进一步演变和深化，但这并不妨碍人们对组织的理解。

本项目所要阐述的组织是管理学所要研究的对象，是指狭义的组织。

(二)组织的主要构成要素

组织的主要构成要素即人、组织目标、组织结构和管理四个方面：

首先提到的是人，这是构成组织的最基本要素。

其次，组织目标，这是构成组织的前提要素。组织目标是指一个组织未来一段时间内要实现的目的，它是管理者和组织中一切成员的行动指南，是组织决策、效率评价、协调和考核的基本依据。任何一个组织都是为一定的目标而组织起来的，目标是组织的最重要条件。

再次，组织结构，这是构成组织的载体要素。组织有互相协调的手段，保证人们可以进行沟通、互动并交流，由部门、岗位、职责、从属关系构成。

最后，管理，这是构成组织的维持要素。为了维持组织的存在，实现组织的目标，组织必须以计划、执行、监督、控制等管理手段保证目标的实现。

(三)组织的形式

影响组织类型的因素有很多种，组织结构是起决定性作用的一个因素，也就是说不同结构的组织可以划分出不同的类型。但组织形式的分组又不限于结构这一个标准，而是还可以确定其他标准来划分，标准不同，分类也就不一样。以下是常见的分类标准和对应的分类结果：

1.按照组织的规模分类

按照组织的规模分类，可以将组织分为小型组织、中型组织和大型组织。举例来说，企业人数为500人以下的可视为小型组织，500人到5 000人的为中型组织，5 000人以上的为大型组织。

2.按照组织的社会职能分类

按照组织的社会职能分类，可以将组织分为经济性组织、文化性组织和政治性组织。

经济性组织是一种专门以追求社会物质财富的社会组织，它存在于生产、交换、分配、消费等不同领域，工厂、工商企业、银行、财团、保险公司等社会组织都属于经济性组织。文化性组织是一种人们之间相互沟通思想、联络感情，传递知识和文化的社会组织，各类学校、艺术团体、图书馆、艺术馆、博物馆、展览馆、纪念馆等都属于文化性组织。可以看出，文化性组织与经济性组织形成了鲜明对比，文化性组织以服务公众文化生活为目的，属于非营利组织。政治性组织是一种为了某个阶级的政治利益而服务的社会组织，国家的立法机关、司法机关、行政机关、政党、监狱、军队等都属于政治性组织。

3.按组织内部是否有正式分工关系分类

按组织内部是否有正式分工关系分类,可以将组织分为正式组织和非正式组织。

正式组织的显著特征是,具有明确的目标、任务和相应的机构。如果一个社会组织内部存在着正式的组织任务分工、组织人员分工和正式的组织制度,那么它就属于正式组织。政府机关、军队、学校、工商企业等都属于正式组织。正式组织是社会中主要的组织形式,是人们研究和关注的重点。

反之,如果一个社会组织的内部既没有确定的机构分工和任务分工,没有固定的成员,也没有正式的组织制度等,这种组织就属于非正式组织。非正式组织是正式组织的对称形式。最早由美国管理学家梅奥通过"霍桑实验"提出,是人们在共同的工作过程中自然形成的以感情、喜好等情绪为基础的松散的、没有正式规定的群体。非正式组织可以是一个独立的团体,比如学术沙龙、文化沙龙、业余俱乐部等,也可以是一种存在于正式组织之中的无名而有实的团体。这是一种事实上存在的社会组织,这种组织现在正日益受到重视。在一个正式组织的管理活动中,应特别注意非正式组织的影响作用。对这种组织现象的处理,将会影响到组织任务的完成和组织运行的效率。例如某旅行团在旅行过程中,导游是正式组织成员,但在关于旅行行程问题更改过程中要征求大多数队员的意见,旅行团队中的活跃分子往往会形成非正式组织,他们的意见往往左右着大多数其他旅行者的意见,因此,有经验的导游往往重点做通几个活跃分子的工作,行程更改意见就能行得通。

对比正式组织与非正式组织,我们可以看到,它们的主要区别是:正式组织目标具体,而非正式组织是以个体感情纽带自愿结合而成的自发组织形式;正式组织一般具有层级结构,非正式组织只有自然形成的核心人物,无层级结构;正式组织依靠组织规章保障信息沟通,非正式组织只有不成文的行为准则,约束力不大;正式组织比较严密,人员固定,非正式组织相反,易受偶然因素影响。

知识窗

常见的企业类型见表3-1。

表3-1　　　　　　　　　　　　常见的企业类型

分类标准	企业类型
生产经营业务性质	①工业企业;②农业企业;③商业企业;④金融企业;⑤交通运输企业;⑥房地产企业;⑦邮电通信企业;⑧物流企业;⑨建筑安装企业
资产所有制性质	①国有企业;②集体所有制企业;③私营企业;④混合所有制企业
资本构成	①个体企业;②合伙制企业;③公司制企业
生产力各要素所占比重	①劳动密集型企业;②技术密集型企业;③知识密集型企业
企业规模	①大型企业;②中型企业;③小型企业
组织结构	①单厂企业;②多厂企业;③企业集团
技术性质	①传统技术企业;②高新技术企业

(四)组织关系

组织关系是指组织人员在组织中的地位和相互关系,如组织的机构设置以及管理权限划分。组织关系主要包括组织结构和组织职权。组织结构将在本任务的第三部分"组织结构的设计"中详细讲解,这里先讲组织职权。

1.组织权力

说到组织职权,很多人误以为组织职权和组织权力可以画等号。一般而言,企业中的管理者凭借他们的职权等权力,为企业中的员工制定并推行规则。正式职权作为权力的一种,经常与组织结构与管理层次联系在一起,所以职权和权力这两个名词常常彼此相互交织。但实际上,二者不能混淆。

权力是指改变个人或团体行为的能力。也可以说,权力是引起他人或团体采取与原来不同的行为的力量。

法定权、强制权、奖赏权、专长权和表率权是权力构成的基础。法定权,来自一个人在组织中的职位,代表一个人在正式层级中占据某一职位所相应得到的一种权力。强制权,这是建立在惧怕之上的权力。一个人对不遵从上级意图所可能产生的负面结果的惧怕,促使他对这种权力做出反应。奖赏权与强制权相对应。下属服从上司的命令,是因为他认识到这种服从会带来正面的、有利的结果,即奖励与赏识。专长权来自特殊技能或专门知识的一种影响力。如果某个人具有某种别人无法与之抗衡的特殊技能或专门知识,就享有专长权。表率权,这是与个人的品质、魅力、经历、背景等相关的权力,是建立在一个人对另一个人的认可和信任的基础上的。在一个组织中,总有某些人的行为、思想可以作为其他人的表率,由于他们具有某种超人的禀赋,或者好的品质、作风、学识,因此受到别人的敬佩和赞誉,别人大多愿意模仿和服从他。

企业组织的权力主要来源于正式的职位、个人的特质、专业的技能、可利用的资源、社会的影响力等方面。

2.组织职权

组织职权是指组织各部门、各职位在职责范围内决定事务、支配和影响他人或者集体行为的权力。从定义上不难得出权力与职权的区别:职权是赋予某个正式职位的合法权利,它与企业组织的结构和管理联系在一起。职权的范围要小于权力,组织职权存在于上下级之间,而权力可以存在于两个人或更多人之间,可以在纵向和横向上使用,并不仅仅局限于企业的所有者或管理者。

从接受论的角度出发,现代企业组织中,一个拥有正式职权的人有可能没有真正的权力,原因就在于他的下属没有接受或理解他的指令。简单来说,一个有魅力的人可以影响他人或让他人服从,但不一定有职权;相反,一个有职权的人,譬如总经理,只能在职责范围内命令他的下属遵从他的意见,却不能影响或使他人在职责范围外服从他的指令。

(1)职权的类别。企业组织职权从层次上可以划分为直线职权、参谋职权和职能职权。直线职权是指某个职位或部门所拥有的权力,包括决策、发布命令等,就是通常所说的指挥权。参谋职权是指那些向直线管理者提供建议和服务的个人或团体所拥有的职权,是某个职位或部门所拥有的辅助性权力,包括提供咨询、建议等。职能职权是指参谋人员或某部门的主管人员所拥有的原属直线主管的那部分权力。

企业组织职权还可以划分为经营决策权、专业管理权和作业管理权。

(2)职权设计。企业职权应该如何设计呢？主要从授权和控制两个方面考虑，授权是一种行使职权的艺术。授权的范围很广，有用人之权、做事之权等，并由此产生出相应的集权和分权。对于管理者来讲，如果授权不足，下级就会事事谨慎，样样请示，管理者会被许多杂乱事物所困扰；如果授权过多，就等于放弃权力。因此，授权的度很重要。管理者还要掌握和运用一些基本的授权技巧，包括"因事择人，视能授权"；明确权、责范围；授权而不放任。

企业组织的职权通过合理的授权与分权，就进入了运作阶段，权力运作最常见的结果是服从，但不可避免地还会有冲突或不和谐，致使职权的运作发生偏差。它们可能发生在个人身上、个人之间或互相竞争的群体和联盟之间，也可能存在于组织的结构或具体的工作程序中。它产生的根源一定与现实利益的矛盾或分歧有关。就管理层而言，必然要考虑企业的职权分配之后，应如何进行监督并做到有效的控制。

组织职权控制的方式主要有权力制约和信息控制等。

(五)组织意识

所谓组织意识，是指一个组织所有成员的意识，常见的如所有成员共同的价值观，等等。组织意识形态是人们对于自己周围的环境，即对于组织环境及其过程在观念上的反映，它是全部组织精神生活及其过程的总概括。作为同组织存在相对应的范畴，组织意识是组织存在的反映，包括道德、制度、习惯等。组织意识是带有一定整体性、共同性的组织意识。企业的组织意识最常见的，包括企业制度和企业文化。企业制度是企业组织中全体成员必须遵守的行为准则，包括各种章程、条例、守则、规程、程序、办法、标准等。企业制度用以明确企业各部门的职责范围、相应的工作标准和管理要求等问题。企业文化包括企业精神和企业经营哲学。

(六)组织工作

组织工作是指根据一个组织决策目标和计划方案的要求，再按照权利与责任关系的原理，将实现组织目标所必须进行的各项活动和工作加以分类和归并，设计出合理的组织结构，配备相应的工作人员，分工授权并进行协调的过程。

组织工作是一个过程，它一般要经过确定、分解组织目标，通过分工形成部门，划分各类业务工作或活动，拟订职务说明书，授予或规定职权，并通过职权关系和信息系统把各部门的业务活动联系起来等一系列步骤。组织工作也是动态的，组织内外部环境的变化，以及随着社会进步、科技发展，原有的组织结构不能高效地适应组织实现目标的要求，这都要求对组织结构进行调整以适应变化，组织工作不可能是一劳永逸的。

二、组织的作用

(一)组织是帮助人类社会超越个体发展能力的重要支撑

往往单个的人无法完成极其复杂的任务，如太空飞船制造、汽车设计与制造，甚至不能完全解决个人的衣食住行,这都要依靠组织来完成。社会化大生产是组织存在的基础。社会需求的多样性以及日益复杂化,要求人们必须组成各类组织,在组织中统筹安排各种资源,以尽可能少的资源消耗取得最大的收益。

(二)组织是实现人类目标的重要手段

组织是由一群人组成的,这群人为了实现共同的目标而结合在一起,通过分工与协作,确定特定的组织结构,最终完成人类的愿望。

(三)组织职能的发挥是实现管理功能的重要保证

组织职能把企业生产活动的各个要素、各个环节,从时间上、空间上组合成纵横交错的关系网,使每个成员都能职责分明地工作,为发挥管理的整体功能提供了重要保障。

(四)组织能帮助组织成员实现其个人目标

人们之所以加入组织,并向组织投入一定的人力、时间或其他要素,目的是实现自己的某种目标。有些目标是个人无法独立完成的,只能通过组织的"综合效应",在实现组织目标的同时使个人的需求得到满足。

三、组织结构的设计

(一)组织结构设计的含义

组织结构设计是指通过对组织资源(如人力资源)的整合和优化,确立企业某一阶段的最合理的管控模式,实现组织资源价值最大化和组织绩效最大化。每个组织都要分设若干管理层次和管理机构,这些不同机构的组合方式构成了组织结构,它反映了各个部门组成部分之间的相互联系和相互作用,是实现组织目标的框架或体制。组织结构是组织设计的结果,之所以有不同的组织结构,是因为组织的战略、组织的规模、技术和环境的变化对组织结构的选择有重大的影响。组织结构是随着生产力和社会的发展而不断发展的。

组织结构设计是以组织中结构安排为核心的组织系统的整体设计工作,是一项操作性很强的工作。

(二)组织结构设计的内容

组织结构设计的核心问题是如何划分职权结构、部门结构和制定各项规章制度,主要涵盖以下几个方面:

1.确定组织目标

任何组织都是实现其一定目标的工具,没有明确的目标,组织就失去了意义。确定组织目标是进行组织结构设计的基本出发点。

2.任务分工

根据组织目标的要求,确定为实现目标所必须进行的业务管理项目,并按其性质适当分类,明确各类活动的范围和大概工作量,进行业务流程的总体设计。任务分工是最基础的工作,可以理解为决策的具体化。

3.部门化

部门化是指在任务分工的基础上,依据职能、过程、产品、地域等标准加以分类,根据不同的标准将相同或相近的工作归并到一起组成工作单位,形成一个个专业化的工作部门或管理单元,如任务组、部门、处室。

4.设定权利和责任

设定权利和责任即对各层次、各部门的权力和责任范围及其相互关系明确具体的规定。

(三)常见的组织结构类型

常见的组织结构类型有直线制、职能制、直线职能制、事业部制、矩阵式、多维立体型组织结构等。

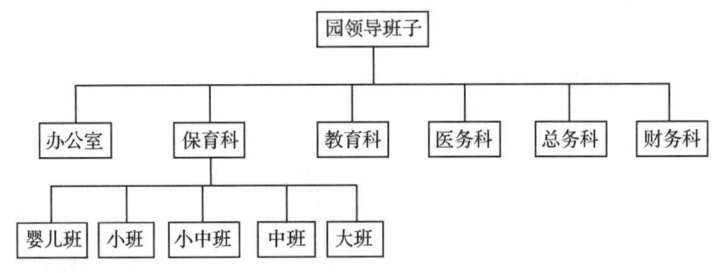

1.直线制组织结构

直线制组织结构非常简单,组织中各种职位按照垂直系统进行排列,不设专门的职能机构,各级行政领导人执行统一的指挥和管理职能。以一个幼儿园为例,其组织结构如图 3-1 所示。

图 3-1　直线制组织结构

这种结构的优点:管理机构简单,管理费用低;指挥命令系统单纯,命令统一;决策迅速,责任明确,指挥灵活;直接上级和下级关系十分清楚,维护纪律和秩序比较容易。缺点:没有职能机构当领导的助手,所有的管理职能都集中由直线主管承担,容易产生忙乱现象;当组织规模扩大,管理工作复杂后,往往由于个人的知识和能力限制而感到难于应付。此外,每个部门只关心本部门的工作,造成部门之间的横向协调较差。

一般情况下,这种组织结构只有在组织规模不大、组织成员不多、生产或作业和管理工作比较简单的情况下才适用。

2.职能制组织结构

职能制组织结构又称为多线性组织结构,职能制组织结构起源于 20 世纪初法约尔在其经营的煤矿公司担任总经理时所建立的组织结构形式,故又称"法约尔模型"。它按职能来组织部门分工,即从企业高层到基层,均把承担相同职能的管理业务及其人员组合在一起,设置相应的管理部门和管理职务。其特点是组织内部设立一些职能机构,分担某些管理业务。这些职能结构有权在自己的业务范围内,向下级单位下达命令和指示。因此,下级直线主管除了接受上级直线主管的领导外,还必须接受上级各职能机构的领导和指示。如图 3-2 所示。

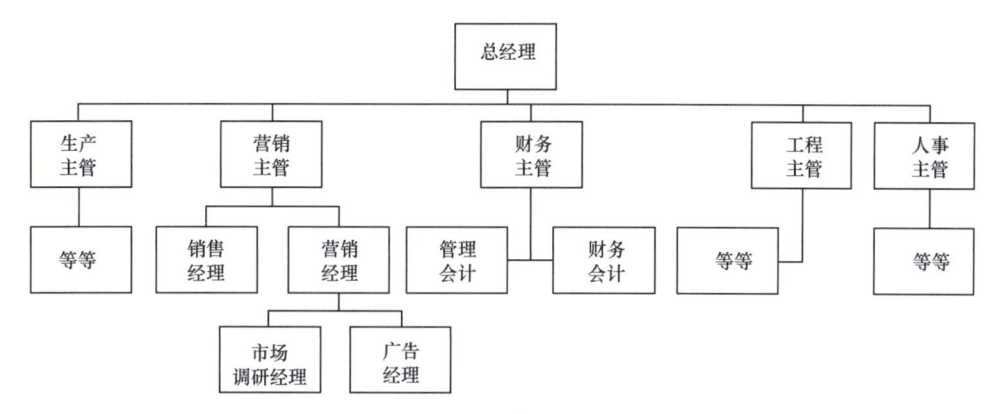

图 3-2　职能制组织结构

这种结构模式的特点是:职能制组织按职能或业务性质分工管理,选聘专业人才,发挥专业特长的作用;利于业务专精人员发挥管理作用,提高管理水平;同类业务划归同一部门,职有专司,责任确定,利于建立有效的工作秩序,防止顾此失彼和互相推诿,能适应现代化工业企业生产技术比较复杂、管理工作比较精细的特点。这是以工作方法和技能作为部门划分的依据。现代企业中许多业务活动都需要有专门的知识和能力。通过将专业技能紧密联系的业务活动归类组合到一个单位内部,可以更有效地开发和使用技能,提高工作的效率。职能制组织结构有以下特点:

(1)使用人员灵活性较大。只要为一个项目所选择的上级是一个适当的职能部门,这个项目就能够从这个部门获得其所需的专业技术人员。一方面,为了实施项目,就可以把这些人员临时借调过来,等他们完成自己的任务之后,就可以回到他们原来的日常工作中去;另一方面,职能部门的技术专家的专业基础通常都比较广泛,这使得他们能够穿梭于不同的项目之间来进行工作,在职能型组织结构的安排下,同样的技术专家就能够同时为不同的项目所使用。

(2)由于专业人员属于同一部门,有利于知识和经验的交流,一个项目就能从该部门所存在的一切知识与技术中获得支持,这极为有助于项目的技术问题获得创造性的解决。

(3)专业人员可以从本职部门获得一条顺畅的晋升途径。参加者要在专业上获得发展和进步,仅依靠从成功的项目中获得荣誉是不够的,还需要依托一个相对稳定的职能部门,这样才能有基础。

(4)有利于项目技术连续性的保持。在一个项目以至一个公司中,人员的流动性是不可避免的,在这种情况下,要保持项目技术的连续性,职能部门就是最为可靠的基础。

在各种企业里,职能制组织结构主要适用于中小型的、产品品种比较单一、生产技术发展变化较慢、外部环境比较稳定的企业。具备以上特性的企业,其经营管理相对简单,部门较少,横向协调的难度小,对适应性的要求较低,因此职能制组织结构的缺点不突出,而优点却使功能得到较为充分的发挥。

3.直线职能制组织结构

直线职能制组织结构是把军队式的直线制和泰罗的职能制相结合起来而形成的,它同样是由法约尔所建立的组织结构形式。这种组织结构的特点是,作为该级领导者的参谋,实行主管统一指挥与职能部门参谋、指导相结合的组织结构形式。职能部门拟订的计划、方案,以及有关指令,统一由直线领导批准下达,职能部门无权下达命令或进行指挥,只起业务指导作用,各级行政领导人实行逐级负责,实行高度集权。如图3-3所示。

这种组织结构是在综合了直线制和职能制的优点,摒弃了两者缺点的基础上形成的,因而是最为常见的组织结构形式。它既保持了直线制集中、统一指挥的优点,又汲取了职能制发挥专业管理的长处,从而提高了管理工作的效率。直线职能制的产生使组织管理大大前进了一步。我国目前的许多组织,包括机关、学校、医院,尤其是许多中小型企业都采用这种组织结构。

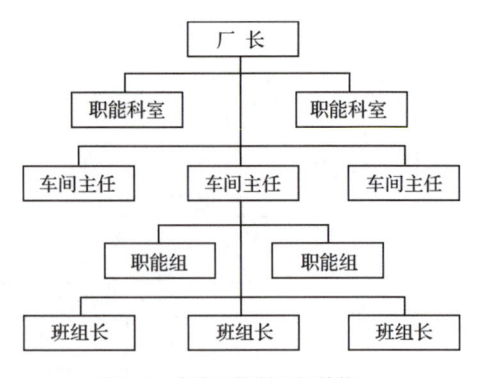

图3-3 直线职能制组织结构

直线职能制组织结构在管理实践中也有不足之处:权力集中于最高管理层,下级缺乏必要的自主权;各职能部门之间的横向联系较差,容易产生脱节和矛盾;信息传递路线较长,反馈较慢,适应环境变化的能力较差。因此,它不适用于多品种生产和规模很大的企业,也不适用于创新性的工作领域。

4. 事业部制结构

事业部制结构由20世纪20年代美国通用汽车公司创制,是指以某个产品、地区或顾客为依据,将相关的研究开发、采购、生产、销售等部门结合成一个相对独立单位的组织结构形式。它表现为,在总公司领导下设立多个事业部,各事业部有各自独立的产品或市场,在经营管理上有很强的自主性,实行独立核算,是一种分权式管理结构。事业部制又称M型组织结构,即多单位企业、分权组织,或部门化结构。

其主要特点是:①专业化管理部门。按企业的产出将业务活动组合起来,成立专业化的生产经营管理部门,即事业部。这样,每个事业部都有自己的产品或服务项目。②集权与分权相结合。在纵向关系上,按照"集中政策、分散经营"的原则,处理企业高层领导与事业部之间的关系。实行事业部制,企业最高领导层可以摆脱日常的行政事务,集中力量研究和制定企业发展的各种经营战略和经营方针,而最大限度地把管理权下放到各事业部,使其能够依据企业的经营目标、政策和制度,完全自主经营,充分发挥各自的积极性和主动性。例如,通用汽车公司当初按照斯隆模型改组后,各事业部出售的汽车在公司规定的价格幅度内,除此之外,事业部是完全自治的。③利润独立核算。各事业部独立核算,自负盈亏,是独立的利润中心。④职能制结构组织。企业高层和事业部内部,仍然按照职能制结构进行组织设计。从企业高层组织来说,为了实现集中控制下的分权,提高整个企业管理工作的经济性,要根据具体情况设置一些职能部门,如资金供应和管理、科研、法律咨询、公共关系、物资采购等部门。从事业部来说,为了经营自己的事业,也要建立管理机构。因事业部规模小,产品单一,故一般采用职能制结构。由此可见,事业部制与职能制结构相比,主要区别在于其企业最高层领导下的各级部门,是按照事业部分设还是按照职能部分设。

美的日电集团事业部制的组织结构如图3-4所示。

事业部制组织结构的主要优点表现在:总公司领导可以摆脱日常事务,集中精力考虑全局问题;事业部实行独立核算,更能发挥经营管理的积极性,更利于组织专业化生产和

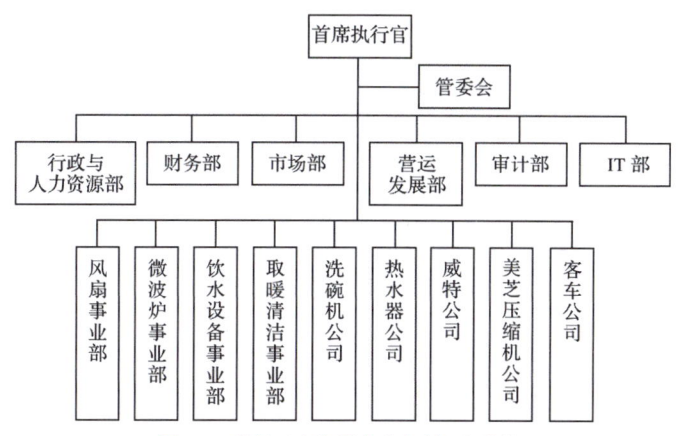

图 3-4　美的日电集团事业部制组织结构

实现企业的内部协作;各事业部之间有比较,有竞争,这种比较和竞争有利于企业的发展;事业部内部的供、产、销之间容易协调,不像在直线职能制下需要高层管理部门过问;事业部经理要从事业部整体来考虑问题,这有利于培养和训练管理人才。

事业部制组织结构的主要缺点是:由于各事业部利益的独立性,容易滋长本位主义;机构重叠,一定程度上增加了费用开支;对公司总部的管理工作要求较高,否则容易失控。

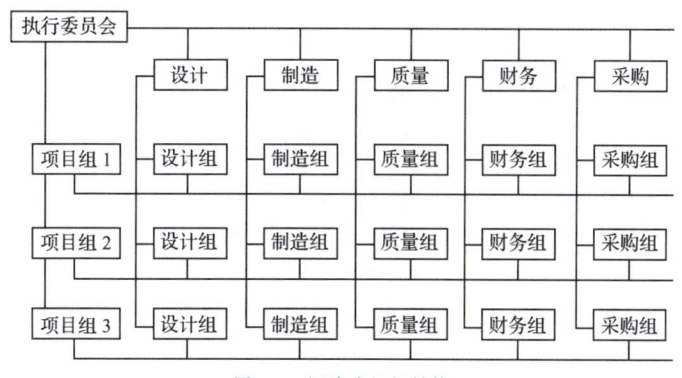

5.矩阵式组织结构

矩阵式组织结构形式是在直线职能制组织结构的基础上,再增加一种横向的领导系统,它由职能部门系列和完成某一临时任务而组建的项目小组系列组成,从而同时实现了事业部制与职能制组织结构特征的组织结构形式。矩阵式组织结构也可以称之为非长期固定性组织结构。具体地说,就是把按照职能划分的部门的按照产品或项目划分的专题小组结合起来,形成一个矩阵。图 3-5 是以一个制造企业的管理为例绘制的矩阵式组织结构图。

图 3-5　矩阵式组织结构

矩阵式组织结构是一种十分常见的组织结构,其应用已有 30 多年。适合在需要对环境变化做出迅速而一致反应的企业中采用,所以比较适用于协作性和复杂性强的大型组织。国际商用机器(IBM)、福特(Ford)汽车等公司都曾成功地运用过这种组织结构形式。

矩阵式组织结构的显著优点是:它具有较强的机动性,能根据特定需要和环境活动的变化,保持高度的适应性;兼有职能式和产品式(项目式)职能划分的优点,因为职能式职能划分与产品式职能划分的优缺点正好为互补型;加强了横向联系,专业设备和人员得到了充分利用,实现了人力资源的弹性共享。

其缺点表现为:成员位置不固定,有临时观念,有时责任心不够强;人员受双重领导,有时不易分清责任,需要花费很多时间用于协调,从而降低了人员的积极性;增加了资源管理的难度。

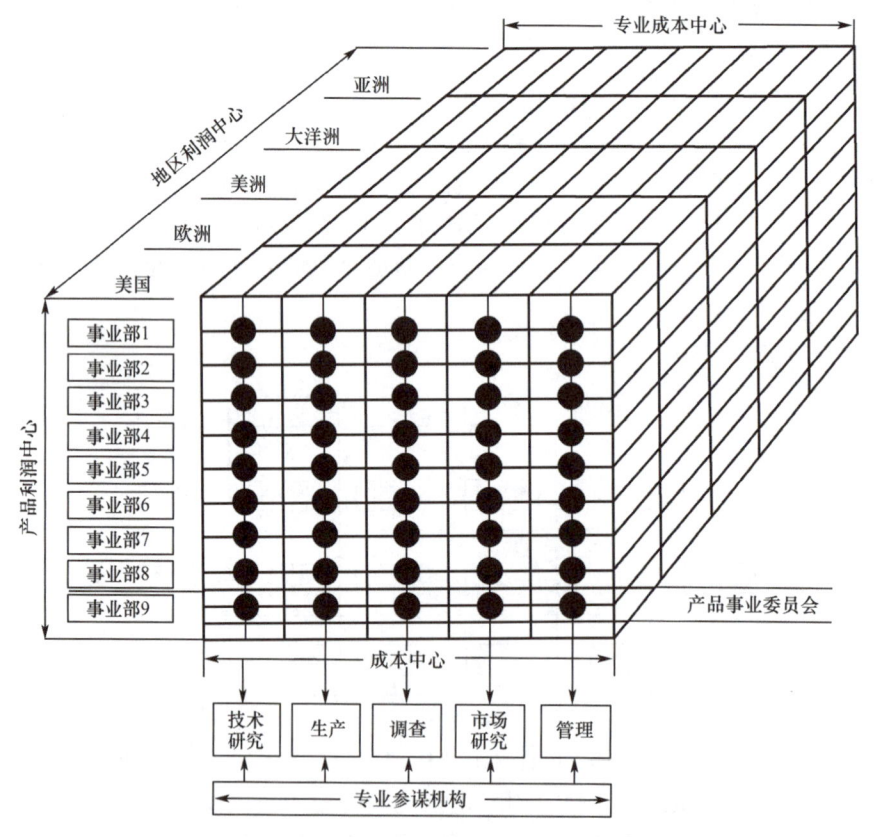

6.多维立体型组织结构

多维立体型组织结构是由美国道-科宁化学工业公司于1967年首先建立的。它是矩阵式和事业部制组织结构的综合发展,又称为多维组织结构。在矩阵式结构(二维平面)基础上构建产品利润中心、地区利润中心和专业成本中心的三维立体结构;若再加时间维,则可构成四维立体结构。虽然它的细分结构比较复杂,但每个结构层面仍然是二维制结构,而且多维制结构未改变矩阵制结构的基本特征,多重领导和各部门配合,只是增加了组织系统的多重性。因而,其基础结构形式仍然是矩阵式,或者说它只是矩阵式结构的扩展形式。这种组织结构是近年来随着环境变化而出现的一种新型的组织形式,是从系统的观点出发构建的一种复杂的结构形态。其结构分为三维:第一维是按产品划分的事业部,是产品利润中心;第二维是按职能划分的专业参谋机构,是专业成本中心;第三维是按地区划分的管理机构,是地区利润中心。如图3-6所示。

图3-6 多维立体型组织结构

在这种组织结构形式下,每一系统都不能单独做出决定,而必须由三方代表,通过共同的协调才能采取行动。因此,多维立体型组织结构能够促使各部门从组织整体的角度来考虑问题,从而减少了产品、职能和地区各部门之间的矛盾。即使三者间有摩擦,也比较容易统一和协调。这种组织结构形式的最大优点是有利于形成群策群力、信息共享、共同决策的协作关系。这种组织结构形式适用于跨国公司或规模巨大的跨地区公司。

四、组织的设立与设计

(一)组织设立的含义

组织设立有两层含义:第一层含义是组织从无到有的成立,如企业的设立需要经过一定的法律程序,命名是组织设立必不可少的一个环节;第二层含义则偏重于组织内部的设立,是指管理者将组织内各要素进行合理组合,建立和实施一种特定组织结构的过程。组织设立是有效管理的必备手段之一。

知识窗

《企业名称登记管理规定》中关于注册公司名称的要求

一、企业名称由行政区划名称、字号、行业或者经营特点、组织形式组成。例如,南京安泰新世纪信息技术有限公司,"南京"为行政区划;"安泰新世纪"为字号;"信息技术"为行业;"有限公司"为组织形式。跨省、自治区、直辖市经营的企业,其名称可以不含行政区划名称。

二、跨行业综合经营的企业,其名称可以不含行业或者经营特点。企业名称中的行政区划名称应当是企业所在地的县级以上地方行政区划名称。市辖区名称在企业名称中使用时应当同时冠以其所属的设区的市的行政区划名称。开发区、垦区等区域名称在企业名称中使用时应当与行政区划名称连用,不得单独使用。

三、企业名称中的字号应当由两个以上汉字组成。县级以上地方行政区划名称、行业或者经营特点不得作为字号,另有含义的除外。

四、企业名称不得含有下列内容的文字:

(一)损害国家尊严或者利益;

(二)损害社会公共利益或者妨碍社会公共秩序;

(三)使用或者变相使用政党、党政军机关、群团组织名称及其简称、特定称谓和部队番号;

(四)使用外国国家(地区)、国际组织名称及其通用简称、特定称谓;

(五)含有淫秽、色情、赌博、迷信、恐怖、暴力的内容;

(六)含有民族、种族、宗教、性别歧视的内容;

(七)违背公序良俗或者可能有其他不良影响;

(八)可能使公众受骗或者产生误解;

(九)法律、行政法规以及国家规定禁止的其他情形。

五、企业名称冠以"中国""中华""中央""全国""国家"等字词,应当按照有关规定从严审核,并报国务院批准。国务院市场监督管理部门负责制定具体管理办法。

六、使用外国投资者字号的外商独资或者控股的外商投资企业,企业名称中可以含有"(中国)"字样。

七、企业分支机构名称应当冠以其所从属企业的名称,并缀以"分公司""分厂""分店"等字词。境外企业分支机构还应当在名称中标明该企业的国籍及责任形式。

八、企业集团名称应当与控股企业名称的行政区划名称、字号、行业或者经营特点一致。控股企业可以在其名称的组织形式之前使用"集团"或者"(集团)"字样。

(根据2020年12月14日国务院第118次常务会议修订通过的《企业名称登记管理规定》改编)

(二)影响组织设计的因素

组织的各种活动总是要受到组织内外部各种因素的影响,不同的组织具有不同的结构形式。换句话说,组织结构的确定和变化都受到许多因素的影响,这些因素称为"权变"因素,即权宜应变的意思,组织结构的确定也随着这些因素的变化而变化。因此,不存在一个唯一的"理想"组织设计适合于所有情况,理想的组织设计取决于各种权变因素。

1. 规模因素

一般认为,组织规模越大,工作内容越复杂,工作量越大,组织结构就越复杂。一般来说,组织工作越专业化,标准操作化程序和制度越健全,分权的程度越高,组织结构也越复杂。

2. 战略因素

一个组织的战略就是它的总目标,它涉及一定时期内组织的全局设计、主要政策与任务的谋划,它决定着该组织在一定时期内的活动方向和水平,它是组织制定策略的依据。

3. 环境因素

组织总是在一定的环境下开展活动的,因此不同的环境对组织结构的影响不一样。

4. 技术因素

技术不仅包括生产技术,而且包括管理技术。从技术发展的历程看,生产技术的变化曾经导致流水线的出现,而现代计算机和网络技术的飞速进步,一方面使敏捷制造和柔性制造成为可能,另一方面也使管理手段相应发生了变化,分权型、灵活型组织结构不断演进。

5. 权力控制因素

美国管理学家斯蒂芬·罗宾斯认为:"规模、战略、环境和技术等因素组织起来,对组织结构会产生较大的影响。但即使组合起来,也只能对组织结构产生50%的影响,而对组织结构产生决定性影响的是权力控制。"

这是因为:①对组织结构模型的选择是组织的权力控制者的最终决策;②权力控制者总是不愿轻易放弃自己的权力,即使是分权,也以不失去控制为最低选择;③任何组织都是由各种利益的代表团所组成,一个组织的结构反映的是最强利益集团的利益,或多个较强集团之间利益的妥协。

6.组织规模与企业生命周期因素

组织规模是影响组织结构的重要因素。组织规模越大,越会提高组织复杂性程度,并连带提高专业化和规范化的程度。组织内部的协调更困难,管理层越难把握实际变化的情况,越不利于迅速做出正确的决策。因此,进行分权改革,就成为组织发展的必然趋势。

企业生命周期理论认为,组织的生命周期可以划分为四个阶段:创业阶段、成长阶段、成熟阶段、衰退阶段。组织发展的前两个阶段是组织的稳态发展时期,组织在这一时期的结构与活动都比较稳定。而成熟阶段、衰退阶段是组织的变革时期,即组织进一步发展时,就会从内部生出一些新的矛盾和问题,必须通过变革使组织结构以适应内外环境的变化,组织的发展是如此循环往复不断得以成长的。

(三)组织设计的原则

1.拔高原则

在为企业进行组织设计时,必须遵循拔高原则,即整体设计应紧扣企业的发展战略,充分考虑企业未来所要从事的行业、规模、技术以及人力资源配置等,为企业提供一个几年内相对稳定且实用的平台。

2.优化原则

任何组织都存在于一定的环境之中,组织的外部环境必然会对内部的结构形式产生一定程度的影响,因此企业组织结构的设计要充分考虑内外部环境,使企业组织结构适应外部环境,谋求企业内外部资源的优化配置。

3.重点原则

随着企业的发展,会因环境的变化而使组织中各项工作完成的难易程度以及对组织目标实现的影响程度发生变化,企业的工作中心和职能部门的重要性亦随之变化。因此,在进行企业组织结构设计时,要突出企业现阶段的重点工作和重点部门。

4.人本原则

设计企业组织前要综合考虑企业现有的人力资源状况以及企业未来几年对人力资源素质、数量等方面的需求,以人为本地进行设计,切忌生搬硬套所谓先进的框架,更不能因人设岗,因岗找事。

5.分工协作原则

分工协作是指组织中的各部门以及个人明确任务分工,并且要相互配合,以共同实现组织的目标。

分工协作原则规定了组织结构中管理层次的分工、部门的分工、职权的分工。管理层次的分工,即分级管理。组织层次一般分为上、中、下三层,每一管理层次都有对应的责权。部门的分工,即部门划分,部门的划分应有利于目标的完成,有利于部门间的协调。职权的分工,传统意义上组织结构中的职权有三大类:直线职权、职能职权、参谋职权。

6.有效管理幅度原则

有效管理幅度原则,是指一个上级直接领导与指挥下属的人数应该有一定的限度,并应该是有效的。当上级的控制幅度超过一定人数时,其和下级之间的关系会越来越复杂,以至于最后使他无法驾驭下级。管理幅度要根据工作的性质以及主管人员自身的情况确定。一般情况下,工作越复杂,管理的幅度越窄,主管人员能力越强,管理幅度越宽。

当然,现代计算机技术的使用,使处理信息的速度越来越快,在一定程度上使管理幅度大大增加,协调上下左右之间的能力大大提高。

7.权责对等原则

权责对等原则,是指在组织结构设计中,职位的职权和职责必须对等一致。在实际中,若职权大于职责,则会使主管人员滥用自己的职权;若职责大于职权,则会挫伤主管人员的工作积极性。这些情况都不利于组织目标的实现。

8.集权与分权相结合的原则

集权与分权相结合的原则,要求组织结构中职权的集权与分权关系要处理得当,这样才能保证组织的有效运行。

集权往往能保证组织内部的统一性和协调性,但集权又有致命的缺点:弹性差,适应性弱。过度的集权往往使一个组织缺乏主动性、积极性,丧失活力,因此,必须实行局部管理权力的下放和分散。

(四)组织设立的步骤

1.确立组织目标

通过收集及分析资料,进行设计前的评估,以确定组织目标。

2.划分业务工作

一个组织是由若干部门组成的,根据组织的工作内容和性质,以及工作之间的联系,将组织活动组合成具体的管理单位,并确定其业务范围和工作量,进行部分的工作划分。

3.提出组织结构的基本框架

按组织设计要求,确定组织的层次及部门结构,形成层次化的组织管理系统。

4.确定职责和权限

明确规定各层次、各部门以及每一职位的权限、责任。一般用职位说明书或岗位职责等文件形式表达。

5.设计组织的运作方式

设计组织的运作方式包括:联系方式的设计,即设计各部门之间的协调方式和控制手段;管理规范的设计,确定各项管理业务的工作程序、工作标准和管理人员应采用的管理方法等;各类运行制度的设计。

6.确定人员配备

按职务、岗位及技能要求,选择配备恰当的管理人员和员工。

7.确定正式的组织结构

对组织设计进行审查、评价及修改,并确定正式组织结构及组织运作程序,颁布实施。

8.调整组织结构

根据组织运行情况及内外环境的变化,对组织结构进行调整,使之不断完善。

【任务小结】

从狭义上说,组织就是指人们为了实现一定的目标,互相协作结合而成的集体或团体。组织的主要构成要素即人、组织目标、组织结构和管理。组织作为一种管理职能,是根据决策目标和计划方案的要求,再按照权利责任关系的原理,把工作人员组合成一个分工协作管理系统,以便实现人员、工作、资源条件和外部环境的优化组合,达到组织的既定目标。组织结构设计是本项目的重点内容。组织结构是组织通过对组织资源的整合和优化,确立企业某一阶段最合理的管控模式,实现组织资源价值最大化和组织绩效最大化。最常见的组织结构的类型有直线制、职能制、直线职能制、事业部制、矩阵式结构和多维立体型组织结构。

任务二　人员配备

引导案例

庄子与学生的对话

一天,庄子和他的学生在山上看见山中有一棵参天古树,因为高大无用而免遭砍伐。于是庄子感叹说:"这棵树恰好因为它不成材而能享有天年。"晚上,庄子和他的学生又到他的一位朋友家做客。主人殷勤好客,便吩咐家里的仆人说:"家里有两只雁,一只会叫,一只不会叫,将那一只不会叫的雁杀了来招待我们的客人。"庄子的学生听了很疑惑,向庄子问道:"老师,山里的巨木因为无用而保存了下来,家里的雁却因为不会叫而丧失性命,我们应该采取什么样的态度来对待这繁杂无序的社会呢?"庄子回答:"还是选择有用和无用之间吧,虽然这之间的分寸太难掌握而且也不符合人生的规律,但已经可以避免许多争端而足以应付人世了。"

庄子和他的学生的一番对话告诉我们,世间的一切事物都没有一成不变的法则。对于人才的管理也适用这个法则。换言之,一个对其他企业相当有用的人对本企业来说不一定有用,而把一个看似无用的人放在最适合他发挥才能的地方也许就能创造出意想不到的收益。

(资料来源:智若愚《故事中的智慧》,决策,2012.)

任务导入

任务目标

细化企业团队分工；为每个模拟企业团队打造团队精神。

任务引导

1. 在每一个企业团队内部，根据组织结构中要求的人员配备，对人员进行有效的选择、考评，确定每个职位最恰当的人选。
2. 分组讨论如何为模拟企业打造团队精神。

任务方法

每个小组在组内通过自荐、民主评议、考核等方式推选最恰当的人选承担相应的职位工作，细化分工；每个小组充分讨论影响企业团队精神的因素，结合企业的战略目标、价值观等内容，打造企业的团队精神。教师点评。

项目任务指引案例：

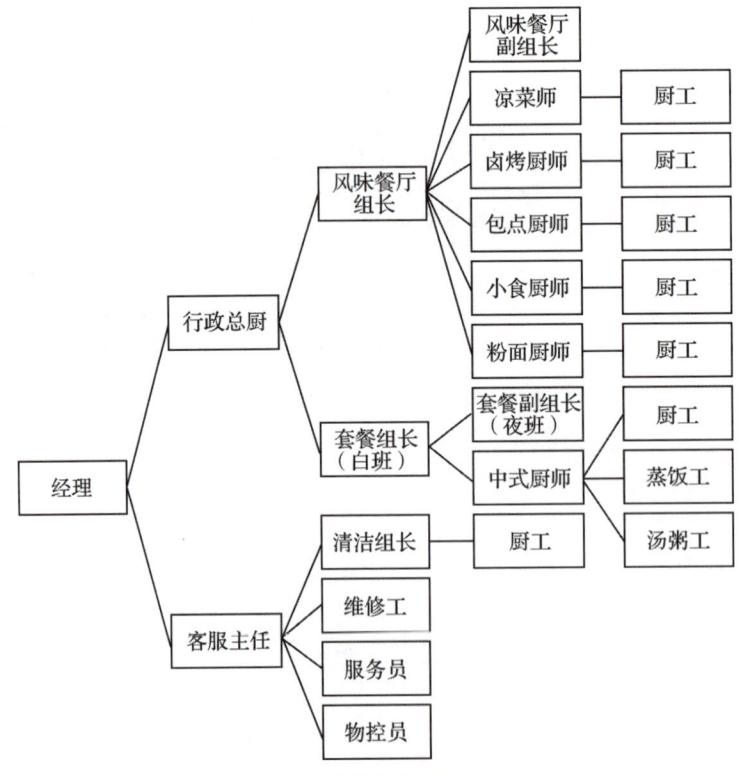

某饭店的人员配备

某饭店的人员配备如图 3-7 所示。

图 3-7 某饭店的人员配备

知识链接

任务一讲到的组织设计仅为企业的正常运行提供了可供依托的框架，但仅仅有框架是不够的，框架要能发挥作用，还需由人来操作。因此，在设计了合理组织结构的基础上，还需为这些结构的不同岗位选择配备合适的人员。

人员配备是根据组织结构中所规定的职务的数量和要求，对所需管理人员进行恰当而有效的选择、考评和培训，其目的是配备合适的人员去充实组织中的各项职务，以保证组织活动的正常进行，进而实现管理目标。

人员配备实质上是一个"用人"与"留人"的问题，有效的人员配备就是要妥善地选拔出训练有素的管理人员，让他们充分发挥出管理才能。

人员配备工作，是提高组织素质和效率的前提；是合理开发和利用组织的人力，充分发挥组织成员潜能的重要途径；是保证组织稳定、实现组织目标的重要手段。人员配备，可以创造出一种良好的人际环境或心理环境，使组织成员间能够有效地进行信息的沟通。人们在组织中取得的成绩、人们的才能，在人员配备中得到肯定，这本身就是对人们的积极鼓励，它会使人们获得个人追求成功的满足感。同时，这种满足感也会对其他组织成员起到激励和感染的作用，从而充分调动人们为组织努力工作的积极性。

人员配备是以组织设计为基础的，因为组织计划、组织结构的规模和复杂程度，以及组织扩充的发展计划和管理人员的流动、增减情况，都决定了管理人员的需要量。人员配备就是以这个需要量为基础的。人员配备是受组织内外诸多因素影响的，例如，组织目标、任务、技术特点、组织结构、组织所雇用人员的种类、组织风气、报酬制度、组织内部对管理人员的供求状况、各种人事政策、社会文化、教育水平、处事态度、经济条件以及一些法令或条例等，都对人员配备有着明显的影响。

总之，人员配备是一种对组织成员的个人知识和能力进行评价、承认和使用的方式，它可以调动组织成员的积极性，使他们在期待提升中为组织努力工作。同时，这一过程又是组织成员努力改造自我、丰富自我，使组织成员自觉地用自己渴望达到的那一个职位所需要具有的标准要求自己。

一、人员配备的原则和程序

（一）人员配备的原则

微课：唐僧团队的人员配置

实现组织目标最重要、最直接的推力是人，只有给不同的职位选择合适的人才，才能使企业达到资源配置最大化、工作效率最大化、企业收益最大化的目标。合理选择人才也是组织生存和发展的重要环节之一。组织人员配备必须把握好以下几个重要的原则。

1.因事择人原则

因事择人，是指以组织的需要、岗位的空缺、工作的要求为出发点，选拔具备相应知识与能力的人员。人员选取的目的是使其按照要求从事与其职务相对应的工作。要使工作圆满完成并卓有成效，要求在保证工作效率的前提下安排和设置职务，并且占据职位的人应具备相应的知识和工作能力。

2. 因材器用原则

因材器用,是指根据人员的能力和素质的不同,安排不同要求的工作。让员工的潜能得到充分发挥。如果用才不当,也是对人力资源的浪费。

3. 任人唯贤原则

任人唯贤,是指用客观、科学的标准和方法选贤任能。要综合考评备选人员的思想品德和工作能力,既不能过分注重品德而选庸才,也不能片面强调能力而忽视思想。

4. 人事动态平衡原则

科技的突飞猛进,知识的更新空前加快,知识结构综合化、整体化的趋势加强,工作中人的能力和知识在不断地提高和丰富,因此,人与事的配合需要进行不断的协调平衡。

人事动态平衡原则,要求以发展的眼光对待人和事的配合关系,不断根据变化的情况,进行适时调整,实现人与工作的动态平衡和最佳匹配,使那些能力充分发展的人去从事更为重要的工作,同时,对能力平平、不符合职务要求的人进行调整。

5. 群体兼容原则

现代组织分工细密,协作关系复杂。为使各个环节和岗位做到密切协作,要求各工作群体内保持较高的相容度。为此,在人员配备中,不仅强调人员与工作的相互匹配,还要注重群体成员之间的结构合理和心理相容。群体的相容度对群体的士气、人际关系、群体行为的一致性和工作效率都有直接影响。

(二)人员配备的程序

(1)制订用人计划;
(2)确定人员的来源;
(3)确定备选人员;
(4)确定人选;
(5)将选定人员安排到合适的岗位上;
(6)对员工的业绩进行考评,并据此决定员工的续聘、调动、升迁、降职或辞退。

二、管理人员的选聘

招聘是人员配备的基本活动,是人力资源进入组织或具体职位的重要入口,它的有效实施是整个组织正常运转的重要保证。而管理人员的选聘是人员配备职能中最关键的一个步骤,因为这一工作的好坏,不仅直接影响到人员配备的其他方面,而且对整个管理过程的进行,乃至整个组织的活动顺利开展,也都有着极为重要和深远的影响。

(一)选聘依据

当企业的人力资源管理人员面对众多的优秀人才,根据什么标准来决定留谁去谁,这个标尺就是选聘依据,或者叫选聘标准。总的来说,选聘管理人员的基本标准是德才兼备。具体而言，将选聘标准概括为职位本身的要求、管理人员职务的相对重要程度以及管理人员应具备的素质和能力。

1. 职位要求

具体而言，在某一个具体职位上应该做些什么？怎样做？需要什么样的知识背景、态度和技能？

2. 分析评价管理人员职务的相对重要程度

根据职位工作难易、责任轻重程度和所需人员的资格条件等因素，对这些要素进行分析评价，并将所有职位划分为若干等级，其方法有以下两种：比较法和职位要素法。

比较法：即将各个职位进行比较或"排队"。首先确定总经理、财务经理或厂长等几个关键职位的薪金水平和地位。将其他职位与之进行排队比较，并做出主观判断，这种方法是最简单、最普通的评价方法。职位差别通常以"薪金"水平的差别来表示。薪金水平大致根据管理协会或其他研究机构所调查发表的同类公司工资支付统计资料来确定。这种方法是对市场竞争情况决定同级工资水平这一观点的认可。

职位要素法：选择几个职位要素，如技术要求、受教育程度、经验与智力、责任大小、工作条件等，规定权数和分值，用数字表示每个要素。在汇总确定分值的基础上，以分值大小来确定职位的等级系列。参考社会上同行业的工资水平来制定本公司职位等级工资水平，这种方法最先用于评价组织基层的一些专业性职位（务），没有广泛应用于中、上层主管职位的评价。

(二)管理人员应具备的素质条件

究竟什么样的人能成为一名管理人员呢？通常，管理人员应该具备以下的素质条件：

1. 管理技能

管理技能即完成管理活动的本领。管理技能结构的差异性对于选拔不同层次的管理人员有重大意义，在管理等级中，某个职位的特殊需要应当结合候选人具备的技能加以评估，使之相互协调一致。

2. 管理的欲望

具有强烈的管理欲望以影响他人，以及通过与下属的协作取得成果，是对成功的管理人员最基本的要求之一。管理人员必须"志愿管理"，其管理愿望是建立在对环境的分析、对管理工作性质的透彻理解和对自己能力自信的基础上，而不是建立在对某种地位和物质利益追求的基础上，是为实现组织目标而贡献自己的才能。

3. 诚实正直的品质

诚实正直的重要性，古人已经谈得很清楚，《中庸》里有句箴言："唯天下至诚，方能经纶天下之大经，立天下之大本。"可见，诚实正直是做人的基本原则，是改造世界的基本前提。

4. 冒险精神

管理的任务不仅在于执行上级的命令，维持系统的运转，而且要在组织系统或部门的工作中不断创新。

5.决策能力

管理人员不仅要计划和安排自己的工作,而且更重要的是要组织和协调下属的工作。管理人员在组织下属工作的过程中要进行一系列的决策:本部门在未来时期内要从事何种活动?从事这种活动需达到何种状况和水平?谁去从事这些活动?利用何种条件、在何时完成这些活动?

(三)管理人员选聘的途径

选聘管理人员的途径主要通过外部招聘和内部提升。

1.外部招聘

外部招聘是指根据一定的标准和程序,从组织外部的众多候选人中选拔符合空缺职位工作要求的管理人员。外部招聘管理人员具有非常显著的优点:被聘管理人员具有"外来优势"。所谓"外来优势",主要是指被聘管理人员没有"历史包袱",组织内部成员(部下)只知其目前的工作能力和实绩,而对其历史,特别是职业生涯中的失败记录知之甚少。因此,如果他确有工作能力,那么便可迅速地打开局面。相反,如果从内部提升,部下可能对新上司在成长过程中的失败记录有着非常深刻的印象,从而可能影响后者大胆地放手工作。组织中空缺的管理职位可能有好几个内部竞争者希望得到。每个人都希望有晋升的机会。如果员工发现自己的同事,特别是原来与自己处于同一层次具有同等能力的同事提升而自己未果时,就可能产生不满情绪,懈怠工作,不听管理,甚至拆台。从外部招聘可能使这些竞争者得到某种心理上的平衡,从而利于缓和他们之间的紧张关系;能够为组织带来新鲜空气。来自外部的候选人也可以为组织带来新的管理方法与经验。他们没有太多的框框束缚,工作起来可以放开手脚,从而为组织带来较多的创新机会。此外,由于他们新近加入组织,没有与上级或下属历史上的个人恩怨关系,从而在工作中可能很少顾忌复杂的人情网络。

当然,外部招聘也有其局限性,主要表现在:

(1)外聘管理人员不熟悉组织的内部情况,同时也缺乏一定的人事基础,因此需要一段时期的适应才能进行有效的工作。

(2)组织对应聘者的情况不能深入了解。虽然选聘时可借鉴一定的测试、评估方法,但一个人的能力是很难通过几次短暂的会晤、几次书面测试而得到正确反映的。被聘者的实际工作能力与选聘时的评估能力可能存在很大差距,因此组织可能聘用一些不符要求的管理人员。这种错误的选聘可能给组织造成极大的危害。

(3)外聘管理人员的最大局限性莫过于对内部员工的打击。大多数员工希望在组织中有不断发展的机会,希望能够担任越来越重要的工作。如果组织经常从外部招聘管理人员,且形成制度和习惯,则会堵死内部员工的升迁之路,从而会挫伤他们的工作积极性,影响他们的士气。同时,有才华、有发展潜力的外部人才在了解到这种情况后也不敢应聘,因为一旦应聘,虽然在组织中工作的起点很高,但今后提升的希望却很小。

由于这些局限性,许多成功的企业强调不应轻易地外聘管理人员,而主张采用内部培养和提升的方法。

2.内部提升

内部提升是指组织成员的能力增强并得到充分的证实后,被委以需要承担更大责任的更高职务作为填补组织中由于发展或伤老病退而空缺的管理职务的主要方式,内部提升制度具有以下优点:

(1)利于鼓舞士气、提高工作热情,调动组织成员的积极性。内部提升制度给每个人都会带来希望。每个组织成员都知道:只要在工作中不断提高能力、丰富知识,就有可能被分配担任更重要的工作。这种职业生涯中的个人发展对每个人都是非常重要的。职务提升的前提是要有空缺的管理岗位,而空缺的管理岗位的产生主要取决于组织的发展。只有组织发展了,个人才可能有更多的提升机会。因此,内部提升能更好地维持成员对组织的忠诚,使那些有发展潜力的员工能自觉地更积极地工作,以促进组织的发展,从而为自己创造更多的职务提升的机会。

(2)有利于吸引外部人才。内部提升制度表面上是排斥外部人才、不利于吸收外部优秀的管理人员的,其实不然。真正有发展潜力的管理者知道,加入这种组织中,担任管理职务的起点虽然比较低,有时甚至需要一切从头做起,但是凭借自己的知识和能力,可以花较少的时间便可熟悉基层的业务,从而能迅速地提升到较高的管理层次。由于内部提升制度也为新来者提供了美好的发展前景,因此外部的人才会乐意应聘到这样的组织中工作。

(3)有利于保证选聘工作的正确性。已经在组织中工作若干时间的候选人,组织对其了解程度必然要高于外聘者。候选人在组织中工作的经历越长,组织越有可能对其做全面深入的考察和评估,从而使得选聘工作的正确程度可能越高。

(4)有利于使被聘者迅速展开工作。管理人员能力的发挥要受到他们对组织文化、组织结构及其运行特点的了解。在内部成长提升上来的管理人员,由于熟悉组织中错综复杂的机构和人事关系,了解组织运行的特点,所以可以迅速地适应新的管理工作,工作起来要比外聘者显得得心应手,从而能迅速打开局面。

同外部招聘一样,内部提升也可能带来某些弊端。主要有引起同事的不满;可能造成"近亲繁殖"的现象。

(四)选聘程序

一般情况下,选聘管理人员应该遵循以下程序:

(1)根据组织的人才储备图,提出内部提升候选人名单;
(2)在确定内部提升候选人名单的基础上,确定向外招聘的主管职务;
(3)获取资料,有两种途径:一是候选人申请表,二是面谈。
(4)进行测验:进行智力测验、熟练程度和才能测验、业务测验、个性测验等;
(5)体格检查;
(6)报请上级主管批准。

(五)管理人员的考评与培训

1.管理人员的考评

考评包括考核和评价两个方面。

(1)考评的目的。考评是一种手段,是了解管理人员基本状况的方法,其目的是做好人事工作,为组织的发展提供信息。

①考评可以为了解管理人员的工作绩效提供依据。一般可以通过定期或不定期的总结、检查,把管理活动的结果与预期的成效相对照,以发现偏差,分析偏差的原因,及时采取措施,帮助和指导他们沿着既定的方向去实现组织的目标。

②考评可以为管理人员的配备和调整提供依据。在选拔配备管理人员时,必须依靠正确的考评,即通过考评建立起有关管理人员的文字档案,并据此绘制出组织的人才储备图,作为选拔管理人员的依据。同时,管理人员的配备并不一定完全准确,与工作要求完全相符。有些管理人员在选聘时所表现出来的令人满意的工作能力,在管理实践中并没有得到充分的证实。相反地,另一些人的素质和能力不断得到提高,并试图努力证明自己有能力担负起更大的责任。由于这些原因,组织必须根据管理人员的考评结果和工作中的实际表现,对管理人员的安排进行必要的调整。还有组织工作方面的问题,如相互关系不够明确、信息渠道混乱,造成管理人员之间的摩擦、推诿责任等现象,可以通过考评发现这些问题,以便采取组织措施加以调整,或完善有关规章制度,以保证组织工作的有效性。

③考评可以为管理人员的培训提供依据。考评可以了解管理人员在某些方面的素质缺陷,根据"缺什么补什么"的原则来确定培训内容和培训方式,并制订培训计划,促进管理人员素质和能力的不断提高。考评是进行培训的基础,同时也是检验培训效果的有效手段。

④考评还可以为确定工资报酬和进行奖励提供依据。工资报酬与劳动者的能力和贡献相联系,是按劳分配的一条基本原则。衡量管理人员的工作能力和贡献,是确定管理人员工资报酬所不可缺少的一项内容。

(2)考评的要求。在实际管理工作中如何评定一个人的工作能力,尤其是智能,仍然缺乏简便易行的方法;对一个人的思想品德评价也主要凭主观印象。参加考评者心理上常受人际关系和感情的影响,导致主观评价失真,甚至可能引起一些人对评价表示反感或抵制。因此,做好考评工作,保证考评结果的质量,必须明确考评工作本身的几点要求:

①考评的指标要客观。指标的含义要准确、具体,避免用一些抽象的概念作为衡量的标准;指标要尽可能定量化,即使是定性指标也要尽可能通过划分等级或转化为分值。对工作成果的考核要尽可能用数量、质量指标来反映,如产量、产值、合格率、销售额、利润等。

②考评的方法要可行。方法可行是指考评的方法要为人们所接受并能长期使用。方法的可行与否,同方法本身的难易繁简程度有很大关系。考评项目要适中,不能过多,也不能过少。一般来说,对高层的考核项目可多些,对基层考核的项目可少些。考评要坚持"实事求是,不拔高,不贬低"原则,使考评结果客观可靠。要做好考评的宣传动员工作,使参加考评者明确考评的目的、意义和所采取的方法,自觉接受和配合,严肃认真做好考评工作,防止流于形式。

③考评的时间要适当。考评时间要根据考评的目的和职位的工作性质来确定。晋升的考评应根据职务晋升时间的需要来确定考评时间。为了解各级管理人员的政绩、作风

的考评应当定期进行。同时要根据主管职位的工作性质确定考评时间,时间太短,工作绩效表现不出来;时间太长,则不利于及时发现问题和纠正偏差,也不利于鼓励工作出色的人员。一般来说,对管理人员的正式考评是一年一至二次。而对于新担任主管职务的人员,考评次数则可多一些,目的是了解他们,促进和帮助他们尽快适应工作。

④考评的结果要反馈。在考评的基础上建立人才档案。

⑤考评的内容。一般情况下,公司会从"能、绩、德、勤"几个方面进行考核。

表 3-2 是根据大多数企业对管理人员考评的指标绘制的管理人员测评表。

表 3-2　　　　　　　　　　　　　　　管理人员测评表

被测评人		职务		任职时间		
考评项目	考评细则	基分	优 100%	良 50%	差	评分
能	1.工作思路及条理情况	1				
	2.学习接受能力情况	1				
	3.胜任本职工作情况	1				
	4.对于工作是否提出有效的改善和建议	1				
	5.策划能力情况	1				
	6.应变能力情况	1				
	7.表达能力情况	1				
	8.协调沟通能力	1				
	9.团队合作能力	1				
	10.对上级交办的事能按要求完成	2				
绩	1.对自己的工作时间是否支配得当	1				
	2.交办工作是否按期完成	2				
	3.工作量在同事中是否领先	1				
	4.无因工作失误而影响整体利益的情况	2				
	5.发展潜力	1				
	6.岗位操作熟练程度	1				
德	1.对公司忠诚与认知度	2				
	2.爱岗敬业情况	2				
	3.办事公正廉洁	2				
	4.专业知识掌握、应用情况	2				
	5.思想作风情况	1				
勤	1.办事的主动性情况	1				
	2.学习态度情况	1				
	3.工作作风情况	1				
	4.人的心胸宽容度	1				
	5.对工作责任心强度	2				
	6.对主管交办工作是否乐意积极完成	1				
	合计得分	35				

(3)考评的方式和方法。考评方式是指由谁来执行考评任务,一般有以下四种:

①自我考评。由管理人员根据组织的要求定期对自己工作的各个方面进行评价。有利于促进管理人员总结经验教训,自我完善,自我控制,提高自身素质,增强责任感。其评价结果可以作为上级对下级评价的参考。

②上级考评。这是最常见的、最符合管理逻辑的一种考评方式。

③同事考评。可通过小组评议,打分等进行。

④下级考评。可通过民意测验的方法。

考评的方法主要有成绩记录法:采用"成绩记录卡"的方式;民主评议考评法;配对比较法;强制分配法;考试法。考试法又可以进一步分为笔试和口试。其中,口试的常见方式为:问题式口试,考察知识水平;漫谈式,考察潜在能力;逼迫式,考察管理人员处理棘手问题的素质。

2.管理人员的培训

为了提高组织中各级管理人员的素质,提升管理人员的管理知识水平和管理能力以不断适应新的挑战和要求,必须定期对管理人员进行培训。管理人员是组织活动的主导力量,管理人员管理水平的高低,直接决定这个组织活动的成败,因而每一组织都应将对管理人员的培训工作看成是一项关系组织命运、前途的战略性工作来对待。

(1)培训内容

无论哪种形式的培训,其具体内容一般都包括以下三个方面:政治思想教育——思想和方向问题;管理业务知识——T型知识结构;管理能力——管理的方法和技巧,各个管理层次上培训内容存在差异。

(2)培训方法和形式

①理论培训。具体形式大多采用短训班、专题讨论会等,时间都不会很长,主要是学习一些管理的基本原理以及在某一方面的一些新的进展、新的研究成果,或就某些问题在理论上加以探讨等。

②职务轮换。使受训者在不同部门的不同主管位置或非主管位置上轮流工作,以使其全面了解整个组织的不同的工作内容,得到各种不同的经验,为今后在较高层次上任职打好基础。包括非主管工作的轮换、主管职位间的轮换等。

③提升。有计划的提升,可以按照计划好的途径,使管理人员经过层层锻炼,从低层逐步提拔到更高一级职位上;临时提升,主要是当某个管理人员因某些原因,如因度假、生病等而出现职务空缺时,组织便指定某个有培养前途的下级管理人员代理其职务。临时提升对组织来说是一种方便的培养方法。

④立副职。在副职岗位上可以更方便地了解和接触正职的工作,提前积累作为正职工作的经验,从而为提拔做准备。

⑤办研讨会。举行研讨会,使组织中的一些上层管理人员与受调者一道讨论各种重大问题,可以为他们提供一个观察、学习上层管理人员处理各类事物时遵循的原则和具体如何解决各类问题的机会,并取得领导工作的经验。

⑥辅导。"传、帮、教"的方法,针对管理中出现的问题进行有计划、有目的的指导。

(3）培训流程

①制订培训计划：组织关于主管人员的培训计划，是以对其需要的分析为依据的。培训需要来源于两个方面：职位要求的工作能力与实际的工作能力之间的差距，可通过人事考评中能力和绩效评估来测定；组织未来发展可能产生的新职位或新技术的需求，一般可通过企业发展战略规划和人员配备计划来预测。

具体而言，对任现职的主管人员来说，他考虑的是目前职务对主管人员的要求。他的实际工作成绩与要求达到的成绩之间的差距，就是个人的培训需要。对新选拔出来的主管人员来说，下一个职务的要求与他们现有的才能之间的差距，就是其个人的培训需要，这两个方面的个人培训需要构成了组织培训计划的主体。此外，组织还要根据对未来组织内外环境变化的预测，来确定对未来主管人员的要求，这些要求作为未来组织发展的需要，现在也应纳入培训计划，因此，这部分内容也是组织培训计划的重要组成部分。

②确定培训对象和培训方式。培训的方式有两种，一种是在职培训；另一种是脱产培训，可以在企业内部或外部进行。

③考核评价培训效果。一般可从受训者的感受、行为改变及其工作绩效的变化来衡量评价。

三、打造团队精神

(一)团队精神

何为团队精神？无论是媒体还是企业，都在谈"团队精神合作""团队精神"，但究竟什么是"团队精神"呢？团队精神反映的就是一个人与别人合作的精神和能力。

一支具有良好团队精神的企业团队，我们认为应具有以下特点：在团队风气上，能够接受不同的观点；对公司忠诚；共同的价值观并愿意付出努力；在合作上能坦诚交流等。

(二)团队精神的功能

1.目标导向功能

团队精神能够使团队成员齐心协力，拧成一股绳，朝着一个目标努力。对团队的个人来说，团队要达到的目标即是自己必须努力的方向，从而使团队的整体目标分解成各个小目标，在每个队员身上都得到落实。

2.团结凝聚功能

任何组织群体都需要一种凝聚力，传统的管理方法是通过组织系统自上而下的行政指令，淡化了个人感情和社会心理等方面的需求。团队精神则通过对群体意识的培养，通过队员在长期的实践中形成的习惯、信仰、动机、兴趣等文化心理，来沟通人们的思想，引导队员产生共同的使命感、归属感和认同感，逐渐强化团队精神，产生一种强大的凝聚力。

3.促进激励功能

团队精神要靠每一个队员自觉地向团队中最优秀的队员看齐，通过队员之间正常的竞争实现激励功能的目的。这种激励不是单纯停留在物质的基础上，而是要能得到团队的认可，获得团队中其他队员的认可。

4.实现控制功能

在团队里,不仅队员的个体行为需要控制,群体行为也需要协调。团队精神所产生的控制功能,是通过团队内部所形成的一种观念的力量、氛围的影响,去约束、规范、控制团队的个体行为。这种控制不是自上而下的硬性强制力量,而是由硬性控制向软性内化控制;由控制个人行为,转向控制个人的意识;由控制个人的短期行为,转向对其价值观和长期目标的控制。因此,这种控制更为持久且更有意义,而且容易深入人心。

(三)团队精神的影响因素

管理者着力打造的团队精神,到底受到哪些因素的影响呢？主要是以下几个方面:

1.团队精神的基础——挥洒个性

团队业绩从根本上说,首先来自团队成员个人的成果,其次来自集体成果。团队所依赖的是个体成员的共同贡献而得到实实在在的集体成果。这里恰恰不要求团队成员都牺牲自我去完成同一件事情,而要求团队成员都发挥自我去做好这一件事情。就是说,团队效率的培养,团队精神的形成,其基础是尊重个人的兴趣和成就。设置不同的岗位,选拔不同的人才,给予不同的待遇、培养和肯定,让每一个成员都拥有特长,都表现特长,这样的氛围越浓厚越好。

2.团队精神的核心——协同合作

社会学实验表明,两个人以团队的方式相互协作、优势互补,其工作绩效明显优于两个人单干时绩效的总和。团队精神强调的不仅仅是一般意义上的合作与齐心协力,它要求发挥团队的优势,其核心在于大家在工作中加强沟通,利用个性和能力差异,在团结协作中实现优势互补,发挥积极协同效应,带来"1+1＞2"的绩效。因此,共同完成目标任务的保证,就在于团队成员才能上的互补,在于发挥每个人的特长,并注重流程,使之产生协同效应。

3.团队精神的最高境界——团结一致

全体成员的向心力、凝聚力是从松散的个人集合走向团队最重要的标志。在这里,有一个共同的目标并鼓励所有成员为之奋斗固然是重要的,但是,向心力、凝聚力来自团队成员自觉的内心动力,来自共同的价值观,很难想象在没有机会展示自我的团队里能形成真正的向心力;同样也很难想象,在没有明确的协作意愿和协作方式下能形成真正的凝聚力。

4.团队精神的外在形式——奉献精神

团队总是有着明确的目标,实现这些目标不可能总是一帆风顺的。因此,具有团队精神的人,总是以一种强烈的责任感,充满活力和热情,为了确保完成团队赋予的使命,和同事一起,努力奋斗、积极进取、创造性地工作。在团队成员对团队事务的态度上,团队精神表现为团队成员在自己的岗位上"尽心尽力","主动"为了整体的和谐而甘当配角,"自愿"为团队的利益放弃自己的私利。

(四)打造团队精神的方法

为了提高组织的整体效能,培养团队成员之间的亲和力,打造良好的团队精神是每个公司管理的重中之重。实际工作中,我们应该践行以下内容去打造团队精神:

1.确立明确的目标

明确具体可行的企业发展目标,是员工最好的航船方向,目标方向越明确、越具体,由此激发团队效力也就越大。将公司发展方针、发展目标、发展计划,告诉所有员工,让员工有工作的热情和动力。将员工的薪金增长计划、方案、职位升迁方案明确,让员工觉得自己在公司有所作为,有发展的前途。有这样一个目标,就可以使员工们看到希望,从而劲儿往一处使,产生向目标奋进的力量源泉。

2.着力培育员工共同的企业价值观

企业制度、企业规范,只能在有限和常规情况下,告诉员工"干什么"和"不干什么",因此,利用价值观作为员工的行为准则可以利用各种方式:培养员工的良好道德规范、道德修养;培养员工的个人修养;培养员工的正确人生价值观和社会价值观。

3.公司的管理层起表率作用

公司的决策者、各级管理者是团队的龙头,是团队的核心,管理人员的表率作用体现在:给各部门制定相关的评估、考核机制。没有各部门的评估、考核机制,就不能看到领导起表率作用的成绩。给管理者一定的激励机制:通过奖励方式,才能保证管理阶层的带头作用。

4.激发员工的参与热情

企业的精神有赖于员工的参与,只有员工全方位地参与企业的经营管理,把个人的命运与企业未来的发展捆绑在一起,员工才会真心真意地关心企业,才会与企业结成利益共同体和命运共同体,因此,必须建立"以人为本"的管理机制。制定相应的激励机制,如生产改进的激励、质量改进的激励、员工为企业创造价值的激励等。应将激励机制落实,只有这样员工才会觉得其真实性。要关心员工生活,关心员工的思想状态,对于员工反映的实际问题,要及时解决,条件不够、不能满足的,要给员工一个答复。

5.唤醒危机意识和忧患意识

危机意识和忧患意识是团队精神形成的外在客观条件,没有团队的觉悟,没有大家的奋起,没有危机的心态,一旦危机到来,就会措手不及。

6.保持经常性的沟通

员工与企业之间持续、有效、深度双向的沟通,能使员工知己知彼,动态掌握自己在团体行动网络中的坐标。因此要组织经常性的座谈会,或者以意见箱的形式,建议员工积极反映对企业的一些看法、观点以及有益的建议;组织文化、文艺演出,让员工与公司进行感情上的沟通。

特别需要指出的是,团队精神的培养不是一蹴而就的,需要一个过程。为此,公司领导必须在组织上为团队建设提供如下支持:

(1) 明确团队的目标。团队的目标只能由决策层提出,才能让员工、管理人员明确。

(2) 给予一定的资源。包括人力资源、物资资源、资金资源、信息资源等。

(3) 提供可靠的信息。要给予策划者提供如市场最新动向、国际国内情况、人员培训信息、培训最新动态等信息。

(4) 不断的培训和教育。要对员工不断进行培训和教育,对企业文化的策划者也要不断进行培训与教育。

(5) 定期地进行技术和方法的指导。

【任务小结】

为了配备合适的人员去充实组织中的各项职务,以保证组织活动的正常进行,进而实现管理目标,有必要对组织进行人员配备。招聘是人员配备的基本活动,是人力资源进入组织或具体职位的重要入口,它的有效实施是整个组织正常运转的重要保证。管理人员的选聘是人员配备职能中最关键的一个步骤,因为这一工作的好坏,不仅直接影响到人员配备的其他方面,而且对整个管理过程的进行,乃至整个组织的活动的开展,也都有着极为重要和深远的影响。选定合适的时间,运用恰当的方法,以制定尽可能全面的考评标准内容是选聘管理人员的基本条件。

团队精神是企业团队生存和发展的基石。如何打造团队精神?关键是要着力做到以下方面:确立明确的目标、培育员工共同的企业价值观、公司的管理层起表率作用、激发员工的参与热情、唤醒危机意识和忧患意识,保持经常性的沟通。

职场指南

学习本项目,同学们可以了解组织结构构成与掌握组织结构的设计,为了解未来的工作职位在组织中的地位有所帮助,并可以为有志于创业的学生提供组织设立方面的基本知识。面对未来的就业,应聘是必不可少的进入社会的途径,条件允许的话,建议同学们认真分析自己的职业优势,以一名大学生的身份或者假设以毕业生的身份参加一次著名企业的招聘活动,以加深对于本专业相关岗位用人标准和要求的了解,为自己将来去企业做什么有一个鲜明的定位。

案例分析

案例1 ABB公司的组织结构模式

ABB公司是一家国际化的大型设备制造商,产品涉及从运输、过程自动化与工程到发电、输电、配电等多个领域,年销售额达到290亿美元,其经营规模比著名的西屋公司还大。ABB公司在高速火车、机器人和环境控制方面,都是世界的领先者。

作为国际化的大公司,ABB公司的管理当局面临着的挑战是:对一家遍布世界各地、拥有21万名员工的公司,如何加以组织?

ABB公司需要经常性地将经营业务从一个国家转换到另一国家,而又试图使其各项经营都能共享技术和产品。ABB公司的董事长珀西·巴内韦克认为他已经找到了答案。他在公司内大幅度地精简了公司总部的职员,同时大力推行一种两条指挥链的结构,使所有的员工同时接受所在国经理和所属业务经理的双重领导。

ABB公司大约有100个不同国家的经理,在其董事会的领导下,经营着原来的国内公司,这些经理大部分是其所工作国度的公民。另外,公司配备了65名全球经理人员,将他们组织到8个集团中:运输集团、过程自动化与工程集团、环境装置集团、金融服务集团、电子设备集团,以及三个电力事业集团,即发电、输电和配电集团。

巴内韦克认为,这种结构有利于高级经理利用其他国家的技术。比如,格哈特·舒尔迈耶,一个领导ABB美国业务和过程自动化与工程集团的德国人,使用ABB瑞士公司开发的技术服务于美国公司的汽轮机制造,或者使用ABB欧洲地区的技术将美国密歇根州的核反应堆转换为沼气发电厂。

ABB公司的组织结构如图3-8所示。

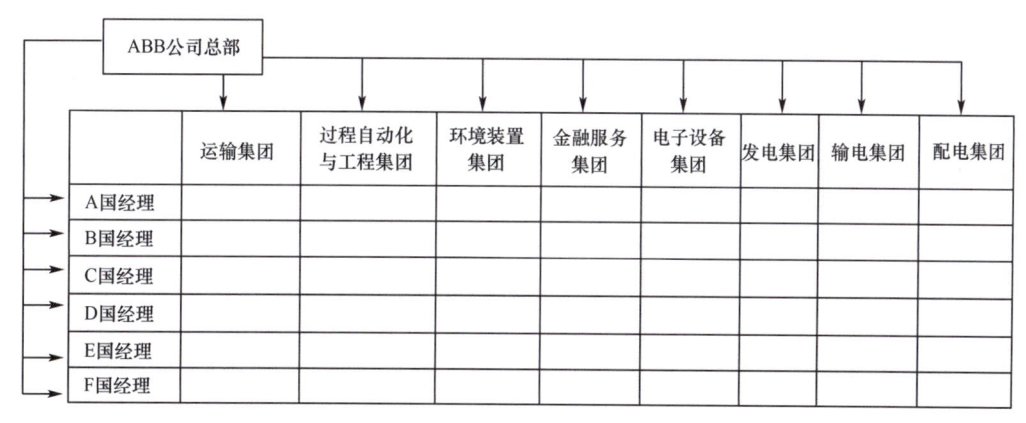

图3-8 ABB公司的组织结构

(资料来源:邵一明,蔡启明.《企业战略管理(第2版)》.立信会计出版社,2005.)

请思考:

1. 请说明ABB公司采用的是哪种类型的组织结构?
2. 请依据案例材料分析ABB公司采用这种结构形式的原因与作用,其优点与可能存在的问题是什么?

案例2 业绩再好的员工也会被解雇

对于大部分公司来说,销售都占据着极其重要的地位。在以业绩为主要KPI(关键绩效指标)的考核体系里,良好的业绩能确保员工在考核中处于优势地位。因此,员工如果业绩优良,即便有些其他缺陷,也总是能被容忍。通常,这样的员工都是主动跳槽离开,很少有被解雇的。对老板来说,解雇一名能给他带来丰厚收入的员工,无疑需要不同寻常的理由。

有这么一家公司,就给老板解雇业绩优良的员工设定了一个"正常"的理由。

这家公司的考核体系是这样的:员工的价值观与业绩各占50%的权重。员工通过考核被分成三种角色:有业绩,但价值观不符合的,被称为"野狗";事事老好人,但没有业绩的,被称为"小白兔";有业绩,也有团队精神的,被称为"猎犬"。

这家公司需要的人才是"猎犬",而不是"小白兔"和"野狗"。对"小白兔"可以通过业务培训来提升他们的专业素质,而对于"野狗",在教化无力的情况下,一般都会被坚决清除。

例如,2009年,山东分公司的一名员工发展了一家客户,给公司带来了6位数的收入。但是,以公司当时的能力来说,并没有办法帮助客户从这笔生意里拿到他们想要的利益。这名员工因此得到了"野狗"的绩效评定,公司不仅把这单生意的收入退给了客户,该员工也因为价值观不符而离开了公司。

客户利益第一,只是这家公司团队精神的第一项标准。该公司整个价值观体系共分为6个维度:客户第一、团队合作、拥抱变化、诚信、激情、敬业。价值观听起来虚无缥缈,如何定性考核?公司将每一条价值观都细分出了5个行为指南,这30项指标,就成了价值观考核的全部内容。

公司还有一项更加严格的规定:谁给客户一分钱回扣,不管他是谁,都请他立刻离开。就是这样严肃的"军纪",公司不知辞退了多少所谓优秀的销售人员。

公司的招聘程序也是精心设计的,一般新员工都要经过主管业务部门、人力资源部门、主管副总裁等几道面试才能正式入职,面试最核心的问题就是"看人":从一开始就尽量寻找与公司价值观相近的人才,这样才能有效提高"存活率"。

最开始,价值观的考核还只针对总监以下级别的员工,随着公司规模的扩大,空降高管的增多,从2007年开始,公司把价值观考核提升到更高层次,包括总监、副总裁在内的全体员工都需要接受考核。

请思考:

1. 该公司的团队精神是什么?
2. 价值观等同于团队精神吗?为什么?

案例3 校办企业的困惑

××药业公司是在原××大学制药厂、生化厂的基础上,由××大学、启华股份有限公司等合资成立的制药企业,公司运作至今问题总是层出不穷,让人感受到校办企业种种独有的困惑。

困惑之一:公司高层领导的选聘。公司成立时,公司的总经理理所当然地由××大学委派,三位副总则由前三大股东各委派一人。而问题恰好出在其中两位股东方委派的副总身上。这两位副总中的一位是之前在汽车运输公司任职,对医药行业太陌生;另一位虽说是熟手,却搞垮过若干企业。由于他们被委派以重任,分别主管生产和销售等命脉部门,其拙劣表现及总经理对此的漠视使公司遭受到重创,损失巨大。

困惑之二:人员编制问题。校办企业的员工在开办时基本由校方人员构成,随着企业的发展壮大,必须从校外引进一定的外来人才,由此员工的"成分"也复杂起来。××药业公司成立后,公司就存在着员工工作相同而身份、待遇各异的情况。原××大学制药厂、生化厂的大部分人员为××大学编制,且有事业编制和企业编制之分,他们在分房、子女医疗、入托等方面待遇不一,而划分的标准又十分牵强。虽然××大学编制的这部分员工与非××大学编制的药业公司企业编制员工相比,在医疗、福利等方面享受学校的相关待遇,但在养老保险、公积金等方面却由于学校方面的原因没有理顺,他们基本上未缴纳保险及公积金,造成的后果不言而喻。其中有人因为考研、调动等离开公司和学校,却由于上述原因闹纠纷并申诉至市人事、劳动部门仲裁,许多问题至今未决。

××药业公司的绝对控股股东是××大学,员工大部分来自原校办企业,××大学的人事制度以及其变革直接影响公司的人事管理。随着高校改革的深入,学校后勤、产业方面的变革前所未有,遇到的问题将会日益尖锐和复杂,企业的出路只有一条——理顺关系,创造有利于充分发挥每一名员工的潜能的软环境。

困惑之三:薪酬制度严重不合理。国企加校办性质的××药业公司,从经理到一般员工,实行的是岗位工资制,奖金则根据企业当月的效益核发。岗位工资制中存在着岗位级差中的平均主义,造成了同等岗位的员工毫无竞争意识,更谈不上任何激励作用。不合理的薪酬容易使员工产生不满情绪,造成工作不负责任甚至贪赃枉法。

困惑之四:人事安排和岗位培训问题,从学历上看,公司整体水平高,不负"省、市高新技术企业"之名。但由于众多原因,公司存在着较普遍的人事安排不当的情况。从1998年以来,公司先后经历过两次"定岗定编",但由于没有很好的内部环境和规范的专业实施计划而流于形式。总经理也不得不承认"定岗定编"是失败的。而岗位培训也暴露出许多不足,由于经过"定岗定编"后,许多岗位上并不是相对合适的人,因此各层次的培训是十分必要的。但实际执行情况是公司对各部门人员的培训毫无计划和系统性,许多在岗员工得不到培训和提高,存在人浮于事、不求进取等不良的组织文化倾向。

请思考:

1. 该校办企业问题的根本原因在哪里?
2. 如何解决这些问题?

复习思考题

一、填空题

1. 组织的主要构成要素即人、组织目标、(　　)和管理四个方面。
2. 按照组织的社会职能分类可分为(　　)、(　　)和(　　)。
3. (　　)是赋予某个正式职位的合法权利,它与企业组织的结构和管理联系在一起。
4. 团队精神的基础是(　　)。
5. (　　)是人员配备的基本活动,是人力资源进入组织或具体职位的重要入口,它的有效实施是整个组织正常运转的重要保证。
6. 20世纪20年代美国通用汽车公司创制了(　　)组织结构。

7.(　　)是以组织中结构安排为核心的组织系统的整体设计工作,是一项操作性很强的工作。

8.选聘管理人员的途径主要通过外部招聘和(　　)。

9.针对管理人员的考评,主要有四种方式,分别是自我考评、同事考评、上级考评和(　　)。

10.(　　),是通过对组织资源(如人力资源)的整合和优化,确立企业某一阶段的最合理的管控模式,实现组织资源价值最大化和组织绩效最大化。

二、单项选择题

1.构成组织的最基本要素是(　　)
A.人　　　　　　B.组织目标　　　　C.组织结构　　　　D.管理

2.组织的分类标准有多种,(　　)标准可适用于对任何一种类型的组织进行分类
A.社会职能　　　B.规模　　　　　　C.性质　　　　　　D.组织关系

3.法约尔模型是指(　　)组织结构
A.直线制　　　　B.职能制　　　　　C.事业部制　　　　D.矩阵制

4.考察管理人员是否爱岗敬业,属于(　　)方面的考核
A.德　　　　　　B.能　　　　　　　C.勤　　　　　　　D.绩

5.团队精神的核心是(　　)
A.团结一致　　　B.奉献精神　　　　C.协同合作　　　　D.挥洒个性

三、思考题

1.试从广义和狭义两个方面诠释组织的含义。
2.常见的组织结构有几种?试比较各种组织结构的特点。
3.结合实际,讨论影响组织设立的因素有哪些。
4.试论述人员配备与组织设立之间存在怎样的关系。
5.企业在选聘管理人员时,应该重点考虑哪些因素?
6.团队精神对企业的生存、发展有什么重要的意义?

项目四　企业战略与决策

项目学习目标

知识目标 >>>

1. 掌握企业战略的概念与特征，理解企业战略体系及其关系；
2. 了解企业战略管理过程的三个阶段，掌握SWOT分析原理；
3. 掌握决策的分类、程序与方法。

能力目标 >>>

1. 初步培养对企业战略的感悟；
2. 培养应用企业战略分析与评价方法分析解决实际问题的能力；
3. 认识并有意识培养自己运用决策方法解决实际问题的决策能力。

思政目标 >>>

1. 本项目通过SWOT分析，引导学生自我剖析，进行学业规划、职业规划或人生规划，树立人生目标。
2. 本项目通过发展战略的学习，引入邓小平对社会主义改革开放的开创性贡献，使中国经济高速发展并取得巨大成就，培养学生关注国家政策与中国发展。

项目指南

企业战略、决策是管理工作的重要环节，也是计划工作的基础。通过本项目的学习，有助于我们在理解企业战略、决策的含义、类型、特征、程序及方法的基础上，形成科学的管理观以提高管理效率，并有利于计划职能的顺利实施。

本项目有两个主要任务，任务一引导学生认识企业战略体系及其重要性，理解与学会应用企业战略分析的重要方法，用SWOT分析法分析组织的优势、劣势、机会与威胁。任务二让学生认识决策的重要性与复杂性，学会应用定性决策方法，如德尔菲法、头脑风暴法、方案前提分析法等与定量决策的方法，如线性规划法、盈亏平衡分析法、决策树法、最大最小收益值法等解决实际问题，提高决策能力。

任务一　企业战略

引导案例

中国建材集团的发展战略

2002年,中国建材集团仅是一家年产能130万吨的小水泥厂,年销售收入仅20多亿元,却有30多亿元的银行逾期负债;开启转型战略后,到2014年,其名列世界财富500强排名第267名,是世界最大的水泥生产商,资产总额逾3 600亿元,控股上市公司6家,吸纳了民营企业上千家,构筑起包括海外上市公司在内的混合所有制产业平台,成为央企开辟混合所有制发展道路的先行者。

其战略转型始于2006年,这一年中国建材集团决定大踏步进军水泥行业。那时,这个集中度极低的行业一度存活着5 000多家水泥企业。中国建材集团并非其中翘楚,虽有国家品牌,可资本金却并不充裕。公司唯一的水泥资产——中国联合水泥集团有限公司亦不成规模,在南方更是没有一家生产基地,因此在竞争中处于弱势地位。为了获取生存空间,其旗下的中国建材股份有限公司在香港上市募集的20多亿元资金,其中一半不得不用来以高溢价收购安徽海螺水泥股份有限公司在徐州的万吨生产线。

但在此后的6年间,中国建材集团积极推行"大水泥"战略,以区域化为策略,通过联合重组逐步形成了规模化的全国布局。为了将并购得来的"小舢板"组合成"航母",中国建材集团先后组建了中联水泥、南方水泥和北方水泥三大平台公司,将纳入麾下的数百家大中型地方水泥企业按区域整合为运营效率较高的整体,从而牢牢控制了华南、东南和北方市场。

如今,凭借西南水泥,中国建材集团正在复制此前的成功做法,即通过股权结构优化、盘活被收购企业的无形资产,以及输出成熟的管理模式,来提升公司的整体竞争力。

思考中国建材集团的战略决策。

任务导入

任务目标

各团队制定"本企业"战略并根据"本企业"所属类型、行业特点做战略分析。

任务引导

1. 根据自己的专业知识为"本企业"确立发展方向。
2. "企业内部"讨论交流自己的想法,做好交谈记录。
3. 以"企业"为单位汇报交流结果及其对企业战略管理思想的认识、观点。

任务方法

每个"企业"做好内部交流日志,记录每一名学生的观点,通过"企业内部决策"汇总做出"本企业"的战略及战略分析报告。企业"总经理"在班级汇报"本企业"的战略。其他"企业成员"提出不同观点质疑。教师点评。

项目任务指引案例:

比亚迪新能源汽车战略分析

一、背景介绍

在传统能源供应日趋紧张和环境质量不断下降的背景情况下,新能源汽车取代传统汽车是必然趋势。比亚迪是一家致力于"用技术创新,满足人们对美好生活的向往"的高新技术企业,也是我国新能源汽车企业的典型代表。

比亚迪公司创立于1995年,由20多人的规模起步,2003年成长为全球第二大充电电池生产商,同年组建比亚迪汽车;2006年,比亚迪纯电动轿车F3E的研发成功;2008年,比亚迪推出了可以充电F3DM双模汽车,而且拥有在比亚迪F3DM中使用的"铁电池"储能技术完全的知识产权;在成功推出F3DM后,比亚迪又研发出纯电动汽车E6,在世界上量产的电动汽车里也是代表了最高水平。2010年5月,比亚迪与德国戴姆勒汽车公司签署合同,在中国成立深圳比亚迪戴姆勒新技术有限公司。双方将共同开发电动汽车,这为比亚迪新能源汽车走向国际市场提供了机会。

比亚迪汽车遵循自主研发、自主生产、自主品牌的发展路线,矢志打造真正物美价廉的国民用车,产品的设计既汲取国际潮流的先进理念,又符合中国文化的审美观念,2017年,比亚迪入选时代影响力·中国商业案例TOP30。2019年,比亚迪入选2019中国品牌强国盛典榜样100品牌。同年,人民日报发布中国品牌发展指数100榜单,比亚迪排名第24位。

二、比亚迪新能源汽车的SWOT分析

1. 优势分析

(1)技术领先。比亚迪的看家本领就在于其动力电池技术,可以说是领先世界的。比亚迪的研发人员也很多,专利多。

(2)行业优势。因为石油安全和雾霾危机,新能源汽车开始贡献利润,是比亚迪业绩的突破点。

(3)现有市场份额将近半数。K9纯电动大客车,E6出租,双模秦唐,纯电叉车等在各个细分市场全面领先。

(4)成本领先。比亚迪新的电池厂投产,有望再下降成本。

(5)国家补贴。虽然补贴额度在减少,但是国家支持仍很重要。

(6)比亚迪独有的垂直整合模式。优势在于可以方便监管,不需要零部件运输和采购的成本。

(7)慢慢形成的品牌影响。虽然全球新能源汽车还在起步阶段,但是比亚迪在新能源汽车市场上占比非常高,有一定知名度。

2.劣势分析

(1)发展阶段。当前新能源汽车发展仍处于初期,受制于基础设施充电桩布局,电池续航技术,汽车价格等因素影响,顾客在传统汽车和新能源汽车选择之间,传统汽车仍然有很大优势。

(2)销售增长。近年来,国内汽车保有量已经接近饱和,增速非常缓慢,同时受制于其自身新产品的推出,持续高速增长销量有很大难度。

(3)售后服务还有待提高。国内的汽车工业水平还处在快速发展中,特别是新能源汽车,售后产生的问题相对还比较多,售后体系还需要完善。

(4)质量问题。国内新能源汽车还处在起步快速发展阶段,对比传统汽车,新能源汽车的质量问题相对较多。

(5)新技术不完善。新能源汽车在发展中不停推出并应用新技术,但在使用中,也暴露出部分新技术不成熟等问题,影响销量。

(6)竞争因素。比亚迪目前的优势大多是建立自产电池优势之上,有一定的价格优势,如果其失去了价格优势之后,其将丧失很大竞争力。

3.机会分析

(1)政策法律的支持。国家扶持新能源产业以及小排量汽车和电动汽车产业,这正好是比亚迪的核心业务,比亚迪应大力发展该项业务。

(2)国内汽车内需仍然很大。特别是思维的转变,新能源汽车逐渐被大众接受,这给新能源汽车产业带来了极大发展机会。

(3)加紧研发新技术。只有科学技术才是第一生产力,比亚迪应在新能源汽车相关技术在全球都没有形成框架的时候,做第一人,以领先的技术作为立身之本。

(4)新能源是现在环保节能主流的方面,这个产业前景广阔,符合可持续发展观。

4.威胁分析

(1)竞争对手。在如此的环境下,会有一些潜在的竞争对手进入。不仅是这样,已经在行业中的竞争对手也会抓住这些机会,以寻求自身的发展。还有在技术层面,国外也在如火如荼地进行着相关产品领域的科技研发,将会成为比亚迪在技术上的竞争者,特别是美国品牌电动车特斯拉在中国上海建立分厂对比亚迪新能源汽车形成较大竞争压力。

(2)行业标准。国内汽车行业在不断发展的同时,其标准必然会逐步提升,这将增加企业的成本。

(3)消费者的选择。在汽车市场发展的同时,消费者在选择上更为多元化,比亚迪需要正确把握住消费者的心理,满足其要求。

三、比亚迪新能源汽车的战略分析

1.总体战略

比亚迪的战略发展方向是在完善微型轿车等低端车型的基础上发展中级轿车、MPV、SUV等车型,并为了将来环保汽车领域等取得领先地位,利用自身优势发展电动汽车,创建和拥有自主知识产权品牌。

2. 企业经营的具体战略

比亚迪使其成本低于同行业的其他生产商主要是通过以下几个方面实现的。

2.1 成本领先战略

利用原有优势以实现成本领先。由于比亚迪在电池方面有着丰富经验,其也把此经验移植到新能源汽车中来。同时比亚迪兼收并蓄借鉴其他成功汽车企业经验,从不同品牌的汽车款式中吸取客户喜欢的元素,并将其整合到自己的产品上来并加以创新,使其产品更贴近于消费者。

2.2 技术创新战略

现阶段,新能源汽车的产业化的技术制约主要有两个方面:动力蓄电池能量储存和电池的使用寿命。磷酸铁锂材料和磷酸铁锂电池是未来新能源汽车行业发展的最主要方向,掌握生产技术的企业将有潜力成为未来的行业明星。比亚迪致力于电池技术的不断创新,在世界上处于领先地位。

2.3 差异化战略

除了贯彻执行成本领先战略外,比亚迪还将差异化战略融入其新能源汽车发展战略。2010年9月,比亚迪生产制造的纯电动大客车K9在湖南长沙的比亚迪工厂下线。纯电动大客车是其他电动车生产商未介入的产品细分领域。截至2019年底,在新能源客车方面,比亚迪已累计向全球合作伙伴交付超过5万辆纯电动大客车,累计销量全球第一,业务遍布英国、日本、澳大利亚、法国等数十个国家和地区。

知识链接

一、企业战略概述

(一)企业战略的概念

战略的概念起源于军事,本意是指对战争全局的谋划。一般来说,战略是为了实现组织使命和目标而对发展方向、行动方针以及资源配置等提出的总体规划。哈佛大学的艾尔弗雷德·钱德勒把战略定义为"一个企业长期目标和目的确定,以及为实现这些目标所要采取的行动方案和必要的资源分配方案"。

我们认为,企业战略是指企业根据环境的变化,本身的资源和实力选择适合的经营领域和产品,形成自己的核心竞争力,并通过差异化在竞争中取胜。由于企业的生存和发展是企业使命的内核,也是企业经营的根本目的和基本任务,所以随着世界经济全球化和一体化进程的加快和随之而来的国际竞争的加剧,对企业战略的要求愈来愈高。企业战略是企业最高领导层为企业在未来的环境中生存和发展绘制的一张蓝图。企业战略回答的是企业为什么能够得到社会的认可,从而长期存在下去的根本性问题。

(二)企业战略的特征

1. 全局性

企业战略以企业全局为研究对象,确定企业的总目标,规定企业的总行动,追求企业的总效果。其重点放在企业的整体发展上,着重研究企业的生存和发展,关系着企业的兴衰存亡。因而,企业战略是指导全局和长远发展的方针,是要指明方向、重点和资源分配的优先次序,不是要具体地说明企业如何实现目标,不具体研究企业某些局部性质的问题或某个单项活动。

2. 长远性

企业战略的着眼点是企业的未来,谋求企业的未来发展和长远利益。因此,制定企业战略要求妥善处理当前利益和长远利益的关系,贪图当前利益而忽视长远发展是缺乏战略眼光的表现。

3. 纲领性

企业战略是一种粗线条的总体谋划,它不在于精细而在于洞察方向,主要指明企业未来发展前景,作为企业全体员工的行动纲领。把企业战略变成实际行动,需要经过一系列展开、分析和具体化的过程,把其思想精髓融入计划职能中去执行。

4. 竞争性

企业战略是企业在未来竞争中取胜、应对外部环境威胁的整体行动方案。企业战略在充分考虑竞争因素、分析竞争状况的基础上形成,具有直接对抗性。那些不考虑竞争,仅以改善企业现状和局部管理水平等为目的行动方案和管理措施,与企业战略有着根本区别。

5. 风险性

未来的不确定性导致企业战略具有一定风险性。在经济活动中,风险与机遇相伴随,企业战略只有积极应对风险与挑战,面对风险趋利避害才能谋求企业的长远发展。也正是由于企业战略具有风险性,就要求决策者全面分析环境,及时发现风险,适时调整战略,提高企业承担风险的能力。

(三)企业战略的类型

企业战略是由一系列不同层次和不同类型的战略构成的有机整体。在这个有机整体中,各种战略相互配合、相互制约、协调一致,把企业方方面面的活动统筹起来,共同实现企业战略目标,引导企业走向成功。

军事上常用战略和战术来区分不同层次和范围的决策,而在企业战略范畴则常用战略层次予以区分。企业战略层次的划分与企业规模和企业组织结构层次有关,一般大中型企业的战略可以划分为三个层次:总体战略、业务战略、职能战略。

1. 总体战略

总体战略又叫公司战略,是企业最高层次的战略,指针对企业长远发展,由管理层制定的、由于指导企业一切行为的总纲领。

企业总体战略按企业的经营态势又可分为:成长型战略、稳定型战略、紧缩型战略。

(1)成长型战略,又叫进攻战略,是一种使企业从现有战略向更高一级目标发展的战略。这一战略强调充分利用外部环境提供的机会,努力发掘运用各种资源,以求企业发展。成长型战略有三种:密集型发展战略、一体化发展战略、多样化发展战略。

①密集型发展战略,是指企业在产品、市场上已经占有较大优势的基础上进一步集中资源,以更快的速度开发产品,扩大市场,实现企业成长。密集型发展战略还可以细分为三种类型:a.市场渗透型,即企业利用原有市场上的优势,不断提高市场占有率和销售增长率;b.产品发展型,即企业不断改进老产品、开发新产品,扩大销量;c.市场开拓型,即企业在原有市场基础上,不断开拓新市场,扩大产品销路。

②一体化发展战略,是指企业充分利用自己在产品、技术、市场上的优势,根据发展态势,将自己的经营领域不断向深度和广度扩展。一体化发展战略还可细分为三种类型:a.前向一体化,即企业把经营领域向前扩展,如由生产半成品到生产成品;b.后向一体化,即企业把经营领域向后扩展,如把原材料、零配件由外购变成自产自供;c.水平一体化,即企业利用自身优势,通过联合兼并等方式,把竞争对手变为同盟军。

③多样化发展战略,也叫多元化发展战略,是指企业继续经营现有产品的同时,扩大经营项目和市场范围,使自己的经营领域不断扩大。多样化发展战略可分为:a.同心多样化发展,即企业利用自己的技术优势,以某项主要产品为圆心,去发展工艺技术相同的不同产品,向多样化品种方向发展;b.水平多样化发展,即企业充分利用自己的市场优势,根据用户需要去发展不同性质的产品,进一步扩大市场占有率;c.复合多样化发展,即企业积极发展与原有产品、技术、市场都没有直接联系的不同行业产品和劳务。

(2)稳定型战略。稳定型战略又称维持战略,是指企业在一定时期内,鉴于外部环境和内部条件基本不变,对产品、技术、市场、资金等方面保持稳定现状的战略。其核心是稳中求效益。稳定型战略的好处在于不需追加投资,不改变资源配置模式,充分利用原有市场、人员、资金、技术都相对稳定,避免改变带来的动荡。但事实上环境会随时间发生变化,企业环境的改变使企业在稳定型战略中难以适应环境的变化,实施该战略也会使企业风险意识降低,从而不利于企业长远发展。

(3)紧缩型战略。紧缩型战略,又称撤退战略,是指企业在一定时期内缩小生产规模或压缩某些产品的生产的一种战略。一般情况下,采取紧缩型战略的基本原因是企业经济不景气、资源紧缩、产品滞销,或者内部矛盾突出,财务状况恶化,现有经营状况、资源条件以及发展前景难以应对外部环境的变化,影响企业收益、威胁企业生存和发展,只有收缩撤退才能避开风险,保存企业实力,以寻求新的发展机会。当然,也有可能企业面临更加有力的发展机会,为了抓住这种机会进行转型,也可能采取紧缩型战略。

2.业务战略

业务战略又叫竞争战略,是企业的二级战略。业务战略通常是把总体战略所包括的企业目标、发展方向和措施予以具体化,形成各业务单位的竞争与经营战略。如一般竞争战略有成本领先战略、专一化战略、差异化战略;动态竞争战略有不同行业下的竞争战略、不同市场竞争地位竞争战略等。

3.职能战略

职能战略属于企业运营层面的战略,它是为了贯彻和实施公司层战略和业务层战略在企业各职能部门制定的战略。职能战略是企业内各主要职能部门的短期战略计划,主要是企业各职能部门为更好地服务于各级战略以及提高组织效率而形成的各职能领域的战略。一般可分为研发战略、生产战略、营销战略、人力资源战略和财务战略等。

公司战略、业务战略和职能战略共同构成了企业完整的战略体系,只有不同层次的战略彼此联系、相互配合,企业的经营目标才能实现。

知识窗

企业战略分类如图 4-1 所示。

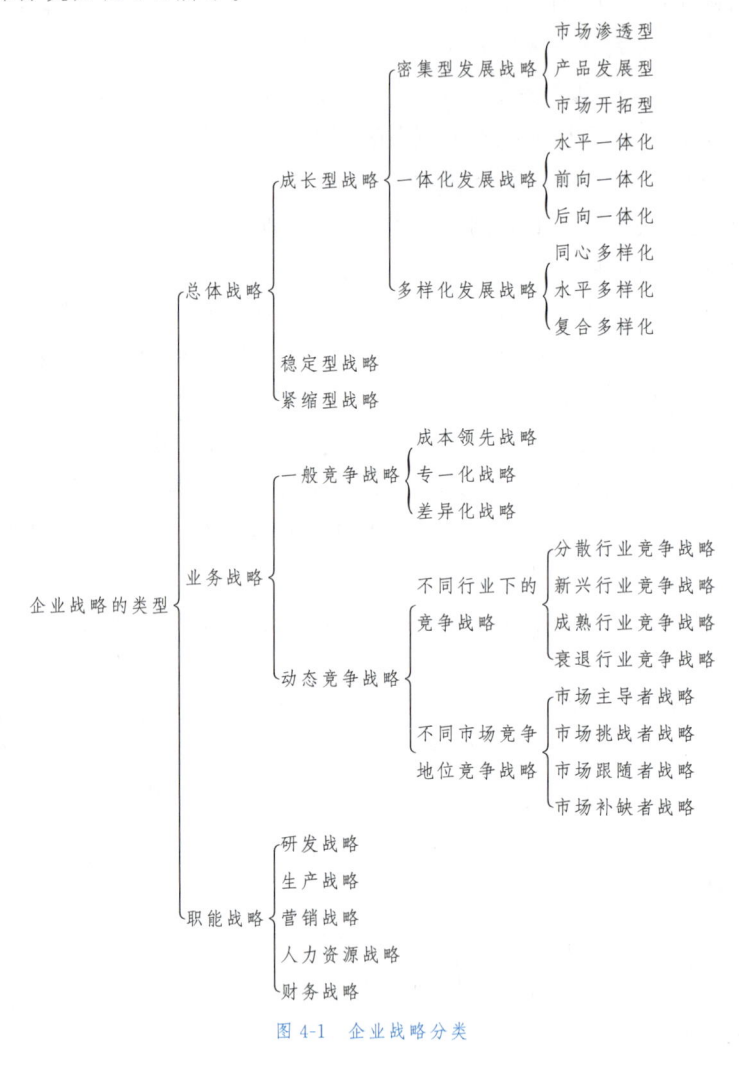

```
                                                          ┌ 市场渗透型
                                         ┌ 密集型发展战略 ┤ 产品发展型
                                         │                └ 市场开拓型
                                         │                ┌ 水平一体化
                        ┌ 成长型战略 ────┤ 一体化发展战略 ┤ 前向一体化
                        │                │                └ 后向一体化
                        │                │                ┌ 同心多样化
           ┌ 总体战略 ──┤                └ 多样化发展战略 ┤ 水平多样化
           │            │                                  └ 复合多样化
           │            ├ 稳定型战略
           │            └ 紧缩型战略
           │                             ┌ 成本领先战略
           │            ┌ 一般竞争战略 ──┤ 专一化战略
           │            │                └ 差异化战略
           │            │                                  ┌ 分散行业竞争战略
企业战略的类型 ┤ 业务战略 ┤                ┌ 不同行业下的 ┤ 新兴行业竞争战略
           │            │                │ 竞争战略      │ 成熟行业竞争战略
           │            │                │                └ 衰退行业竞争战略
           │            └ 动态竞争战略 ──┤
           │                             │                ┌ 市场主导者战略
           │                             │ 不同市场竞争   │ 市场挑战者战略
           │                             └ 地位竞争战略  ┤ 市场跟随者战略
           │                                              └ 市场补缺者战略
           │                             ┌ 研发战略
           │                             │ 生产战略
           └ 职能战略 ──────────────────┤ 营销战略
                                         │ 人力资源战略
                                         └ 财务战略
```

图 4-1 企业战略分类

二、企业战略管理

企业战略管理是指确立企业使命,根据企业外部环境和内部条件设定企业的战略目标,为保证目标的正确落实和实现进行谋划,并依靠自身能力将这种谋划付诸实施并最终达成企业使命的动态过程。

一个规范性的、全面的战略管理过程大体分为三个阶段,即战略分析、战略选择及评价、战略实施与控制。

(一)战略分析

战略分析是指对企业的战略环境进行分析,并预测这些环境未来发展的趋势,以及这些趋势可能对企业造成的影响及影响方向。一般说来,战略分析包括企业外部环境分析和企业内部环境分析两部分。

1.企业外部环境分析

企业外部环境分析是为了适时地寻找和发现有利于企业发展的机会,以及对企业来说存在的威胁,做到"知彼",以便在制定和选择战略中能够利用外部条件所提供的机会而避开对企业的威胁因素。企业外部环境分析包括一般环境分析和行业环境分析。

一般环境或宏观环境,是指给企业制造市场机会或造成威胁的主要社会因素,对所有企业都会产生影响。一般环境分析的方法是 PEST 分析,即对政治与法律(Political and Legal)、经济(Economic)、社会文化(Social and Cultural)以及技术(Technological)这四大类影响企业环境的因素进行分析。行业或产业环境是指对企业活动有直接影响的外部环境。其主要分析方法是美国战略管理大师迈克尔·波特提出的五种基本竞争力量分析,即"5F"模型(The Five Forces Framework),包括现有竞争者、供应商、顾客、潜在进入者和替代品这五种基本竞争力量的分析。

2.企业内部环境分析

企业的内部环境即企业本身所具备的条件,它包括企业的有形资源和无形资源,即企业的研究开发、生产、营销、财务、组织文化方面的能力,企业的核心竞争能力等。企业内部环境分析是为了发现企业所具备的优势或存在的弱点,以便在制定和实施战略时能扬长避短、发挥优势,有效地利用企业自身的各种资源,发挥出企业的核心竞争力。

企业战略分析中最常用的方法之一是 SWOT 分析法,这部分内容我们放在本项目最后单独叙述。

战略分析使管理人员对企业所处的外部环境和行业结构、企业自身的资源和能力有比较清楚的了解,接下来的任务是为企业选择一个合适的战略。

(二)战略选择及评价

战略选择及评价过程实质就是战略决策过程,即对战略进行探索以及选择。战略选择与评价是战略管理的重要环节。

通常,对于一个跨行业经营的企业来说,它的战略选择应当解决以下两个基本的战略问题:一是企业的经营范围或战略经营领域,也就是公司战略问题。即规定企业从事生产经营活动的行业,明确企业的性质和所从事的事业,确定企业以什么样的产品或服务来满足哪一类顾客的需求。二是企业在某一特定经营领域的竞争优势,也就是竞争战略问题,即要确定企业提供的产品或服务,要在什么基础上取得超越竞争对手的优势。

战略评价就是将反馈回来的实际成效与预期的战略目标进行比较,如果有明显的偏差,就要采取有效的措施进行纠正,以保证组织战略目标的最终实现。评价战略方案通常使用两个标准:一是利用机会并避免威胁,还要考虑发挥企业优势并克服企业劣势;二是考虑所选择的战略能否被利益相关者接受。

确切地说,战略评价就是首先要明确哪些方案能加强企业的实力,并且能够克服企业的弱点;哪些方案能完全利用外部环境变化所带来的机会,而同时又使企业面临的威胁最小或者完全消除。考虑所选择的战略能否被利益相关者接受,实际上就是要保证所选战略具有适用性、可行性和可接受性。所谓适用性是指所提出的战略对组织所处的环境的适应程度以及与其自身资源的匹配性。换句话说,一个适用的战略应该保持组织目标、资源条件与外部环境的一致性。可行性是指组织有能力成功地实施既定的战略。一个可行的战略应该是组织依靠当前拥有的资源和能力就可顺利实施且能达到既定要求的战略。可接受性意味着所选择的战略能满足人们的期望,不致伤害利益相关者的利益。目前对战略评价已有多种评价方法,如波士顿咨询公司的市场增长率——波士顿矩阵法,行业寿命周期法等。

知识窗

波士顿矩阵法

波士顿矩阵法是波士顿咨询公司于1970年提出的,又叫四象限分析法。波士顿矩阵法常用于经营单位组合的战略选择,以及市场营销组合策略的选择。其前提假设是大部分企业都有两个以上的战略业务,这些业务应该扩展还是收缩,立足于企业全局的角度加以确定,综合考虑到该项战略业务的市场占有状况以及企业在该市场的相对竞争地位,它决定企业在该项业务中获得现金回笼的能力和速度。较高的市场占有率可以获得较大的市场份额和销售利润,从而使该企业获得较多的现金流量,而该战略业务的市场增长情况则反映该项业务所属市场的吸引力。波士顿矩阵模型可以用图4-2来说明。

图4-2中,纵坐标市场成长率表示该业务的销售量或销售额的年增长率,用数字0%~20%表示,并认为市场成长率超过10%就是高速增长。横坐标表示该业务相对竞争地位即相对于最大竞争对手的市场份额,用于衡量企业占领相关市场的实力。用数字0.1~10表示该企业销售量是最大竞争对手销售量的0.1~10倍,并以相对市场份额1倍,即与竞争对手实力相当为分界线。0%~20%,0.1倍或者是10倍,这些数字范围可以根据实际情况的不同在运用中进行修改。

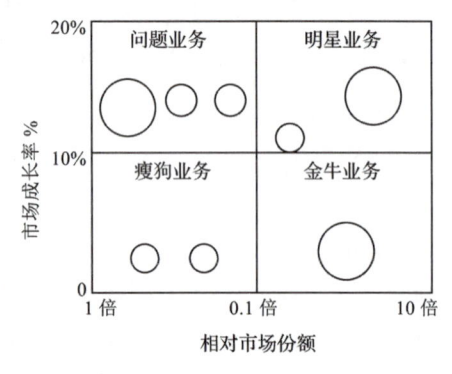

图4-2 波士顿矩阵模型

多少个圆圈代表公司有多少个业务单位,根据它们位于坐标相应数值的位置区域,表示这个业务的市场成长和相对市场份额的高低;面积的大小表示各业务的销售额大小。

波士顿矩阵模型将一个公司的业务分成四种类型:问题、明星、金牛和瘦狗。

问题业务,也被称为幼童业务,是指市场占有率高,业务增长率低的业务。这往往是一个公司的新业务,为了发展问题业务,公司必须建立工厂,增加设备和人员,以便跟上迅速发展的市场并超过竞争对手,这些意味着大量的资金投入。对待这类业务,公司必须慎重考虑"是否继续投资,发展该业务?"这个问题。只有那些符合企业发展长远目标、发挥企业资源优势、能够增强企业核心竞争能力的业务才能得到肯定的答案。图4-2所示的公司有三项问题业务,不可能全部投资发展,只能选择其中的一项或两项,集中投资发展。

明星业务,是指市场占有率高、增长率高的业务,这是由问题业务继续投资发展起来的,可以视为高速成长市场中的领导者,它将成为公司未来的金牛业务。明星业务代表着最高利润增长率和最佳投资机会,企业必须增加必要的投资,维持或者提高市场占有率。企业没有明星业务,就失去了希望,但群星闪烁也可能会耀花了企业高层管理者的眼睛,导致做出错误的决策。这时必须具备识别行星和恒星的能力,将企业有限的资源投入到能够发展成为金牛业务的恒星上。

金牛业务,是指低市场成长率、高相对市场份额的业务,这是成熟市场中的领导者,它是企业现金的来源。由于市场已经成熟,企业不必大量投资来扩展市场规模,同时作为市场中的领导者,该业务享有规模经济和高边际利润的优势,因而给企业带来大量财源。企业往往用金牛业务来支付账款并支持其他三种需大量现金的业务。图4-2所示的公司只有一个金牛业务,说明它的财务状况是很脆弱的。因为如果市场环境一旦变化导致这项业务的市场份额下降,公司就不得不从其他业务单位中抽回现金来维持金牛的领导地位,否则这个强壮的金牛可能就会变弱,甚至成为瘦狗。

瘦狗业务,是指市场份额和业务增长都较低的业务。一般情况下,这类业务常常是微利甚至是亏损的。瘦狗业务存在的原因更多是感情上的因素,虽然一直微利经营,但像人对养了多年的狗一样恋恋不舍而不忍放弃。其实,瘦狗业务通常要占用很多资源,如资金、管理部门的时间等,多数时候是得不偿失的。应根据情况采取收获或者放弃,甚至清算战略。

波士顿矩阵法进行战略分析评价的步骤:①分析公司不同的战略业务;②计算每项业务的市场占有率;③根据在企业中占有资产的多少来衡量业务的相对规模;④绘制公司整体经营的组合图,统计出企业每个战略业务连续几年的变化数据,连续三年的市场占有率和相对市场竞争地位,根据数据所处位置在图表上用圆面积来表示,然后依据圆面积在图上的位置主要落在哪个区域,确定属于哪类业务;⑤根据每一单位在图中的位置,确定应选择的经营方向。

经营方向的确定大体有四种策略:①继续大量投资,目的是扩大战略业务单位的市场份额。主要针对有发展前途的问题业务和明星中的恒星业务。②投资维持现状,目的是保持业务单位现有的市场份额。主要针对强大稳定的金牛业务。③收获,短期内尽可能得到最大限度的现金收入,实质上是一种榨取。主要针对处境不佳的金牛业务及没有发展前途的问题业务和瘦狗业务。④放弃,出售和清理某些业务,将资源转移到更有利的领域。这种策略适用于无利可图的瘦狗和问题业务。

波士顿矩阵法的应用产生了许多收益,它提高了管理人员的分析和战略决策能力,帮助他们以前瞻性的眼光看问题,更深刻地理解公司各项业务活动的联系,加强了业务单位和企业管理人员之间的沟通,及时调整公司的业务投资组合,收获或放弃萎缩业务,加强在更有发展前景的业务中的投资。

(三)战略实施与控制

战略实施就是将战略方案转化为战略行动,也即是将战略方案转化为具体的工作计划,然后按计划行动。战略实施往往涉及以下几方面的工作:一是资源配置,这是战略实施的重要手段;二是组织结构设计,这是战略实施的保证;三是战略实施的控制,这是为确保战略实施过程的顺利进行,进而实现战略目标的必要手段。

战略控制主要是指在企业经营战略的实施过程中,检查企业为达到目标所进行的各项活动的进展情况,评价实施企业战略后的企业绩效,把它与既定的战略目标与绩效标准比较,发现战略差距,分析产生偏差的原因,纠正偏差,使企业战略的实施与企业当前所处的内外环境、企业目标更加协调一致,使企业战略得以实现。

三、SWOT 分析

管理者的一项重要工作就是弄清楚管理环境能够给组织提供机会或造成威胁的因素,并分析组织内部环境所带来的优势与隐忧,从而为科学决策提供依据。SWOT 分析法(也称 TOWS 分析法、道斯矩阵)即态势分析法,20 世纪 80 年代初由美国旧金山大学的管理学教授海因茨·韦里克提出,经常被应用于企业战略分析与评价等场合。

SWOT 分析,即分析企业的优势(Strength)、劣势(Weakness)、机会(Opportunity)和威胁(Threats),是将企业内外部条件各方面内容进行综合和概括,进而分析组织的优劣势、面临的机会和威胁的一种方法。SWOT 分析可以帮助企业把资源和行动聚集在自己的强项和有最多机会的地方。优劣势分析主要是着眼于企业自身的实力及其与竞争对手的比较,而机会和威胁分析将注意力放在外部环境的变化及对企业的可能影响上。

SWOT 分析的基本思路是:第一步,对内部环境分析,明确公司所具有的优势与劣势;第二步,对公司所处外部环境分析,发现当前或将来可能出现的机会与威胁。在分析时,应把所有的内部因素(优劣势)集中在一起,然后用外部的力量(即机会和威胁)来对这些因素进行评估。

SWOT 分析时考虑的主要因素:

(1)企业的优势(S)。如综合实力增强、雄厚的资本、技术优势、成本优势、行业领先地位、市场竞争优势、产品创新、高素质管理人员、适应力强的经营战略等。

(2)企业的劣势(W)。如战略方向不明、行业从属地位、融资能力差、技术研发弱、竞争劣势、成本劣势、市场能力不足、设备陈旧、产品线过窄、缺乏管理经验、缺乏人才等。

(3)企业的机会(O)。如有力的政策支持环境、行业的市场增长、新增的客户、市场的扩大、产品线的增加、产品的多样化、互补产品的增加、纵向一体化、竞争对手的市场停滞等。

(4)潜在的威胁(T)。如不利的政府新政策、市场增长缓慢、替代品增长、新的竞争者加入、行业竞争增强、用户需求和爱好转变、用户或供应商谈判能力增强、经济衰退等。

用SWOT分析表,将刚才的优势和劣势按照对企业造成的机会和威胁分别填入如图4-3所示的表格。

由于企业所处环境十分复杂,而且竞争性优势来源十分广泛,所以,在做优劣势

图 4-3 SWOT 分析表

分析时必须从整个价值链的每个环节上,将企业与竞争对手做详细的对比。如产品是否新颖,制造工艺是否复杂,销售渠道是否畅通,以及价格是否具有竞争性等。如果一个企业在某一方面或几个方面的优势正是该行业企业应具备的关键成功要素,那么,该企业的综合竞争优势也许就强一些。企业在维持竞争优势过程中,必须深刻认识自身的资源和能力,采取适当的措施。因为一个企业一旦在某一方面具有了竞争优势,势必会引起竞争对手的注意。一般地说,企业经过一段时期的努力,建立起某种竞争优势;然后就处于维持这种竞争优势的态势,竞争对手开始逐渐做出反应。而后,如果竞争对手直接进攻企业的优势所在,或采取其他更为有力的策略,就会使这种优势受到削弱。

因此,在上述综合分析的基础上,寻求使企业内部优势与外部环境机会的有效配合,以此确定相应的经营策略。

【任务小结】

战略是为了实现组织使命和目标而对发展方向、行动方针以及资源配置等提出的总体规划。企业战略是指企业根据环境的变化,本身的资源和实力选择适合的经营领域和产品,形成自己的核心竞争力,并通过差异化在竞争中取胜。一个规范性的、全面的战略管理过程大体分为三个阶段:战略分析、战略选择及评价、战略实施与控制。战略分析是指对企业的战略环境进行分析,包括企业外部环境和企业内部条件。外部环境主要是通过"PEST"一般环境和"5F模型"进行行业环境分析。内部条件主要是对企业的资源、能力、核心竞争力分析。战略选择是指对企业公司战略和竞争战略选择一个合适的战略。一般来说,企业战略类型很多,如总体战略包括密集型发展战略、一体化发展战略和多样化发展战略;一般竞争战略有成本领先战略、专一化战略和差异化战略。战略实施即把战略方案付诸行动。SWOT分析,是一种经常被用于企业战略制定、竞争对手分析等场合的方法。即分析企业的优势(Strength)、劣势(Weakness)、机会(Opportunity)和威胁(Threats),是将企业内外部条件各方面内容进行综合和概括,进而分析组织的优劣势、面临的机会和威胁。

本项目的实施,可以帮助同学们了解企业战略相关的知识,并学会运用战略分析的方法分析如何制定可靠的企业战略。

任务二 决 策

引导案例

准确决策与盲目投资

A建筑卫生陶瓷厂是一家国有中型企业，由于种种原因，2005年停产近一年，亏损250万元，濒临倒闭。2006年初，郑先生出任厂长。面对停水、停电、停发工资的局面，郑厂长认真分析了工厂的现状，果断决策：治厂先从人事制度改革入手，把科室及分厂的管理人员减掉3/4，充实到生产第一线，形成一人多用、一专多能的治厂队伍。他还在全厂推行了"一厂多制"的经营方式：对生产主导产品的一、二分厂，采取"四统一"，即统一计划、统一采购、统一销售、统一财务的管理方法；对墙地砖分厂实行股份制改造；对特种耐火材料厂实行租赁承包。

改制后的企业像开足马力的列车一样急速运行，在运行过程中，逐渐显示出规模跟不上市场的劣势，严重束缚了企业的发展。有人主张贪大，贷巨款上大项目；有人建议投资上千万元再建一条大规模的混道窑生产线，显示一下新班子的政绩。郑厂长根据职工代表大会的建议，果断决定将生产成本高、劳动强度大、产品质量差的86米明焰煤烧隧道窑扒掉，建成98米隔焰煤烧隧道窑，并对一分厂的两条老窑进行了技术改造，结果仅花费不足200万元，便使其生产能力提高了一倍。目前该厂已形成年产80万件卫生瓷、20万平方米墙地砖、5 000吨特种耐火材料三大系列200多个品种的生产能力。2006年，国内生产厂家纷纷上高档卫生瓷砖，厂内外也有不少人建议赶"潮流"。对此，郑厂长没有盲目决策，而是冷静地分析了市场行情，经过认真调查论证，认为中低档卫生瓷的国内市场潜力很大，一味上高档卫生瓷不符合国情。于是经过市场考察，该厂新上了20多个中低档卫生瓷产品，这些产品一投入市场便成了紧俏货。目前新产品产值占总产值的比例已提高到60%以上。

与A建筑卫生陶瓷厂形成鲜明对比的是B陶瓷公司，该公司也是一家国有中型企业，20世纪90年代初，它曾是某省建材行业三面红旗之一。然而，近年来在市场经济大潮的冲击下，由于盲目上马，导致企业重大决策失误，使这家原本红红火火的国有企业债台高筑。2002年，经有关部门批准，该公司投资1 200万元建立大断面窑生产线。但该公司为赶市场潮流，不经论证就将其改建为混道窑生产线，共投资1 700万元，由于该生产线建成时市场潮流已过，因此投产后公司一直亏损。在产销无望的情况下，公司只好重新投入1 000多万元再建大断面窑，这使得公司元气大伤，债台高筑，仅拖欠银行贷款就达3 000多万元。几年来，该公司先后做出失误的重大经营决策6项，使国有资产损失数百万元。企业将以前积累的数百万元自有资金流失得一干二净。

A建筑卫生陶瓷厂的由衰变强和B陶瓷公司的由强变衰形成了强烈的反差对比。

问题：
1. 本案例中两家企业形成鲜明对比的原因是什么？
2. 科学决策需要注意哪些问题？

项目四　企业战略与决策

任务导入

任务目标

感受企业决策的重要性和企业决策过程的复杂性。

任务引导

假如你的团队在太空中因飞船机件故障停留在火星上,地点距离母船返回舱100千米处,只有15件可用器材,你们能否生存下来取决于能否利用这些器材到达母船,假设火星表面温度为零下10摄氏度。

表4-1中为15件可用器材,你的团队需要将它们按照"对于生存的重要性"来编排次序并达成一致意见,然后每队派一名代表阐述本团队观点并描述决策的过程。

表4-1　　　　　　　　　　生存重要性排序表

可用器材	个人答案	小组答案	原　因
打火机			
100米尼龙绳			
降落伞的丝质布料			
便携式发热器			
两支手枪			
一箱脱脂奶粉			
200公斤氧气桶			
星际地图			
救生艇			
磁力指南针			
5加仑水			
信号火箭			
急救箱			
太阳能无线电收发器			
浓缩食物			

任务方法

1.每一名学生按生存重要性编排次序,分别填写在个人答案与原因栏,并将自己的排序表交予小组"总经理"。

2.每组收集个人排序表,商谈,统一意见后将排列次序号填在小组答案栏。

3.每组"总经理"阐述本组观点并描述商谈统一意见的决策过程。

知识链接

一、决策概述

(一)决策的概念

决策是人们在政治、经济、技术和日常生活中普遍存在的一种行为,决策是管理中经常发生的一种活动。决策有决定的意思,它是为了实现特定的目标,根据客观的可能性,在占有一定信息和经验的基础上,借助一定的工具、技巧和方法,对影响目标实现的诸因素进行分析、计算和判断,并从多个可行方案中选优后,对未来行动做出的决定。

决策是管理的核心。可以认为,整个管理过程都是围绕着决策的制定和组织实施而展开的。无论是选择战略目标,还是制订计划,管理者都需要做出决策。不仅领导工作需要决策,其他各项管理工作都需要决策。诺贝尔经济学奖得主赫伯特·西蒙甚至强调:管理就是决策,决策贯穿了整个管理过程。决策在管理中的重要地位由此可见。

(二)决策的特征

1. 目标性

任何组织进行决策都必须首先确定组织的活动目标,目标是组织在未来特定时限内完成任务程度的标志。没有目标,人们就难以拟订未来的活动方案,评价和比较这些方案就没有了标准,对未来活动效果的检查也就失去了依据。无目标的决策或目标性不明的决策往往会导致决策失误甚至无效。

2. 可行性

决策所做的若干个备选方案应是可行的,即能解决预订问题,实现预定目标;方案本身具有可实行的条件,比如技术上、经济上都是可行的。这样才能保证决策方案切实可行。

3. 选择性

决策的实质是选择,没有选择就没有决策。决策必须具有两个以上的备选方案,通过比较评定来进行选择,如果无法制订方案或只有一个方案,那就失去了决策的意义。而要能有所选择,就必须提供可以相互替代的多种不同的活动,这些活动在资源要求、可能结果以及风险程度等方面均有所不同。因此,决策不仅有选择的可能,而且有选择的必要。

4. 超前性

任何决策都是针对未来行动的,是为了解决现在面临的、待解决的新问题以及将来可能出现的问题,所以决策是行动的基础。这就要求决策者要具有超前意识,思想敏锐,目光远大,能够预见事物的发展变化,适时做出正确的决策。

5. 过程性

决策是一个过程,而非瞬间行动,决策既非单纯的"出谋划策",又非简单的"拍板定案",而是一个多阶段、多步骤的分析判断过程。决策的重要程度、过程的繁简及所费时间长短固然有别,但都必然具有过程性。

组织决策不是一项决策,而是一系列决策的综合。组织通过决策不仅要选择业务活动的内容和方向,还要决定如何组织业务活动的具体展开,同时还要决定资源如何筹措,结构如何调整,人事如何安排。只有当这一系列的具体决策已经制定,相互协调,并与组织目标相一致时,才能认为组织的决策已经形成。这一系列的决策本身就是一个过程,从活动目标的确定,到活动方案的拟订、评价和选择,这本身就是一个包含了许多工作、由众多人员参与的过程。

6.动态性

决策是动态的,决策是一个不断循环的过程。它没有真正的起点,也没有真正的终点。这就要求决策者时刻监视并研究外部环境的变化,从中找到可以利用的机会,并据此调整组织的活动或重新决策,以达到组织与环境的动态平衡。

7.科学性

科学决策并非易事,它要求决策者能够透过现象看到事物的本质,认识事物发展变化的规律性,做出符合事物发展规律的决策。科学性并非否认决策会有失误、有风险,而是要善于从失误中总结经验教训,要尽量减少风险,这是决策科学性的重要内涵。

(三)决策的类型

决策的内容很多,不同的内容有不同的决策方式、方法。为了正确进行决策,必须对决策进行科学分类。

1.按决策的重要程度划分,可分为战略决策、战术决策和业务决策

战略决策是根本性决策,战略决策解决的是"干什么"的问题,是事关企业兴衰成败,带有方向性、全局性、长远性的大政方针的决策。如企业的方针、目标与计划,技术改造和引进,组织结构改革等,都属于战略决策。这类决策主要由企业最高领导制定。

战术决策又称管理决策或策略决策,战术决策是执行决策,解决的是"如何干"的问题,它是指为了实现战略目标而做出的带有局部性、较短时期内的具体活动方式的决策,如企业财务决策、销售计划的制订、产品开发方案的制订等。战略决策是战术决策的依据,战术决策是战略决策的落实,是在战略决策的指导下制定的,它主要由企业中层领导制定。

业务决策又称日常管理决策,属于日常活动中有关提高效率和效益、合理组织业务活动等方面的决策。这类决策主要由企业基层管理者负责制定。

2.按决策者所处的管理层次划分,可分为高层决策、中层决策和基层决策

高层决策是企业最高领导层所负责的决策,侧重于战略问题;中层决策是企业中层领导所负责的决策,以战术决策为主;基层决策是企业基层管理者所负责的决策,侧重于业务决策。

3.按决策的重复程度划分,可分为程序化决策和非程序化决策

程序化决策又称常规决策或重复决策。它是指经常重复发生,能按原已规定的程序、处理方法和标准进行的决策。其决策步骤和方法可以程序化、标准化,能够重复作用。业务决策如任务的日常安排、常用物资的订货与采购等,均属此类。

非程序化决策又称非常规决策或例外决策。它是指具有极大偶然性、随机性,又无先例可循且具有大量不确定性的决策活动,其方法和步骤也是难以程序化、标准化,不能重复使用的。这类决策在很大程度上依赖于决策者的知识、经验、洞察力、逻辑思维判断以及丰富的实践经验来进行,如新产品开发决策等。

4. 按决策的确定程度划分,可分为确定型决策、风险型决策和不确定型决策

确定型决策是指各种可行方案的条件都是已知的,自然状态是唯一的,并能较为准确地预测它们各自的后果。一个方案仅有一个确定的结果,易于分析、比较和抉择的决策。

风险型决策是指各种可行方案的条件大部分是已知的,但每个方案可能出现多种自然状态,因而每个方案都可能出现几种结果,各种结果的出现有一定的概率,决策的结果只有按概率来确定,决策存在着风险。

不确定型决策与风险型决策类似,每个方案的执行都可能出现不同的结果,但可能出现的自然状态是未知的或各种结果出现的概率是未知的,完全凭决策者的经验、感觉和估计做出的决策。

5. 从决策主体来看,可分为群体决策与个人决策

群体制定决策的一个最大优点,是其可能比任何单个成员具有更广泛的知识和经验。这势必有利于确定问题和制订备选方案,并且能够更严格地分析所制定的决策。此外,群体参与制定决策,还能够使成员更好地了解所制定的决策,特别当参与决策制定的群体还负有实施决策的责任时,可增加群体中每个成员对决策许诺的可能性。

群体参与决策效果的主要限制因素是存在"从众现象",所谓"从众现象",是指个人由于真实的或假想的群体心理压力,在认知或行动上不由自主地趋向于跟多数人相一致的现象。在正式组织里,上下级关系会导致下级方面并非真正参与决策,下级为了迎合上级,宁愿顺着上级的意图而不提出自己的真正的意见。此外,用花费的总时间来衡量,群体一般比个人要花费更多的时间才能做出一个决策。

个人决策则相反,两者在现实中要结合使用才能更好地发挥决策的效率。

6. 从决策方法来看,可分为计量决策与主观决策

计量决策是以数学的方法为基础的决策;主观决策则是凭知识、能力、经验等进行的定性分析后做出的决策。

二、决策程序

要做出有效的决策,必须遵循科学的程序。虽然决策的具体过程不尽相同,但就一般决策而言,主要可分为六个步骤:

(一)发现问题

任何管理组织的进步、管理活动的发展都是从发现问题开始,然后做出变革而实现的。这里所说的问题,是指应有状况和实际状况之间的差距。应有状况,是指根据现实有条件应当也能够做到的事情或达到的水平。发现问题比较难,必须不断地对组织与环境适应情况进行深入调查研究及对现有系统的

微课:如何做出好的决策

分析才能做到,发现问题后还必须对问题界定,包括弄清问题的性质、范围、程度、影响、后果、起因等各个方面,为决策的下一程序做准备。可以认为,决策就是发现问题、分析问题和解决问题的过程。

(二)确定目标

没有目标就无所谓决策,目标错了决策就会失误。显然,目标与管理者追求有效管理的效果是相联系的。目标是决策的开始,而实现目标,即取得预期的管理效果是决策的终点。

确定目标时应注意:一是目标应明确而具体。决策目标的制定是为了实现它,因而要求决策目标定得准确,首先是要求概念必须明确,即决策目标的表达应当是单义的,并使执行者能够明确地领会含义。如果一个目标的含义,怎样理解都可以,那么,无法做出有效的决策,也无法有效地执行。二是目标要分清主次。有的目标是必须达成的,有的目标是希望达成的。这样可以使实现目标的严肃性和灵活性更好地结合起来。在决策过程中,目标往往不止一个,多个目标之间既有协调一致的时候,有时也会发生矛盾。例如,要求商品物美价廉就有矛盾,物美往往要增加成本,价廉就得降低成本,有时还会影响质量。因此在处理多目标问题时,一般应遵循下列两条原则:①在满足决策需要的前提下尽量减少目标的个数,因为目标越多,选择的标准就越多,选择方案越多越增加选择的难度。②要分析各个目标的重要程度,分清主次,先集中力量实现必须达到的重要目标。三是决策目标的数量化。就是要给决策目标规定出明确的数量界线。有些目标本身就是数量指标,例如产值、产量、利润等。在订立决策目标时要明确规定增加多少,而不要用大幅度和比较显著之类的词。有些属于组织问题、社会问题、质量问题等方面的决策,目标本身不是数量指标,可以用间接测定方法,例如,产品质量可以用合格品率、废品率等说明。

(三)拟订各种可行方案

好与坏、优与劣,都是在比较中发现的。因此,只有拟出一定数量和质量的可行方案供对比选择,决策才能做到合理。如果只拟订一个方案,就无法对比,就难于辨认其优劣,也就没有选择的余地。所以有人说:"没有选择就没有决策。"

拟订各种方案时需注意:一是保证备选方案的多样性,即从不同角度和多种途径,设想出各种各样的可能方案来,以便为决策者提供尽可能广阔的思考与选择的余地。新方案的设想与构思,其关键在于要打破传统思想框框,大胆创新。广博知识是创新的基础,多谋善断、头脑敏锐,是创新的保证。如果具有坚实的知识基础和旺盛的创新能力,还须有敢于冲破习惯势力与环境压力束缚的精神。这种精神来自人的事业心、进取心、强烈的求新欲。心理学和社会学的研究表明,有两种主要的心理障碍会影响创新:①社会障碍,是指有些人会自觉地或不自觉地向社会看齐,人云亦云。②思想认识障碍,即思想上的因循守旧。创新还取决于决策环境,取决于决策的组织者创造一种有利于参加拟订方案的人们产生创造性思维的人际环境和信息环境。有了创新的思维,才有可能制订出更多出人意料的绝妙方案。二是精心设计,这一步正好相反,需要冷静的头脑和求实的精神,需要进行严格的论证,反复的计算和细致的推敲,其目的是要在方案的创造性基础上保持其针对性。精心设计阶段主要包括两项工作:①确定方案的细节。②预测方案的实施结果。方案细节,包括制定政策、组织作业、安排日程、配备人员、落实经费等,只有精心设计把方案变成具体的行动规划,决策才能付诸实施。估计方案的执行结果,是对方案的优劣进行评估,以便最后抉择。在预测方案的执行结果时,不能仅仅做技术上的推论,还应当充分估计人的因素在执行中所起的作用。

(四)选择方案,做出决策

拟订出各种备选方案后,就要根据目标的要求评估各种方案可能的执行后果,看其对决策目标的满足程度,然后从中选出一个优化方案来执行,这一工作又称决断。这是决策全过程的关键阶段。

在这一阶段需要注意:选择方案要重新回到问题和目标上去,审视决策方案对解决问题、实现目标的完成程度,比较择优。选择方案要充分思考方案实施的后果,即与主客观环境的适应性。决策者要从深层去考虑,充分利用自己的经验、智慧、胆量、魄力,做出优化决断。在选择时,可从各方案中选择一个作为决策方案,也可以某一个方案为主,吸取其他方案的优点,形成一个新的方案作为决策方案。

对方案评价的基本标准:①价值标准。决策的目的是实现一定的决策目标,因此,越是符合目标的要求就越好,这就是决策方案的价值标准。②最优标准。最优标准在理论上是适用的,但是最优标准是个理想化的标准,实际生活中往往不易达到,尤其是复杂的管理决策更是如此,绝对的最优化是不存在的。为此,赫伯特·西蒙提出一个现实的标准,即"满意标准",认为只要决策"足够满意"即可。

(五)决策方案的实施

决策方案选定后,应将其纳入有关计划中,组织具体实施,并建立反馈制度,将决策实施情况与决策目标进行比较,找出差异及其原因,采取调控措施,以保证决策目标的实现。

(六)评价与反馈

决策的最后一步是评价决策效果,以检验决策的正确性,及时修正偏离目标的偏差,必要时对决策进行修正调整,使决策进一步完善。有时评价的结果还可能会导致一个新的决策,也就是要不要继续干下去,怎么继续干下去等问题。

三、决策的方法

在决策的过程中,由于决策对象和决策内容的不同,相应地产生各种不同的决策方法,归纳起来可以分为两大类:一类是定性决策方法,另一类是定量决策方法。把决策方法分为两大类只是相对的,真正科学的决策方法应该把两者结合在一起,综合利用。

(一)定性决策方法

定性决策方法是凭决策者的知识、经验、智慧和能力,根据客观条件和掌握的信息做出决策的方法。定性研究,可以为制订方案找到依据。了解方案的性质、可行性和合理性,然后进行目标和方案的选择,它较多地运用于社会影响因素较大的问题,高层次战略问题,所含因素错综复杂的战略决策问题。

定性决策的方法主要有以下几种:

1.德尔菲法

德尔菲法又称为专家意见法。德尔菲是 Delphi 的译名,它是古希腊城邦,因有阿波罗神庙及其神谕而闻名。美国兰德公司在20世纪50年代初与道格拉斯公司协作研究如何通过有控制的反馈使得收集专家意见更为可靠,以德尔菲为代号,德尔菲法由此而得名。

德尔菲法基本程序是：

①不记名投寄征询意见。就预测内容写成若干条含义十分明确的问题,规定统一的评价方法。例如,要求专家从某项技术发明在未来可能出现的时间或区间给予估计中,选定一个估计。根据情况,可以选择有关的多方面的专家,将上述问题邮寄给他们,背对背地征询意见。这样可消除专家之间的各种不良影响。

②统计归纳。收集各位专家的意见,然后对每个问题进行定量统计归纳,再反馈给他们。

③沟通反馈意见。将统计归纳后的结果再反馈给专家,每个专家根据这个统计归纳的结果,慎重地考虑其他专家意见,然后提出自己的意见。由于全部过程保密,所以各专家提出的意见就比较客观。对于回答超出规定区间的专家,可以要求他们说明特殊理由,对于这类特殊意见也可反馈给其他专家,予以评价。

然后,把收回的征询意见,再进行统计归纳,再反馈给专家。如此多次反复,一般经过3至4轮,就可以取得比较集中一致的意见。

2. 头脑风暴法

头脑风暴法是1948年由美国创造工程学家奥斯本首创的一种决策方法,其思想是邀请有关专家在敞开思路、不受约束的形式下,针对某些问题畅所欲言。后来人们常以开座谈会的方式来决策,让与会者畅所欲言,集思广益。其基本规则是"五不二律",即不许与会者批评他人,不做结论,不许私下交谈,不许宣读稿件,不准多数压倒少数；参加者一律平等,所有人的观点一律记录在案。主持者将收集到的各种好的想法整理出来,最终得到最佳答案。

头脑风暴法的目的在于创造一种自由奔放思考的环境,诱发创造性思维的共振和连锁反应,产生更多的创造性思维,头脑风暴法适用于明确简单的问题的决策。一般头脑风暴法的参与者多数情况下少则为5～6人,多则10人,人太多最后难以有统一的观点,人太少不能达到集思广益的效果。

3. 方案前提分析法

方案前提分析法的出发点是,每一个方案都有几个前提作为依据,方案正确与否关键在于前提假设是否成立。方案前提分析法的特点是不直接讨论方案本身的内容,只分析方案的前提能否成立,因为如果前提假设是成立的,就说明这个方案所选定的目标和途径基本是正确的,否则,这个决策方案必定有问题。由于决策参与者人多意见杂,可能使决策变成各种意见的折中,无法真正做到集思广益,而方案前提分析法不仅对于方案的正确选择没有不良影响,还可以克服决策中常见的一些偏见。

例如,某高等学校拟新上一个专业的决策,一种方法是请决策参与者讨论新上专业的决策对不对,应不应该,有何问题等；另一种方法是分析方案的前提是否成立,而不涉及专业本身的问题,比如讨论相关人才的需求及其变化,学校调整专业结构方向的可能性等。采用前一种方法讨论,可能众说纷纭,争论不休；用后一种方法讨论,意见较易集中。如果新建专业的客观前提条件不成立,则新建专业的决策也就失去了依据。

定性决策方法的优点是方法灵活简便,通用性大,易于采用,有利于调动专家的积极性,激发人们的创造能力,更适用于非常规性决策。但定性决策方法也有明显的缺点:①定性决策方法多建立在专家个人主观意见的基础上,缺乏严格论证,易受主观因素的影响。②定性决策方法中,所选专家的知识类型对意见倾向性的影响很大,而专家的选择主要受决策组织者的影响可能较大。③采用定性决策方法分析问题时,传统观念容易占优势,这是因为新思想往往是少数人最先提出的,而大多数人的思维是趋于保守的。

(二)定量决策方法

定量决策方法主要是指在定性分析的基础上,对决策目标能用数量表示和分析计算,主要运用数学方法来进行的一种决策方法。如通过时间序列分析、计算系数、比例或平均数等做法进行决策。

定量决策方法主要有以下几种:

1.确定型决策方法

确定型决策方法,即只存在一种确定的自然状态,决策者可依据科学的方法做出决策。确定型决策方法主要有线性规划法、盈亏平衡分析法、微分极值法等。下面我们简单介绍其中的两种方法:

(1)线性规划法。在决策过程中,人们希望找到一种能达到理想目标的方案,而实际上,由于种种主客观条件的限制,实现理想目标的方案在一般情况下是不存在的。不过,在现有的约束条件下(这些约束条件在自然条件下是已知的或确定的),在实现目标的多种方案中,总存在一种能取得较好效果的方案,线性规划就是在一定约束条件下寻求最优方案的数学模型的方法。如一辆运送货物的汽车,从一个城市到另十个城市巡回一次,其路线有:$10 \times 9 \times 8 \times 7 \cdots \times 3 \times 2 \times 1 = 3\ 628\ 800$ 条,要从中找出最短的路线,就需要用线性规划的数学方法才能解决。

利用线性规划建立数学模型的步骤是:①确定影响目标大小的变量;②列出目标函数方程;③找出实现目标的约束条件,列出约束条件方程组;④找到一组能使目标函数达到最大值或最小值的可行解,即最优可行解。

(2)盈亏平衡分析法。盈亏平衡分析法又称保本点分析法或本量利分析法,是根据产品的业务量(产量或销量)、成本、利润之间的相互制约关系的综合分析,用来预测利润,控制成本,判断经营状况的一种数学分析方法。

企业从事经营活动,要投入一定的人力和物力,其货币表现就是成本费用。按照成本费用与产量的关系,可分为变动成本和固定成本。变动成本是指总额随产量的增减而成正比例关系变化的成本,主要包括原材料和计件工资等。固定成本是指总额在一定期间和一定业务量范围内不随产量的增减而变动的成本,主要是指固定资产折旧和管理费用等。

一般说来,收入=成本+利润,如果利润为零,则有收入=成本=固定成本+变动成本,而收入=销售量×单位价格,变动成本=单位变动成本×销售量,这样由销售量×单位价格=固定成本+单位变动成本×销售量,可以推导出盈亏平衡点的计算公式为

盈亏平衡点销售量=固定成本/(每计量单位价格−单位变动成本)

盈亏平衡分析模型为

销售利润：$I=S-(C_v \times Q+F)=P \times Q-(C_v \times Q+F)=(P-C_v)Q-F$

总成本：$C=F+C_v \times Q$

总收入：$S=P \times Q$

列出盈亏平衡方程：$C=S$　$P \times Q=F+C_v \times Q$

盈亏平衡点：$BEP(Q)=F/(P-C_v)$

式中，I 为销售利润；P 为产品销售价格；F 为固定成本总额；C_v 为单件变动成本；Q 为销售数量；S 为销售收入；BEP 为盈亏平衡点。

【例】 某建设项目年设计生产能力为 10 万台，年固定成本为 1 200 万元，产品单台销售价格为 900 元，单台产品变动成本为 560 元，单台产品销售税金及附加为 120 元。试求盈亏平衡点的产销量。

解：$BEP(Q)=12\ 000\ 000/(900-560-120) \approx 54\ 545$（台）

$BEP(P)=12\ 000\ 000/100\ 000+560+120=800$（元）

即销量和变动成本一定，售价必须大于 800 元，企业不亏损。

$BEP(C_v)=900-12\ 000\ 000/100\ 000-120=660$（元）

即销量和变动售价一定，变动成本必须小于 660 元。

计算结果表明，当项目产销量小于 54 545 台时，项目亏损；当项目产销量大于 54 545 台时，则项目盈利。

2.风险型决策法

风险型决策有明确的目标，如获得最大利润；有可以选择的两个以上的可行方案；有两种以上的自然状态；不同方案在不同自然状态下的损益值可以计算出来；决策者能估算出不同自然状态出现的概率。因此决策者在决策时，无论采用哪个方案，都在承担一定风险。

风险型决策常用的方法是决策树。决策树是以图解方式分别计算各个方案不同自然状态下的收益值，通过综合收益值比较，做出决策。即将可行方案、影响因素用一张树形图表示，以决策点为出发点，引出若干方案枝，每个方案枝都代表一个可行方案，在各方案枝末端有一个自然状态结点，从状态结点引出若干概率枝，每个概率枝表示一种自然状态，在各概率枝末梢，标注有损益值。

【例】 某工厂准备生产一种新产品，对未来三年市场预测资料如下：现有三个方案可供选择，即新建车间，需要投资 120 万元；扩建车间，需要投资 60 万元；外包生产，需要投资 40 万元。三个方案在不同自然状态下的年收益值见表 4-2。

表 4-2　　　　　　　　三个方案在不同自然状态下的年收益值　　　　　　　　单位：万元

收益值方案	市场需求		
	高需求	中需求	低需求
自然状态与概率	0.3	0.5	0.2
新建车间	160	90	−8
扩建车间	100	60	20
外包生产	60	30	10

要求:(1)绘制决策树;(2)计算收益值;(3)方案优选(剪枝)。根据条件绘制决策树,如图4-4所示。

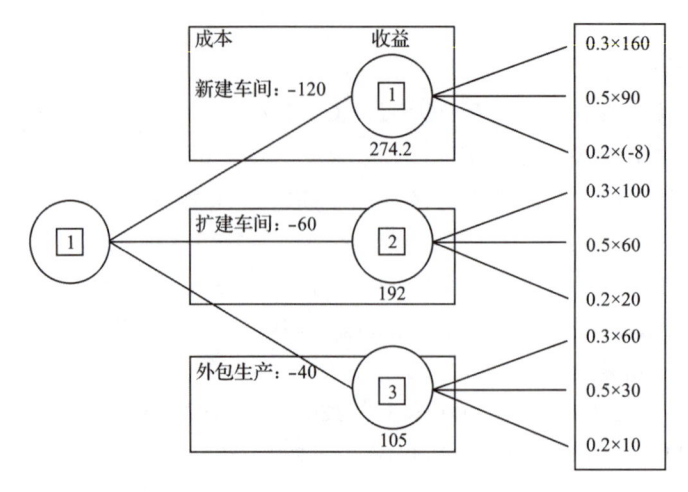

```
成本            收益
新建车间:-120   ①          0.3×160
               274.2       0.5×90
                           0.2×(-8)

①  扩建车间:-60   ②          0.3×100
               192         0.5×60
                           0.2×20

   外包生产:-40   ③          0.3×60
               105         0.5×30
                           0.2×10
```

图4-4 决策树

按三年计算不同方案的综合收益值为

新建车间[0.3×160+0.5×90+0.2×(-8)]×3=274.2(万元)

扩建车间[0.3×100+0.5×60+0.2×20]×3=192(万元)

外包生产[0.3×60+0.5×30+0.2×10]×3=105(万元)

新建方案净收益=274.2-120=154.2(万元)

扩建方案净收益=192-60=132(万元)

外包方案净收益=105-40=65(万元)

方案优选:比较三个方案计算结果,新建方案的预期净收益为154.2万元,154.2>132>65,即大于扩建方案和外包方案收益,所以新建方案是最优方案。

决策树方法的优点:①形象直观,可明确地对比解决问题的各种可行方案的优劣,对于某一方案相关的事件表现得一目了然;②能计算出每一方案预期的盈亏结果;③树形图层次清楚,阶段明显,便于集体讨论研究,特别适合于分层次多级决策。

3.不确定型决策方法

不确定型决策方法所面临的问题是决策目标、备选方案尚可知,但很难估计各种自然状态发生的概率。因此,此类决策主要靠决策者的经验、智力及对承担风险的态度。由于决策者面临的自然状态不能确定,因而决策的结果也是不确定的。不确定型决策方法主要有:

(1)等概率决策法

既然各种各样自然状态出现的概率无法预测,不妨按出现的概率机会相等计算求期望值,做出方案的抉择。

【例】珠江振华摩托车配件厂新设计一款家用电动车刹车系统,对于市场的需要量估计为三种情况,即较多、中等和较少。企业拟订了三种方案:第一种方案是改建生产线生产;第二种方案是新建生产线生产;第三种方案是外包生产。对这种产品,工厂预计生产销售五年。根据计算,其收益值见表4-3。

表 4-3　　　　　　　　　　　　　不同需求量的收益值　　　　　　　　　　　单位:万元

自然状态 方　案	不同需求量的收益值			期　望　值
	概率 较多 0.33	概率 中等 0.33	概率 较少 0.34	
①改建生产线	28	15	−2	①=0.33×28+0.33×15+0.34×(−2)=13.51
②新建生产线	30	12	−5	②=0.33×30+0.33×12+0.34×(−5)=12.16
③外包生产	26	18	1	③=0.33×26+0.33×18+0.34×1=14.86

从表 4-3 中可以看出,外包生产期望值最理想,故决策方案为外包生产。

(2)悲观原则决策法,即小中取大法。小中取大法是对方案的实施结果持保守态度,从各种方案最坏的结果中选择一个最好的作为决策方案。

以表 4-3 为例,首先找出各个方案的最小收益值,然后选择最小收益值中最大的那个方案为最优方案。从三个方案中看出方案一最小收益值为−2,方案二最小收益值为−5,方案三最小收益值为 1。因此,第三方案应为最优方案。

(3)最大收益值法,即大中取大法。大中取大法是对方案的实施结果持乐观态度,从各种方案最好的结果中选择一个最大收益的方案作为决策方案。

还以表 4-3 为例,找出各方案的最大收益值分别为 28、30、26,从中选择最大值,这样第二方案将为最优方案。但这种方法风险较大,要慎用。

(4)乐观系数决策法。小中取大法是从悲观估计出发,大中取大法是从最乐观的估计出发。两种方法都受个人个性影响。有的专家提出一种折中的方法,要求决策者对未来发展做出判断,选择一个系数 a 作为主观概率,叫乐观系数。若以 a 表示乐观系数,则 $1-a$ 就是悲观系数。

以表 4-3 为例,若 $a=0.7$,则:

改建生产线期望值=0.7×28+0.3×(−2)=19

新建生产线期望值=0.7×30+0.3×(−5)=19.5

外包生产期望值=0.7×26+0.3×1=18.5

三种方案中新建生产线期望值最高,故决策方案为新建生产线方案。

(5)后悔值原则决策法,即最小后悔值法。最小后悔值法是以各方案的机会损失的大小来判断方案的优劣。在实际操作中,不同的自然状态下可能会有不同的最佳方案,而各方案的自然状态概率又是未知的,因此决策者会因为选错了方案而感到后悔。对于那个最优的,其收益值是最大的方案,如果决策人当初并未采用这一方案而采取其他方案,这时就会感到后悔,最大收益值与所采用的方案收益值之差,叫后悔值。

以表 4-4 为例进行分析:首先,从表 4-3 中找出各自然状态的最大值为 30、18、1。其次,对各个自然状态,用最大收益值减去同种状态的其他收益值,即为后悔值。

表 4-4　　　　　　　　　　　　　不同需求下的后悔值比较　　　　　　　　　　　单位:万元

自然状态 方　案	不同需求下的后悔值			最大后悔值
	需求较多	需求中等	需求较少	
①改建生产线	30−28=2	18−15=3	1−(−2)=3	3
②新建生产线	30−30=0	18−12=6	1−(−5)=6	6
③外包生产	30−26=4	18−18=0	1−1=0	4

从表 4-4 中可见,各方案的最大后悔值分别为 3、6、4。决策者应选择最大后悔值中最小的那个方案为较优方案。因此,改建生产线方案是最佳决策方案。

不同的方法有不同的决策结果,实际工作中可将几种方法综合使用,并根据具体情况及决策者面临的主观和客观因素综合分析决策方案。

定量决策方法提高了决策的准确性、时效性和可靠性,使管理者可以从大量繁杂的常规决策中解放出来。同时,有利于培养决策者严密的逻辑论证习惯,克服主观随意性。但是,定量决策方法也有一定的局限性:①定量决策方法适用于处理常规性决策,而对相当一部分重要的战略性的非常规性决策来说,还没有恰当的数学方法可供使用。②有时建立数学模型和使用计算机分析的过程往往要耗费大量的时间和人力费用,对于一般管理决策者来说,有的数学方法过于深奥,掌握起来有一定的难度。因此,采用定量决策方法要考虑所获得的效益与所付出的代价相比是否值得。③某些决策问题中的变量涉及社会因素、心理因素等难以量化的因素和诸多不确定的变化因素,加大了建立数学模型或者预测值的准确性,也会降低决策的可靠性。

因此,通常将定量决策方法与定性决策方法相结合,会取得更为理想的决策结果。

【任务小结】

决策有决定的意思,它是为了实现特定的目标,根据客观的可能性,在占有一定信息和经验的基础上,借助一定的工具、技巧和方法,对影响目标实现的诸因素进行分析、计算和判断选优后,并从多个可行方案中选优后,对未来行动做出的决定。决策有目标性、可行性、选择性、超前性、过程性、动态性、科学性等特征。决策的内容很多,可根据不同的标准对决策进行科学分类,按决策的重要程度划分,可分成战略决策、战术决策和业务决策;按决策者所处的管理层次划分,可分为高层决策、中层决策和基层决策;按决策的重复程度划分,可分为程序化决策和非程序化决策;按决策的确定程度分类,可分为确定型决策、风险型决策和不确定型决策;从决策主体来看,可将决策分成群体决策与个人决策;从决策方法来看,可将决策分成计量决策与主观决策。要做出有效的决策,必须遵循科学的程序与方法,一般可通过发现问题,确定目标,拟订各种可行方案,凭借科学的评价标准选择方案做出决策,还要实施方案、评价与反馈这样的过程来做出决策。科学的决策方法很重要,一般可借鉴的方法有定性决策方法,如德尔菲法、头脑风暴法、方案前提分析法等;定量决策的方法,如线性规划法、盈亏平衡分析法、决策树法、最大最小收益值法等。

通过本项目的学习,学生可以了解决策的重要性、概念与特征,学会运用决策的程序与方法解决管理方面所面临的问题,还可以运用决策的方法解决生活中需要决策的问题。

职场指南

提到决策,很容易让人产生错觉,认为这只是企业高级管理人员应该关心的事情,作为企业的普通员工,只要有执行力就可以。其实不然,每个人每天都在进行决策,只是决策的难度、大小及决策需要承担的风险不同。生活中时时处处都在进行着决策,小型决策如买什么样的鞋子、穿什么样的衣服;中型决策如买什么样的车子或房子;大型决策如制订什么样的人生规划,企业的投资战略、发展项目的确定,以及国与国之间怎样处理纠纷等。较小的决策即使错误,也不会对生活造成太大的损害,但是,如果中型、大型决策一旦做错,就可能带来难以弥补的损失甚至终身的遗憾。因此,一定要善于分析,谨慎决策,正确决策。懂得如何分析与制定战略,如何决策对于步入职场与规划人生都是很重要的。

案例分析

案例 1　苹果公司战略分析

一、背景介绍

苹果公司,创立于 1976 年 4 月 1 日,总部位于美国加利福尼亚州的库比蒂诺,是世界上最大的 IT 科技公司,其核心业务是电子科技产品。苹果公司的企业文化是推崇精英人才文化。乔布斯以用户个人化引导产品和服务,以员工个人化来塑造公司文化和创新能力。2009 年 10 月 30 日,iPhone3G 正式登陆中国内地。2013 年 9 月 10 日,苹果公司发布两款新 iPhone 型号:iPhone5c 及 iPhone5s,并首次将中国内地纳入了首发国家。根据调研公司 Canalys 数据,苹果公司在 2014 年第四季度首次成为中国智能手机市场最大厂商;2021 年全球智能手机销售数据显示,苹果手机排名第二。

二、苹果公司在中国的 PEST 分析

(一)政治法律环境

中国的政局比较稳定,但由于我国政治体制同其美国政治体制有很大差别,苹果公司在我国需要适应的政治环境还是比较严峻的。另外,我国在知识产权保护、劳动用工等方面的法律同美国也有很大差别,这些都将一定程度影响苹果公司产品在中国的销售与推广。

(二)经济环境

我国的 GDP 逐年的上升,货币供应量也在稳定的上升,收入提高,收入中的支出比例也在上升,这对于以生产高端手机为主的苹果公司来说是一件好事,总体说来苹果公司在我国的金融环境较好。

（三）社会文化环境

首先，我国人口众多，消费基数大，苹果公司在中国的销售有很大的市场；其次，在品牌的推广上，苹果公司的产品在中国的销售与推广反响较好；最后，由于生活水平的提升，中国的消费者的鉴赏能力和生活品位都随之改变，消费者需要张扬个性、突出内涵又质量上乘的商品来满足他们的需求，这正符合苹果产品的理念。

（四）技术环境

在技术上，苹果公司拥有多项专利，如 IOS 系统、无 Home 键等，但是中国科技水平的提高与大量国产品牌的崛起一定程度上对苹果公司有所冲击。技术的变革可能降低产业的进入壁垒，高科技产品的更新换代快，产品的生命周期更短。

三、苹果公司 iPhone 产品的五种基本竞争力量分析

（一）产业内现有企业的竞争

近几年，国产华为、小米、VIVO 以及 OPPO 手机迅速崛起的态势对苹果手机造成很大冲击。面对竞争，苹果公司总能找到新的市场突破口，依靠强大的科技创新能力掌握主动权，适时推出新产品，占尽市场先机。

（二）潜在进入者的进入威胁

苹果公司的 iPhone 对于潜在进入者主要构成的是结构性障碍，其主要表现 iPhone 的产品差异化。其差异化主要体现在 iPhone 操作系统的差异化、渠道差异化、服务差异化等。在此主要就 iPhone 操作系统的差异化进行扩展，现在智能手机使用的操作系统有 IOS、Android、Windows 等，而苹果手机 iPhone 使用的就是 IOS 系统，其优点是流畅、稳定、简洁和美观，其性能与美观能够同时兼具。在现在这个越来越追求个性的时代，苹果公司凭借美观简洁的产品设计和良好的售后服务，已经具有其固有的品牌优势。

由于目前市场格局和技术的先进性，进入壁垒相对较高，资本的需求也很大，且不容易获取专业技术，新的进入者对苹果公司的影响不是很大。但是政府部门鼓励 IT 行业的发展，将有更多的电子厂商出现，以此来瓜分苹果公司的产品市场。

（三）替代品的替代威胁

苹果公司不得不面对替代品出现的局面，作为现市场占有率很大的企业，其创新等优势是别的竞争者无法企及的，所以在这方面苹果有很大的优势。但如果替代品能够提供比现有产品更高的价值，这将对苹果公司现有的产品构成威胁，基于此，苹果公司应该加强对市场的考察与投入。

（四）供应商讨价还价的能力

苹果公司主要的特点就是创新，它在加大投入研发的同时，不得不削弱具体部件的生产规模，所以产品的代工厂商的价格谈判会影响到整体产品的价格。然而，苹果公司产品代工所需的技术含量较低，供应商的变动率大，可供选择的供应商多，而且，在与供应商的关系中，苹果公司占据绝对主动，由于苹果公司和乔布斯对于产品质量和保密性的追求，因此为其提供代工服务的厂商往往为满足这些标准而疲于奔命。

（五）顾客讨价还价的能力

苹果公司几乎所有的产品都基于统一的架构和风格，产品之间不会产生巨大的差别，当用户购买了苹果的一种产品，一般也了解其他的产品，在他们考虑付款购买其他产品之前就已经知道了他们将要得到什么样的产品。新产品能够很快地上手，而顾客在购买时也不会犹豫，这样就基本不会出现讨价还价的情况。在全球的每一家 Apple Store 开业或新品发布时，都会有那么一群人排队，他们都是为了能够在第一时间买到苹果的最新产品，所有根本不存在讨价还价的情况。

四、苹果公司的 SWOT 分析

（一）优势

1. 品牌知名度和美誉度非常高。产品质量好，外形时尚，有高档产品形象，产品上所印有苹果标记本身就是品质的保证。从产品设计，工艺选择，原料采购，生产装配和测试各环节，苹果公司对其产品的品质控制十分严格，即使在细微之处也是如此。在苹果产品的忠实拥护者眼中，苹果就是彻底的完美主义者。

2. 重视研发。苹果公司非常重视先进技术的研发工作，与其他 IT 公司一样，其拥有强大的研究机构，目的在未来的市场竞争中占有一席之地。苹果产品的设计不仅仅是一流的，而且往往会在某一方面令市场产生革命性的改变，苹果产品推向市场后，常常被竞争对手争相模仿。苹果公司拥有优秀的产品设计：先进，时尚，独一无二。

3. 强大的创新能力。在福布斯评选的 2011 年度全球最具创新能力企业排名中，苹果公司力压 Google，连续六年排名第一。苹果公司在 2000 年提出了"Think Different"（不同凡想）的广告语，借此告诉人们，苹果公司产品的特点就是：永远追求卓越，不断超越自我，不断进取和创新。苹果式创新包括技术创新、产品创新、工艺创新和商业模式创新。在以技术快速更新、产品周期不断缩短为主要特征的 IT 业竞争中，创新是苹果公司保持常年竞争优势的动力源泉，是苹果公司具备核心竞争力和旺盛生命力的体现。

4. 在多个应用领域保持着领先的优势。例如，电子出版，广告业，多媒体，教育和互联网领域等具有相对领先的技术优势、产品优势和市场优势。苹果 Mac 电脑能在上述领域中保持领先地位是因为其与图片软件生产商，如 Adobe，Aldus 和 Quark 都建立了强大的伙伴关系，使得苹果公司在上述领域有较忠实的客户群。

5. 产品毛利润高。苹果公司以品质和技术为基础，塑造了情感型和自我表达型为主要价值的品牌，产品普遍定位高端，品牌的溢价能力相对较强。高端的产品定位不仅提升了品牌价值，而且因此获得了高额利润。其许多产品拥有两位数的高额利润，有的产品利润率甚至高达 60%。

6. iPad 的研发成功促使苹果公司市场占有率逐年升高。截至 2015 年，苹果公司 IOS 系统仍主导全球平板电脑市场，市场占有率达 47%。

（二）劣势

1. Android 系统将成为 IOS 系统强有力的竞争对手。

2. 项目管理和生产制造效率不高。苹果公司的制造部门效率低下，设计和管理成本高昂，这足以使得苹果公司在 IT 业低利润化的时代丧失竞争能力。以设计成本为例，20 世纪 80 年代末至 90 年代末，苹果公司取得了一些重要的成功，如推出了 PowerBook

和PowerMac，但这时期的创新比20世纪80年代初低效得多，大量的人力、物力、财力浪费在实验室里，数以亿计的资金被投入到没有生产结果的大型项目中。再来看一下制造效率：因为执行力差等缘故，相对于亚洲的OEM工厂来说，苹果公司制造部门的效率可以说很低。以Q37为例，苹果公司的美国工厂和富士康同时生产同一型号的产品，结果是苹果公司工厂投入更多的人力，产出效率却只有富士康的80%，产品不良率是富士康的两倍多。

3.供应链管理不够完善。某些关键零部件的供应能力不足，准确地说是应付市场需求突变行动的"供应能力的爆发力"不足。例如，苹果公司曾多次出现过因供应商不能及时生产出定制的IC(集成电路)等关键零部件，而导致无法满足市场的订单需求。

4.涉足的产品种类较多。苹果公司从电脑到MP3，再到手机，不仅做硬件、做操作系统，且应用软件也有涉足，苹果公司的战线十分长，且产品之间的相关性很高，不像微软那样有所专攻，因此导致苹果公司的竞争对手也相当多，面对的都是行业里的巨头。即使是现在，苹果公司由于产品创新能够跟上市场的节奏，处于连续多年盈利的状态，但本质上还是一家财力有限的公司，一旦整个市场处于下滑或竞争策略出现失误，便会影响到整个现金流，从而打乱苹果公司现有的产品布局，其实这种多点开花的做法潜藏着巨大的风险。

(三)机会

1.消费电子市场巨大。美国消费类电子协会曾经预测，全球消费类电子产品的收入将持续稳定的增长。这是一个十分巨大的市场，企业面对的是产品如何得到不同类消费者的认可，如何使竞争策略优于竞争对手，如何扩大市场份额，以及如何与消费电子产业一同发展壮大。

2.众多专业电子代工服务企业的涌现易于苹果公司将制造业外包并降低成本，亚洲尤其是中国已经发展成为"世界工厂"，许多跨国企业在亚洲采购配套元件或者将制造业务由亚洲企业代工，利用各自擅长的优势来优化产品价值链，降低成本，实现双赢。同时，中国高速成长的内需市场也为苹果公司全球销售业务的成长提供机会。

3.大型元器件制造商涌现。世界范围内大批元器件制造商的涌现，使得苹果公司在寻找合格供应商上有许多选择，这样就增加了苹果的谈判筹码。供应商之间在价格、品质和服务方面的激烈竞争使得苹果可以很有效地降低产品成本，从而提高毛利润率。

(四)威胁

1.同时面对众多强大的竞争对手。由于苹果在多个产品线都有产品热销，如iPad、iPhone，这就导致苹果要同时面对的竞争对手比其他企业要多。例如，在笔记本产品上，要与联想、戴尔、惠普等竞争，手机市场上有黑莓，华为，三星等竞争对手。

2.低成本的高仿山寨机抢占低端市场。高仿山寨机就是一些非正规的小厂家仿照市场上流行的正规手机来做的外形与功能比较相似的盗版手机，由于价格远远低于正品手机，虽然此种制造属于违法行为，但高额的利润与低廉的价格，仍然能够产生一定的市场空间，就像音像市场的盗版行为，给正规企业带来不可小觑的损失。

请思考：

讨论对苹果公司的"PEST"分析、五种基本竞争力量分析以及SWOT分析的要点。

案例2　格兰仕的企业战略分析

著名作家马克·吐温曾经说过：把所有的鸡蛋都装进一个篮子里，然后看好这个篮子。将这段话借用到企业经营上就是：选择一个有前景的行业，集中全部资源去发展，即实行专业化经营。英特尔公司总裁安迪·葛洛夫对此深有感触，他领导的英特尔公司一直坚守在微处理器行业，其产品的全球市场占有率高达90%。中国格兰仕公司董事长梁庆德也持有这种观点，将所有的"鸡蛋"都装在微波炉里，创造了中国微波炉第一品牌！

1991年，格兰仕公司选择微波炉作为发展的唯一行业，是具有战略眼光的：①20世纪60年代，微波炉行业在美国等发达国家兴起，至20世纪90年代进入普及期，产品生产技术成熟。②微波炉在中国是曙光初现的行业，随着大家电的普及和居民生活水平的提高及对便利生活的追求，微波炉市场将是一个基数小、增长速度快、潜力巨大的市场。③1990年全国微波炉产量为100万台，进口量为几万台，虽有竞争，但并不激烈。

尽管宏观状况有利，格兰仕公司决定进入与原服装行业毫无关系的微波炉行业还是需要魄力的。与多元化经营有很大不同，格兰仕公司走的是一条战略转移之路：1991年至1993年，格兰仕公司一方面逐步关闭收入可观的羽绒服生产线，从服装行业撤出；另一方面，从日本、美国、意大利等国引进全套具有20世纪90年代先进水平的微波炉生产设备和技术，进入微波行业。1993年，格兰仕公司生产出1万台微波炉并正式投放市场。

格兰仕公司奉行专业化战略，没有采取"两面作战"的多元化方针，而是集中全部资源，朝认定的方向以规模化为重点发展单一的微波炉行业。对此，格兰仕公司副总经理俞晓昌先生说："就格兰仕的实力而言，什么都干，就什么都完了，所以我们集中优势兵力于一点。"这是中小型企业经营战略的理想选择：在企业实力不强、内部资源不足的情况下，企业应优先选择单一行业甚至单一产品作为重点，集中优势夺得市场地位，进而成长为大企业。

1994年格兰仕公司微波炉产量为10万台，1995年达到20万台，国内市场占有率为25.1%；1996年产量上升为65万台，国内市场占有率为34.85%；1997年产量接近200万台，市场占有率为47.6%，高居国内外品牌榜首。

1997年10月18日，格兰仕公司宣布其13个品种的产品全面降价，降价幅度达29%~40%。其结果是格兰仕微波炉在国内市场占有率接近50%，占据国内市场的半壁江山，而外国品牌的市场占有率下降到40%，国内其他品牌的市场占有率则不到10%，行业元老上海的"飞跃""亚美"的市场占有率已跌至1%以下。

在市场占有率超过国际通用的垄断点41%的基础上，格兰仕公司并没有满足，而是继续扩大规模，1998年设计生产能力为450万台。

请思考：

1. 格兰仕公司进行战略转移的依据是什么？
2. 格兰仕公司是怎么样成为微波炉大王的？
3. "把所有的鸡蛋都装进一个篮子里，然后看好这个篮子。"这句话包含了怎么样的管理思想？

案例 3 沃尔玛超市的 SWOT 分析

[S]沃尔玛的优势

1.沃尔玛是著名的零售业品牌,它以物美价廉、货物繁多和一站式购物而闻名。

2.沃尔玛的销售额在近年内有明显增长,并且在全球化的范围内进行扩张。例如,它收购了英国的零售商 ASDA。

3.沃尔玛的一个核心竞争力是由先进的信息技术所支持的国际化物流系统。例如,在该系统支持下,每一件商品在全国范围内的每一间卖场的运输、销售、储存等物流信息都可以清晰地看到。信息技术同时也加强了沃尔玛高效的采购过程。

4.沃尔玛的一个焦点战略是人力资源的开发和管理。优秀的人才是沃尔玛在商业上成功的关键因素,为此沃尔玛投入时间和金钱对优秀员工进行培训并建立忠诚度。

[W]沃尔玛的劣势

1.沃尔玛在信息技术上拥有优势,但因为其巨大的业务拓展,这可能导致对某些领域的控制力不够强。

2.因为沃尔玛的商品涵盖了服装、食品等多个部门,它可能在适应性上比起更加专注于某一领域的竞争对手存在劣势。

3.沃尔玛是全球化公司,但是目前只开拓了少数几个国家的市场。

[O]沃尔玛的机会

1.采取收购、合并或者战略联盟的方式与其他国际零售商合作,专注特定市场的开拓。

2.沃尔玛的卖场当前只开设在少数几个国家内。因此,拓展市场可以带来大量的机会。

3.沃尔玛可以通过新的商场地点和商场形式来获得市场开发的机会。更接近消费者的商场和建立在购物中心内部的商店可以使过去仅仅是大型超市的经营方式变得多样化。

4.沃尔玛的机会存在于对现有大型超市战略的坚持。

[T]沃尔玛的威胁

1.沃尔玛在零售业的领先地位使其成为其他竞争对手的赶超目标。

2.沃尔玛的全球化战略使其可能在其业务国家遇到政治上的问题。

3.多种消费品的成本趋向下降,原因是制造成本的降低。造成制造成本降低的主要原因是生产外包给了世界上低成本地区。这导致了价格竞争,并在一些领域内造成了通货紧缩。恶性价格竞争是一个威胁。

请思考:

试根据沃尔玛超市的 SWOT 分析结果为其制定公司战略。

案例 4 组织流程与战略

位于美国佛罗里达州的李·纪念医院和澳大利亚的圣文森特医院都是急诊护理医院,在这两家医院中,医疗护理工作是由医生、护士、试验室技术人员等组成的各自互相约束的队伍承担,这些队伍是围绕病人和他们的家庭成员的需要,而不是医院内的职能部门来组织的。这些医院已建立了集中护理或特殊治疗病房以处理病人从入院到出院期间的大多数需要,病人不再需要从一个部门到另一个部门办理各种各样的手续和进行化验,取而代之的是,在每个集中护理单位内,各个队伍都有设备和资源为病人提供全部的护理。由于院方很关注某些设施在利用中的有效性,因此通过采用流程组织切实地降低了运营成本,加快了病人的康复过程,使病人和护理人员感到更加满意。

分析:企业的组织结构要服从于组织的战略,这是一个根本的原则。医院的顾客是病人,如何满足病人的需要,使病人在最短的时间里接受最好的治疗是制定医院战略的出发点。两所医院都是急诊护理医院,这一特点决定了病人从入院起要尽可能快地接受相应的检查治疗,速度是第一位的。这两所医院正是结合这一要求制定医院战略目标。医院采取的业务流程重组,实际上就是调整组织结构以适应企业战略。

请思考:

请同学们结合本案例谈谈自己所在学校或所熟悉的某企业组织在战略实施中应注意的问题。

复习思考题

一、填空题

1. 成长型战略有三种:_____、_____和_____。
2. 以企业全局为研究对象,确定企业的总目标,规定企业的总行动,追求企业的总效果,体现企业的_____特征。
3. 企业的战略可以划分为三个阶段:_____、_____和_____。
4. 美国战略管理大师迈克尔·波特提出的五种基本竞争力量分析,即"5F"模型包括_____、_____、_____、_____、_____这五种基本竞争力量的分析。
5. SWOT分析,是一种经常被用于企业战略制定、竞争对手分析等场合的方法,即分析企业的_____、_____、_____、_____。
6. 从决策的_____看,可把决策分为集体决策和个人决策。
7. 从环境因素的可控程度看,可把决策分为_____、_____和_____。
8. 程序化决策涉及的是_____,而非程序化决策涉及的是_____。
9. 常用的确定型决策方法有_____和_____。
10. 波士顿矩阵中低增长/弱竞争地位的是_____型业务。

二、单项选择题

1. "把所有的鸡蛋都装进一个篮子里的做法"是( )战略的形象表述。
   A. 专一化战略　　B. 一体化战略　　C. 差异化战略　　D. 多元化战略
2. ( )是日常工作中为提高生产效率、工作效率而做出的决策,牵涉范围较窄,只对组织产生局部影响。
   A. 战略决策　　　B. 战术决策　　　C. 管理决策　　　D. 业务决策

3.TCL正在策划进军汽车制造领域,这一战略层次属于( )。
　A.公司战略　　　　B.竞争战略　　　　C.职能战略　　　　D.产品战略
4.群体决策的缺点不包括( )。
　A.花费较多的时间　　　　　　　　B.产生群体思维
　C.产生的备选方案较少　　　　　　D.责任不明
5.决策者只寻求满意结果的原因有( )。
　A.只能满足于在现有方案中寻找
　B.决策者能力的缺乏
　C.选择最佳方案需要花大量的时间和金钱
　D.决策者只需要有满意的结果
6.喜好风险的人往往会选取风险程度( )而收益( )的行动方案。
　A.较高,较高　　　B.较高,较低　　　C.较低,较低　　　D.不确定
7.头脑风暴法实施的原则有( )。
　A.对别人的建议不做任何评价
　B.建议越多越好,想到什么就说什么
　C.鼓励每个人独立思考
　D.可以补充和完善已有的建议,使它更具说服力
8.在波士顿矩阵法中,具有较高业务增长率和较低市场占有率的经营业务是( )。
　A.金牛业务　　　　B.明星业务　　　　C.问题业务　　　　D.瘦狗业务
9.保本产量是( )和( )相等所对应的产量。
　A.总固定成本,总成本　　　　　　B.总收入,总成本
　C.总固定成本,总收入　　　　　　D.总变动成本,总收入
10.常用的不确定型决策方法有( )。
　A.小中取大法　　　　　　　　　　B.大中取大法
　C.大中取小法　　　　　　　　　　D.最小最大后悔值法
11.某公司生产某产品的固定成本为50万元,产品单位售价为80元,本年度产品订单为10 000件。据此,单位变动成本降到( )元/件时才不至于亏损。
　A.300　　　　　B.130　　　　　C.60　　　　　D.30
12.某项目年设计生产能力8万台,年固定成本1 000万元,预计产品单台售价500元,单台产品变动成本275元,单台产品销售税金及附加为销售单价的5%,则项目盈亏平衡点产量为( )万元。
　A.4.44　　　　　B.5.00　　　　　C.6.40　　　　　D.6.74

三、问答题

1.试述企业战略的特征。
2.试述企业战略体系的构成。
3.什么情况下企业应采用紧缩型战略?
4.企业战略管理过程如何构成?有何特点?
5.何谓决策?决策的特征是什么?

6.试比较定量决策方法与定性决策方法的优缺点。

7.小中取大法和最小最大后悔值法有什么不同?

四、计算题

1.为生产某新产品,可选择两个方案:方案一是新建生产线,需投资 900 万元,建成后如果销路好,每年可获利 280 万元,如果销路差,每年要亏损 50 万元;方案二是与其他企业合作生产,需投资 350 万元,如果销路好,每年可获利 80 万元,如果销路差,每年可获利 12 万元。方案的使用期限均为 8 年,根据市场预测,产品销路好的概率为 0.7,销路差的概率为 0.3。请用决策树法选择最佳的投资方案。

2.某项目设计年生产能力为 15 万台,年固定成本为 2 500 万元,单台产品销售价格为 1 280 元,单台产品变动成本为 620 元,单台产品销售税金及附加为 180 元,则该项目产销量的盈亏平衡点是多少台?

项目五　　计　划

项目学习目标

知识目标 >>>

1. 了解市场调查、预测的概念、作用和分类;
2. 掌握市场调查与预测的方法;
3. 掌握计划的概念、种类、编制程序和方法;
4. 理解目标管理的实质与特点,掌握目标管理的步骤与方法。

能力目标 >>>

1. 能够制定企业各职能部门的目标;
2. 能够调查市场未来的变化发展及预测未来市场的发展趋势;
3. 能够根据企业目标制订相应的计划。

思政目标 >>>

1. 结合习近平总书记在北京大学师生座谈会上的讲话,有目的地引导学生,用计划来指导自己的学习和生活实际。
2. 结合计划编制,融入中国经济计划、国家规划的学习,如国家"十三五"规划、"十四五"规划等。

项目指南

本项目有三个主要任务,任务一是关于市场调查与预测,通过调查内容与方法的学习,学生可以了解制订计划的前提条件与基础,并且在本任务中,学生分组进行市场调查,分别对不同经营类型的企业进行调研,了解各企业所处的内外部环境及市场的发展趋势;任务二在市场调研与预测的基础上,让学生了解计划职能对于企业管理的重要性,由此引出计划的分类、制定程序和方法,然后学生以小组为单位模拟各行业典型企业,并为"本企业"制订年度计划;任务三让学生掌握以人为本的目标管理思想,并且引导学生将目标管理方法运用到企业管理过程中来,提高企业管理效率。

任务一　市场调查与预测

引导案例

开展市场调查，为企业营销决策提供依据

上海某市场研究公司为深入了解中国居民的洗衣习惯，曾展开了一次全国性的市场调查，调查在六大城市进行。这六大城市的选点具有明显的中国东、西、南、北、中的不同地域特征。在实际调查中，每个城市选择了数百户居民进行入户访问，要求被访者在试用洗衣液新品的同时，详细描述洗衣过程，为了不遗漏最小的细节，调查员还实地观察实录被访者的洗衣方法。在样本选择时，要求居民分布于平房、多层、高层等不同居住环境，以全面了解因不同居住环境采用不同洗衣设备而导致洗衣习惯的差异。根据调查结果，有关公司摄制了广告片，在画面上再现了不同地区居民洗衣的实景，赢得了大众对新品洗衣液的认同和好感。这一品牌的洗衣液终于在市场上获得了巨大成功。

请分析这款新品洗衣液为什么会很快获得市场的认可？

任务导入

任务目标

各团队开展市场调查并预测企业未来一年的销售量。

任务引导

1. 学生实地走访调研不同行业企业在过去五年的销售量；
2. 学生分组进行市场调研，掌握企业所处的现实环境，分析企业的优劣势；
3. 在前期所掌握的市场信息及企业过去销售量数据的基础上，预测企业未来一年内的销售量。

任务方法

小组通过查找资料及讨论确定需要调研的企业，制订调研方案书，并在此基础上进行实地调研。调研过程中，需要做好原始数据的采集及记录工作，并对数据进行分析整理。各小组在课堂上与大家共同交流调研心得并分享调研结果。根据调研结果，结合预测的各种方法，预测企业未来一年内的销售量。学生分组评议。教师点评。

知识链接

一、市场调查概述

(一)市场调查的含义

市场调查也称市场调研,是指通过一定的科学方法对市场进行了解和把握,在调查活动中收集、整理、分析市场信息,掌握市场发展变化的规律和趋势,为企业进行市场预测和决策提供可靠的数据和资料,从而帮助企业确立正确的发展战略。

市场调查有助于我们及时地了解市场经济动态信息等资料信息,为企业提供最新的市场情报和技术生产情报,以便更好地学习和吸取同行业的先进经验和最新技术,改进企业的生产技术,提高人员的技术水平,提高企业的管理水平,增强产品和企业的竞争力,保障企业的生存和发展。对于企业来说,能否及时了解市场变化情况,并适时适当地采取应变措施,是企业能否取胜的关键。

(二)市场调查的内容

市场调查的内容十分广泛。但每次市场调查的内容又不能包罗万象,面面俱到,只能根据市场调查的目的,有选择、有区别地涉及有关方面的内容,为市场预测与经营决策提供资料。市场调查的内容一般涉及两大方面:宏观环境调查和微观环境调查。

1.宏观环境调查

宏观环境调查包括政治环境、经济环境和社会文化环境三方面的调查。

(1)政治环境。政治环境调查是指对政府有关的政策、法令的调查。如国家的税收政策、金融政策、外贸政策、价格政策等各项政策,还包括专利法、商标法、广告法、保险法、环境保护法等各项法令法规。

(2)经济环境。经济环境对市场活动有着直接的影响,对经济环境的调查,主要可以从生产和消费两个方面进行:

①生产方面。生产决定消费,市场供应、居民消费都有赖于生产。生产方面的调查主要包括能源和资源状况、交通运输条件、经济增长速度及趋势、产业结构、国民生产总值、通货膨胀率、失业率以及农业、轻工业、重工业比例关系等的调查。

②消费方面。消费对生产具有反作用,消费规模决定市场的容量,也是经济环境调查不可忽视的重要因素。消费方面的调查主要是了解某一国家(或地区)的国民收入、消费水平、消费结构、物价水平、物价指数等。

(3)社会文化环境。社会文化环境在很大程度上决定着人们的价值观念和购买行为,它影响着消费者购买产品的动机、种类、时间、方式以及地点。经营活动必须适应所涉及国家(或地区)的文化和传统习惯,才能为当地消费者所接受。社会文化环境调查主要包括国民教育程度、文化水平、职业构成、民族分布、宗教信仰、风俗习惯、审美观念等方面的调查。

2.微观环境调查

(1)市场需求及需求容量。需求通常是指人们对外界事物的欲望和要求,人们的需求是多方面、多层次的。多方面表现在：有维持肌体生存的生理需求，如衣、食、住、行等，也有精神文化生活的需求，如读书看报、参加文娱活动、旅游等；还有社会活动的需求，如参加政治、社会集团及各种社交活动等。多层次表现在：按照标志不同，可分为物质需求（包括生产资料和生活资料），精神文化需求和社会活动需求；商品需求和劳务需求；欲望需求及有支付能力的需求等。

需求量的调查主要包括商品市场最大、最小、最可能的需求数量，潜在的需求数量；现有和潜在的购买人数；现有与潜在的供应数量；不同产品的市场规模与特征以及不同地域的销售机遇；本企业商品的市场占有率；相关企业同类产品的市场竞争态势等。

(2)消费者人口状况调查。某一国家（或地区）购买力总量及人均购买力水平的高低决定了该国（或地区）市场需求的大小。在购买力总量一定的情况下，人均购买力的大小直接受消费者人口总数的影响。为研究人口状况对市场需求的影响，便于进行市场细分化，就应对人口情况进行调查。消费者人口状况调查主要是指总人口、家庭及家庭平均人口、年龄及性别构成、职业、教育程度及民族传统习惯等方面的调查。

(3)消费者购买动机和购买行为调查。

①消费者购买动机调查。所谓购买动机，是指为满足一定的需要，而引起人们购买行为的愿望和意念。人们的购买动机常常是由那些最紧迫的需要决定的，但购买动机又是可以运用一些相应的手段诱发的。消费者购买动机调查的目的主要是弄清购买动机产生的各种原因，以便采取相应的诱发措施。

②消费者购买行为调查。消费者购买行为是指消费者购买动机在实际购买过程中的具体表现，消费者购买行为调查，就是对消费者购买模式和习惯的调查，即通常所讲的"3W1H"调查，即了解消费者在何时购买（When）、何处购买（Where）、由谁购买（Who）和如何购买（How）等情况。

(4)市场供给调查。市场供给是指全社会在一定时期内对市场提供的可交换商品和服务的总量。对市场供给的调查，主要包括商品供给来源及影响因素调查、商品供应能力调查和商品供应范围调查。

(5)商品价格调查。商品价格调查包括老产品调价、新产品定价、本企业与竞争企业同类商品价格差距，调查企业实行浮动价格、赊销价格、优惠价格与竞销价格的最佳时机等。

(6)竞争对手调查。竞争对手调查主要分为两方面：第一个方面，是对竞争企业的调查，包括竞争对手数目，竞争对手商品市场占有率，竞争对手的生产能力、生产方式与生产成本，竞争对手的技术水平、产品特性与服务项目，竞争对手的促销方式、营销策略、地理位置与运输条件等。第二个方面，是对竞争产品调查，包括竞争产品的特性、品质、用途、功能、包装、价格、商标与交货期等内容。

(三)市场调查的方法

1.按照调查范围不同划分

(1)全面普查。全面普查是指对市场进行一次性全面调查，这种调查量大、面广、费用高、周期长、难度大，但调查结果全面、真实、可靠，一般只在较小范围内采用。

(2)抽样调查。抽样调查是根据抽样调查的结果推断整个总体的状况。比如你经销一种小学生食品和用品,完全可选择一两个学校的一两个班级小学生进行调查,从而推断小学生群体对该种产品的市场需求情况。

(3)典型调查。典型调查即从调查对象的总体中挑选一些典型个体进行调查剖析,据此推算出总体的一般情况。如对竞争对手的调查,你可以从众多的竞争对手中选出一两个典型代表,深入研究了解,分析它的内在运行机制和经营管理优越点、价格水平和经营方式,而不必对所有的竞争对手都进行调查,这样难度大,时间长。

2.按照调查的侧重点划分

定性调查和定量调查是市场调查的一个重要分类,从词义上不难看出二者的侧重点所在:定性调查重点在于"性质",而定量调查重点在于"数量"。

3.按照抽样方法划分

(1)随机抽样调查。随机抽样在市场调查中占有重要地位,在实际工作中应用也很广泛。随机抽样最主要的特征是从总体中任意抽取样本,每一样本有相等的机会,这样的事件发生的概率是相等的,因此可以根据调查样本来推断总体的情况。随机抽样又可以分为三种具体方法:简单随机抽样、分层随机抽样和分群随机抽样。

(2)非随机抽样调查。非随机抽样是指市场调查人员在选取样本时并不是随机选取,而是先确定某个标准,然后再选取样本数,这样,每个样本被选择的机会并不是相等的。非随机抽样也分为三种具体方法:就便抽样、判断抽样和配额抽样。

4.按照调查方式划分

(1)访问法。访问法又可以分为问卷访问法、实地调查法、座谈会、深度访谈和电话调查。

(2)观察法。这种方法是指调查人员不与被调查者正面接触,而是在旁边观察。这样做使得被调查者没有压力,表现得自然,因此调查效果也较理想。观察法有三种形式:实地观察法、实际痕迹测量法和行为记录法。

(3)实验法。实验法是指将调查范围缩小到一个比较小的规模,进行实验后得出一定结果,然后再推断出样本总体可能的结果。实验法是研究因果关系的一种重要方法,例如,研究广告对销售的影响,在其他因素不变的情况下销售量增加,就可以看成完全是广告的影响造成的。

二、市场调查的程序

市场调查程序的全过程一般可分为:准备阶段、实施阶段以及分析与总结三个阶段,每个阶段又可分为若干具体步骤。

(一)准备阶段

调查准备阶段,重点是解决调查的目的、要求,调查的范围和规模,调查力量的组织等问题。在此基础上,制订一个切实可行的调查方案和调查工作计划。

1.提出问题

每一次市场调查的目的不尽相同,要反复推敲:"为什么要进行这次市场调查""通过市场调查要了解什么问题""市场调查的范围有多大"。市场调查意义重大,其中一个重要的作用就是帮助人们确定需要解决的问题。因此,在每次起草调查方案之前,首先要知道自己要干什么,要对调查目的与目标十分明确。

2.初步情况分析和非正式调查

调查人员对初步提出来的需要调查的问题,要搜集有关资料做进一步分析研究,必要时还可以组织非正式的探测性调查,以判明问题的症结所在。

3.制订调查方案和工作计划

在正式调查之前,应当制订调查方案和工作计划,来指导调查的实施,这对于大型的市场调查尤为重要。调查方案设计的内容如下:

(1)需要搜集哪些信息资料。
(2)用什么方法分析数据。
(3)信息资料从哪里获取,用什么方法取得。
(4)评价方案的可行性及预算费用。

(二)实施阶段

1.调查人员组织

市场调查应当按照调查任务和调查规模的大小,配备好调查人员,建立调查人员组织。

2.调查方法的选择

调查方法是指取得调查资料的各种方法,如观察法、询问法、实验法等调查方法的选择,调查地点、调查对象的选择,还包括调查样本数目与抽样方法的确定等。

3.搜集一手和二手资料

市场调查所需的资料,可分为一手资料和二手资料。一手资料是为当前的特定目的而搜集的原始资料。取得这部分资料所花的时间较长,费用较大。二手资料是指在某处已经存在并已经为某种目的而搜集起来的信息。取得这部分资料比较容易,花费较少,如各地统计年鉴上的资料。

(三)分析与总结阶段

这是市场调查全过程的最后一环,也是调查能否发挥作用的关键环节。

1.数据的整理与分析

数据整理包括对资料进行核对、校正和去伪存真。检查资料有无重复遗漏,对含糊不清、记录不准的资料,要采取措施经核实后加以补充完善,要保证资料记录一致性、口径统一性。对出现矛盾的资料,或剔除不用,或重新调查,予以补救。经核实编校的资料,要分门别类加以收存。对重要的连续性资料,要绘制统计图表,以便于观察、分析与应用。经分类汇总后的资料,通过计算各类数据的百分比、增长率等指标进行分析。

2.编写调查报告

调查报告的主要内容包括市场调查的目的、调查资料的来源、调查方法与市场调查的

发现及结论,以及提出相应的整改意见、建议与对策。编写调查报告应注意:
(1)要在规定时间内完成调查报告。
(2)要用资料、数据说明调查结论。
(3)文字表述要准确、简明,避免主观武断、不切实际地空谈。

3.总结反馈

市场调查的全过程结束后,要认真回顾和检查各个阶段的工作,做好总结和反馈,以便改进今后的调查工作。

三、预测的概念及作用

(一)预测的概念

在调查研究的基础上对事物的未来进行科学的分析,研究其发展变化的规律叫作预测分析。预测分析中所采用的方法和手段,称为预测技术。前者是预测理论,后者是预测方法,把预测理论和预测方法作为一个整体来研究的科学叫作预测科学,简称为预测。

(二)预测的作用

(1)预测既是计划工作的前提,也是计划工作的组成部分。计划是对未来行动的部署,预测是对未来事件的陈述,是计划工作的一个环节。

(2)预测是提高管理的预见性的手段。对于一个组织来说,无论是制订经济计划,还是做出经济决策,都必须对未来的状况做出科学的估计,并以这种估计作为计划和决策的依据。

(3)预测有助于促使管理人员面向未来,并做好准备。

(4)预测有助于发现当前存在的问题。在大量收集资料、分析资料的过程中,更易使组织发现当前存在的外部与内部问题。

四、预测的方法

(一)定性预测方法

定性预测是根据已掌握的信息资料和直观材料,依靠具有丰富经验和分析能力的内行和专家,运用主观经验,对施工项目的材料消耗、市场行情及成本等,做出性质上和程度上的推断和估计,然后把各方面意见进行综合,作为预测成本变化的主要依据。

定性预测方法主要有经验判断法,包括经验评判法、专家会议法、专家意见法(德尔菲法)、调查访问法等。

下面我们详细介绍其中两种常用的定性预测方法:

1.专家会议法

专家会议法又称为集合意见法或头脑风暴法,是将有关人员集中起来,针对预测的对象,交换意见。参加会议的人员,一般选择具有丰富经验,对经营和管理熟悉,并有一定专长的各方面专家。这个方法可以避免依靠个人的经验进行预测而产生的片面性。例如:

对材料价格市场行情进行预测,可请材料设备采购人员、计划人员、经营人员等;对工料消耗进行分析,可请技术人员、材料管理人员、劳资人员等;估计工程成本,可请预算人员、经营人员、施工管理人员等。

2.专家意见法(又称德尔菲法)

在决策中我们也提到了这种方法。这是根据有专业知识的人的直接经验,采用系统的程序,以互不见面和反复进行的方式,对某一未来问题进行判断的一种方法。首先,草拟调查提纲,提供背景资料,再轮番征询不同专家的预测意见,最后再汇总调查结果。对于调查结果,要整理出书面意见和报表。这种方法具有匿名性、费用不高、节省时间等特点。采用这种方法要比一个专家的判断预测或一组专家开会讨论得出的预测方案准确一些,但费时长。因此,专家意见法一般用于较长期的预测。

(二)定量预测方法

定量预测法是指在大量掌握与预测对象有关的各种信息资料的基础上,运用数学方法对资料进行处理,据以建立能够反映各种变量之间的规律性联系的数学模型的预测过程。定量预测方法又可以进一步划分为趋势外推法和因果预测法。

趋势外推法是指根据预测对象的发展规律,结合企业的各种制约条件对预测对象的未来发展进行分析判断的一种预测方法。它的实质是根据事物发展的"延续性",采用数理统计的方法,预测事物发展的趋势。如简单平均法、移动平均法、加权移动平均法、指数平滑法、回归分析法、时间序列分析法等。

因果预测法是指根据各个变量之间的因果关系建立数学模型,对预测对象未来发展趋势的预测。它的实质是根据事物发展的"相关性",推测事物发展的趋势。主要方法有本量利分析法、投入产出分析法、回归分析法、经济计量法。

下面我们详细介绍其中几种常用的定量预测方法:

1.简单平均法

简单平均法是指使用统计中的简单算术平均数进行的预测法。它是以历史数据为依据,进行简单平均得出的。

$$x = \frac{x_1 + x_2 + \cdots + x_n}{n}$$

式中,x 为预测的平均值;n 为时期数,$x_1, x_2, \cdots, x_n$ 为各个历史时期的实际值。

【例】 某公司经营甲产品,其 2018—2022 年的实际经营结果见表 5-1。

表 5-1　　　　　　某公司甲产品 2018—2022 年销售额　　　　　　单位:万元

年份	2018	2019	2020	2021	2022
实际销售额	22	24	28	30	26

请使用简单平均法预测第六年的销售额。

将表中所列数据代入公式

$$x = \frac{x_1 + x_2 + \cdots + x_n}{n} = \frac{22 + 24 + 28 + 30 + 26}{5} = 26(万元)$$

从式中可以得出,第六年的预测销售额为 26 万元。

简单平均法计算简便,可以避免某些数据在短期内的波动对预测结果的影响。但是,这种方法并不能反映预测对象的趋势变化,因而使用得比较少。

2. 移动平均法

移动平均法是指利用过去若干期的实际平均值,来预测当期的值,方法上与简单平均法类似。

【例】 假设某企业 2022 年 1—8 月的销售额见表 5-2。

表 5-2　　　　　　　　某企业 2022 年 1—8 月销售额　　　　　　　单位:元

月份	销售额	三期平均数	五期平均数
1	42 000		
2	38 000		
3	37 000		
4	39 000	39 000	
5	41 000	38 000	
6	40 000	39 000	39 400
7	42 000	40 000	39 000
8	44 000	41 000	39 800
	—	42 000	41 200

预测 2022 年 9 月份的销售额。

表 5-2 中,"三期平均数"的计算方法为

$$x = \frac{42\ 000 + 38\ 000 + 37\ 000}{3} = 39\ 000$$

其余数字依此类推。

表 5-2 中,"五期平均数"的计算方法为

$$x = \frac{42\ 000 + 38\ 000 + 37\ 000 + 39\ 000 + 41\ 000}{5} = 39\ 400$$

其余数字依此类推。

由表 5-2 计算结果可知,当时间跨度 $n=3$ 时,9 月份的销售额预计为 42 000 元;当时间跨度 $n=5$ 时,9 月份的销售额预计为 41 200 元。

3. 加权移动平均法

加权移动平均法就是根据同一个移动段内不同时间的数据对预测值的影响程度,分别给予不同的权数,然后再进行平均移动以预测未来值。

加权移动平均法不像移动平均法那样,在计算平均值时对移动期内的数据同等看待,而是根据愈是近期数据对预测值影响愈大这一特点,不同地对待移动期内的各个数据。对近期数据给予较大的权数,对较远的数据给予较小的权数,这样来弥补简单移动平均法的不足。

加权移动平均法的统计模型为

$$M_t = a_1 X_{t-1} + a_2 X_{t-2} + a_n X_{t-n}$$

式中,t 为时间序列下标;M_t 为第 t 期的移动平均数;X_t 为第 t 期的观察数据;n 为移动步

长；a 为权数。

【例】 用加权移动平均法预测某运输公司在 2022 年 1—8 月的货运量,见表 5-3。取时间跨度 $n=3$,权重系数分别取 1/2,1/3,1/6。

表 5-3　　　　　　　　　　某运输公司 2022 年 1—8 月货运量　　　　　　　　单位:吨

周期(月)	1	2	3	4	5	6	7	8
货运量(t)	245	250	256	280	274	255	262	270

运用加权移动平均法测算 2022 年 1—9 月的货运量:

表 5-4　　　　　　　　某运输公司 2022 年 1—9 月货运量预测值　　　　　　　单位:吨

周期(月)	实际值 M_t	预测值 权重系数 1/2,1/3,1/6
1	245	—
2	250	—
3	256	—
4	280	248.50
5	274	257.00
6	255	267.00
7	262	273.87
8	270	265.67
9		259.83

表 5-4 中计算方法为

$$M_4 = 245 \times \frac{1}{2} + 250 \times \frac{1}{3} + 256 \times \frac{1}{6} \approx 248.50 \text{(吨)}$$

...

$$M_9 = 255 \times \frac{1}{2} + 262 \times \frac{1}{3} + 270 \times \frac{1}{6} \approx 259.83 \text{(吨)}$$

因此,利用加权移动平均法预测 2022 年 9 月份的货运量为 259.83 吨。

4.指数平滑法

指数平滑法是指利用平滑系数(加权因子),对过去不同时期的实际销售量或销售额进行加权计算,作为计划期的销售预测值。

指数平滑法计算公式为

$$F_t = aD_{t-1} + (1-a)F_{t-1}$$

式中,D 为实际值;F 为预测值;t 为时间序列下标;a 为平滑系数($0 \leq a \leq 1$)。

【例】 假设某公司 12 月份某电器商品实际销售额 15.4 万元,原来预测 12 月份的销售额为 14.8 万元,平滑系数为 0.7。要求按指数平滑法预测明年 1 月份该类商品的销售额。

$$F_t = aD_{t-1} + (1-a)F_{t-1} = 0.7 \times 15.4 + (1-0.7) \times 14.8 = 15.22 \text{(万元)}$$

因此,明年 1 月份该电器商品的预测销售额为 15.22 万元。

5.回归分析法

回归分析是研究处理变量之间相关关系的统计分析方法。若把预测对象作为因变量,把与预测对象密切相关的影响因素作为自变量,则回归分析就是根据两者的统计资料,建立回归模型,并据此对预测对象的发展变化做出推测。回归分析分两种情况:一种情况是时间序列分析,就是当自变量为时间时,就可进行时间序列分析;另一种情况是因果关系分析,是根据影响预测对象的社会经济因素的变化进行预测。这里介绍一下一元线性回归分析,即分析某一个影响因素与预测对象之间的关系。它的基本思路是,随着某种影响因素的变化,预测对象的实际值的分布会呈一定的趋向,这一趋向是线性的。

具体做法是,以 t 作为时间序列,以 y 作为预测对象的销售量或销售额,建立模型为

$$y = a + bt$$

式中,y 为因变量(预测对象);t 为自变量(影响因素);a、b 为回归系数。

$$a = (\sum y/n) - b(\sum t/n)$$

$$b = (n\sum yt - \sum y \sum t) \div (n\sum t^2 - \sum t \sum t)$$

根据历史资料可以求出回归系数,然后代入方程可以得出一元线性回归预测方程,利用这个预测方程就可以进行预测。

【例】 表 5-5 是某市 2011—2020 年城镇居民人口数与用水量的资料,建立人口数和用水量的一元线性回归方程,并预测当人口数达到 230 万人时的年用水量。

表 5-5　　　　某市 2011—2020 年城镇居民人口数及用水量

年份	人口数(万人)	用水量(亿吨)
2011	82.4	0.61
2012	95.6	0.73
2013	109.4	0.85
2014	136.6	1.05
2015	163.7	1.29
2016	177.8	1.31
2017	192.3	1.42
2018	192.6	1.46
2019	206.0	1.55
2020	219.5	1.64
合计	—	—

解:假设人口数为 x,用水量为 y,则根据一元线性回归方程需计算

年份	人口数(万人) x	用水量(亿吨) y	x^2	xy
2011	82.4	0.61	6 789.76	50.26
2012	95.6	0.73	9 139.36	69.79
2013	109.4	0.85	11 968.36	92.99

(续表)

年份	人口数(万人) x	用水量(亿吨) y	x^2	xy
2014	136.6	1.05	18 659.56	143.43
2015	163.7	1.29	26 797.69	211.17
2016	177.8	1.31	31 612.84	232.92
2017	192.3	1.42	36 979.29	273.07
2018	192.6	1.46	37 094.76	281.20
2019	206.0	1.55	42 436.00	319.30
2020	219.5	1.64	48 180.25	359.98
合计	—	—	269 657.87	2 034.11

$y = a + bx$

$$b = \frac{n\sum xy - \sum x \sum y}{n\sum x^2 - (\sum x)^2} = \frac{10 \times 2\ 034.11 - 1\ 575.9 \times 11.91}{10 \times 269\ 657.87 - (1\ 575.9)^2} = 0.007\ 377$$

$$a = \bar{y} - b\bar{x} = \frac{\sum y}{n} - b\frac{\sum x}{n} = \frac{11.91}{10} - 0.007\ 377 \times \frac{1\ 575.9}{10} = 0.028\ 525$$

$y = a + bx = 0.028 + 0.007x$

当该市城镇人口数达到 230 万人时,城镇居民的年用水量为

$y = 0.028 + 0.007x = 0.028 + 0.007 \times 230 = 1.725$(亿吨)

【任务小结】

市场调查也称市场调研,是指通过一定的科学方法对市场进行了解和把握,在调查活动中收集、整理、分析市场信息,掌握市场发展变化的规律和趋势,为企业进行市场预测和决策提供可靠的数据和资料,从而帮助企业确立正确的发展战略。市场调查的内容一般涉及两大方面:宏观环境调查和微观环境。按调查范围不同划分,市场调查可以分为全面普查、抽样调查、典型调查;按照调查的侧重点划分,市场调查可以分为定性调查和定量调查;按照抽样方法划分,市场调查可以分为随机抽样调查、非随机抽样调查;按照调查方式划分,市场调查可以分为访问法、观察法、实验法。市场调查程序的全过程一般可分为:准备阶段、实施阶段以及分析与总结三个阶段,每个阶段又可分为若干具体步骤。在调查研究的基础上对事物的未来进行科学的分析,研究其发展变化的规律叫作预测分析;预测分析中所采用的方法和手段,称为预测技术。把二者作为一个整体来研究的科学叫作预测科学,简称为预测。预测既是计划工作的前提,也是计划工作的组成部分。预测的方法有定性预测法和定量预测法。

任务二　计划与计划工作

引导案例

华为公司的目标管理

一、先有目标，再工作

有些企业的员工一大早上班就开始埋头苦干，虽然工作态度值得肯定，实则处于盲乱的状态，华为也遇到过类似的问题。员工工作都非常努力，还经常加班，但就是工作结果离预期的目标相差甚远，这不得不引起企业管理者的深思。华为管理者进行深入调查发现，大多数华为员工都是坚定的指令接受者，接受任务后就埋头苦干，却很少思考自己的工作目标究竟是什么。因此，他们往往不清楚何时应该完成什么样的任务，任务完成的程度如何以及有没有合理的操作手段等。就是这种毫无目的性的工作方式导致了员工工作的混乱，选择错误的工作方法，擅自改变工作目标，做了很多无用功。

针对这种情况，华为总裁任正非提出了"先瞄准目标，再开枪"，也就是永远不能"先干起来再说"。因此，员工个人应将自己的工作目标与企业目标保持一致，这样才能让员工明白自己目前做什么才能满足企业的发展需要。

华为公司在培训员工的时候，让每一名员工在开始工作之前必须弄清楚五件事：做什么？如何做？做多少？在哪儿做？为什么做？明白这五点，才是员工做好工作的前提，这样才能引导员工正确地去做工作。

二、目标要切实可行

企业中绝大多数员工还是希望自己能够做得更多更好，从而能更大限度的证明自己。但从现实来讲，在制定目标的时候，他们对于目标总会缺乏基本的判断，只知道自己想要什么，而不知道自己究竟能够做什么。虽然我们说目标要高于现实，但不能超出范围，否则目标就变成空中楼阁，甚至是天上的星星而无法触及。正因为如此，华为公司在进行目标管理，为员工在制定目标之前，总是会先进行一番调查，同时做好可行性研究，了解目标工作的难度，了解目标是否能够完成。任正非也说过任何目标必须是可执行的，任何缺乏执行性或者无法达到的目标，都毫无用处。在华为内部，很少会有人提出一些不切实际的计划，公司也绝对不赞成、不鼓励员工提出此类计划，在他们看来，目标不是越大越好，一旦遥不可及，就会变成负担。

三、工作目标要明确、要量化

目标管理的原则要求目标必须是可度量的。华为员工都有明确而可执行的工作目标，都明白各自的工作任务。在执行目标时，管理者会通常根据员工具体的工作过程，按照基本的流程设定相对独立的工作步骤或者是工作单元，指定三个量化指标：时量、数量、质量。比如对于产品的数量、检查次数等直接可量化的目标，完全可以用数量角度去衡量，而无法直接量化的指标可以从质量、时量的角度去考虑。比如，人员投诉率、服务及时性可以反映出员工对于职能部门的满意程度；文件的通过率可以反映出文件起草的好坏。

上述3个量化指标,既是布置工作的要求,也是衡量工作效果的指标。它们贯穿于整个工作的全过程,有了这3个指标,员工才能确保工作执行到位。比如,华为公司在进行考勤统计时,他们会要求3小时内完成15 000人的考勤统计,形成考勤表,并及时上报行政主管。在这个工作目标中,就包含了3个量化指标:时量是3小时,数量是15 000人的考勤统计,质量是形成考勤表,上报行政主管。任何一个量的未完成或者是缺失,都会影响目标的实现。

这种工作方法有效保证了员工的工作目标不会过多地偏离现实,更不会变得遥不可及。

四、实现目标要一步一个脚印

华为在发展的过程中,虽然采用的是群狼战术,但它并不是暴发户式的增长,而是通过一小步一小步,一步一个脚印扎扎实实地走出来的。20世纪90年代,华为慢慢在城市站稳脚跟,接着华为瞄准国内市场,等到在国内市场占据大部分市场份额后,开始将目光转向海外市场。而在拓展海外市场时,华为先从俄罗斯入手,然后是非洲、欧美等。华为一步步走来,每个目标都很明确,而且是逐步实现每个目标,并没有进行跳跃式发展,确保了华为在保持总体战略目标方向上稳步前进。

华为的发展有迹可循,而且一直以来都在循序渐进,它的扩张绝对不是一两天内就完成的,它所有的目标也不是一两天内实现的。这种逐步扩张的方式在日常工作中也得以体现出来,华为的每个员工平时都严格按照"制定目标—执行—完成目标—制定新目标"的方式进行工作。

以华为市场部员工为例,市场销售人员通常会接到任务——要求第一年完成多少销售额,紧接着第二年会增加多少,第三年接着增加更多,而到了第五年要确保市场份额占到了多少,第十年的市场份额又加多少。这些都会纳入工作计划,成为工作的核心。此外,在华为的会议上,无论是领导还是员工都会提出一个短期计划和中期计划,这些计划通常都是相对稳健的。每个人都知道自己在短期内应该做什么,接下来应该做什么,以此来推进自己的工作。

华为公司通常会制订一个五年计划和十年计划,而对于公司部门以及团队内部之间,目标与计划则控制在两三年以内,因为短期目标和短期计划的存在能够有效保证管理者以及工作者不会冒进,不会采取大跃进的姿态。不过对于其他不少企业和员工来说,他们常常欠缺自制力和耐心,也没有充分考虑到目标实现的难易程度,因此常常会急功近利,总是想着在短时间内就实现目标。而这样一来,往往会让自己陷入困境。

华为员工常常将公司的发展比作长跑马拉松,一般的跑步者在跑步过程中很容易因为路程太远而放弃,如果跑步者能够将目的地进行切割和分化,将路程中的大树、房子、河流等作为标志,那么每当跑步者通过一个标志时,就会产生一种实现目标的成就感,这会带来更多的动力。所以,低着头硬撑的人往往难以坚持到最后,而沿途上做好标记并随时进行观察的人,则能够更好地完成长跑计划。

请思考:

1.华为公司目标管理体系是如何构建的?具体措施有哪些?

2.华为公司制定组织长期发展目标考虑了哪些问题?
3.思考目标与制订计划之间有什么内在的联系?

（资料来源：根据 HR 案例网名企案例改编）

任务导入

任务目标

各团队模拟编制组织的长期、中期、短期计划。

任务引导

1.学生实地走访调研不同企业,了解各企业所制订的战略计划、各职能部门计划等。

2.学生分组讨论不同企业所制订的计划存在何种差异以及存在差异的原因。

3.根据任务一市场调查与预测的结果,各小组为"本企业"制订战略目标,在此基础上编制"本企业"中长期计划,并将中长期计划分解成短期计划。

任务方法

各小组通过实地调研得到企业的各项计划,在认真分析所制订计划的基础上,各小组成员模拟企业管理者制订计划。首先由企业的总经理制订企业战略计划,然后其他成员模拟企业各职能部门的管理者,如销售经理、生产经理、财务主管等,制订各职能部门计划。最后计划制订好之后,由其他小组及教师共同点评各小组计划制订的合理性及优缺点。

知识链接

一、计划

(一)计划的含义

计划是筹谋、预谋、企划、策划等一系列的脑力活动,是管理的首要活动。简单讲,计划就是"谋"。谋些什么呢？无非是——我是谁？我如何行事？我要到哪里去？我怎样去？以上几个问题与企业管理有联系吗？其实这个"我"代指计划的主体,可以代表一个企业,也可以代表企业的高层管理者,或者组织中任何层次的管理者。管理中的计划活动是每一个管理者所必须从事的活动,亦即从事管理活动必须首先从思考开始,通常人们说的谋定而后动,深谋远虑,多谋善断等,这些都是在讲计划。

计划是指工作或行动之前,通过科学的分析、预测与决策,对未来工作或行动做出全面筹划和部署的一系列活动。古人云:"运筹于帷幄之中,决胜于千里之外""凡事预则立,不预则废",这些都是在强调计划的重要性。

(二)计划的作用

从逻辑上来讲,管理始于计划活动,没有计划实际上就谈不上管理。管理计划活动的作用包括以下几个方面:

1.计划对组织的作用

有效的计划可以帮助组织有效应对不确定性和风险。当今的组织处在一个高度变化的时代,变化就意味着有风险,风险的存在就有可能使组织的经营活动遭受挫折甚至失败。假如对这些不确定性和风险没有预先防范,就很难保证组织目标的实现。

2.计划对人们活动的作用

有效的计划有助于把人们的活动统一到共同的目标上。组织是由许多人构成的,怎样能够让人们步调一致地朝共同的目标努力呢?怎样才不至于使人们的努力彼此相抵消呢?这在很大程度上依赖于计划。

3.计划对组织活动的作用

有效的计划有助于使组织活动经济合理。组织活动假如不能盈利,就像人体没有血液一样,无法生存。所以组织的各项活动能够经济合理,是维系组织存在的一个前提。要实现这个目的,在很大程度上也依赖于计划。

4.计划对控制的作用

计划构成了控制的基础。控制意味着使事情按计划进行,可以想象,假如没有周密的计划,又如何来控制呢?

这就是强调要进行有效的计划活动的理由,或者是计划的几个作用。计划活动构成了管理的基本活动,是管理的首要活动。

(三)计划工作的任务

计划工作的任务,就是根据社会的需要以及组织的自身能力,确定出在一定时期内的奋斗目标;通过计划的编制、执行和检查,协调和合理编排组织中各方面的经营和管理活动,有效地利用组织的人力、物力和财力资源,取得最佳的经济效益和社会效益。

可以通俗扼要地将计划工作的任务和内容概括为六个方面,即:做什么(What to do it)?为什么做(Why to do it)?何时做(When to do it)?何地做(Where to do it)?谁去做(Who to do it)?怎么做(How to do it)?简称为"5W1H"。这六个方面的具体含义如下。

"做什么":就是要明确计划工作的具体任务和要求,明确每一个时期的核心任务和工作重点。例如,企业生产计划的任务主要是确定生产哪些产品、生产多少,合理安排产品投入和产出的数量和进度,在保证按期、按质和按量完成订货合同的前提下,使得生产能力得到尽可能充分的利用。

"为什么做":就是要明确计划工作的宗旨、目标和战略,并论证其可行性。实践表明,计划工作人员对组织和企业的宗旨、目标和战略了解得越清楚、认识得越深刻,就越有助于他们在计划工作中发挥主动性和创造性。正如我们常所说的"要我做"和"我要做"的结果是大不一样的,其道理就在于此。

"何时做":规定计划中各项工作的开始和完成的进度,以便进行有效的控制和对能力及资源进行平衡。

"何地做":规定计划的实施地点或场所,了解计划实施的环境条件限制,以便合理安排计划实施的空间组织和布局。

"谁去做":计划不仅要明确规定目标、任务、地点和进度,还应规定由哪个主管部门负责。例如,开发一种新产品,要经过产品设计、样机试制、小批试制和正式投产几个阶段。在计划中要明确规定每个阶段由哪个部门负主要责任,哪些部门协助,各阶段交接时,由哪些部门组织哪些人员参加鉴定和审核等。

"怎么做":制订实现计划的措施,以及相应的政策和规则,对资源进行合理分配和集中使用,对人力、生产能力进行平衡,对各种派生计划进行综合平衡等。

当然,一个完整的计划还应包括控制标准和考核指标的制定,也就是告诉实施计划的部门或人员,做成什么样,达到什么标准才算是完成了计划。

二、企业计划体系

俗话说:"一年之计在于春,一天之计在于晨",企业计划的制订是企业计划管理的排头兵,有了计划才能确定实施方向和实施效果,计划的制订是企业发展的重中之重,它是企业稳步上升发展的关键。企业计划的种类很多,可以按不同的标志进行分类,如按管理层次进行分类、按形式进行分类、按职能进行分类和按计划期进行分类。不同的分类方法有助于我们全面地了解计划的各种类型。在现实中,由于一些主管人员认识不到计划的多样性,使得在编制计划时常常忽视某些重要的计划方面,因而降低了计划的有效性。

(一)按计划的管理层次分类

企业的各种计划一般可以分为三个管理层次:战略层、战术层和作业层。战略层计划一般是指企业的长远发展规划,涉及企业的产品发展方向、企业发展规模、技术发展水平、企业的组织发展形式、人力资源规划等,时间跨度一般为3~5年。战术层计划主要是企业的年度综合计划,包括企业的经营计划和各职能部门的工作计划,如生产计划、销售计划等。它是确定计划年度企业生产经营活动各项指标的重要计划,是由年度经营目标和一系列职能计划经过综合平衡以后形成的整体计划。年度综合计划的编制过程是各个计划反复协调和平衡的过程。只有各项计划达到了平衡,年度综合计划才算编制完成。这里要注意各项计划的关系,如销售计划决定生产计划,生产计划决定物资供应计划、劳动工资计划和辅助生产计划。作业层计划是指对企业日常生产经营活动所做的安排。它是企业年度综合计划的延续,是各项职能计划的细化和具体化。

(二)按计划的形式分类

按照计划不同的表现形式,可以将其分为宗旨、目标、战略、政策、程序、规则、规划和预算几种类型。这几类计划的关系可描述为一个层次体系,如图5-1所示。

1.宗旨

惠普公司创始人之一的戴维·帕卡德曾说道,很多人都以为,公司的存在仅仅是为了赚钱,这是错误的。尽管这确实是公司存在的一个重要结果,但我们要深入下去,才会发现我们存在的真实理由。我们通过调查最终得出这样的结论:一群人联合起来,并以一种机构的形式存在,可以称之为公司,从而完成一些单独的个人完成不了的事情(为社会做出贡献)。这种说法虽然听起来陈腐过时,但它却是根本。你可以环顾周围(整个经营世界),发现人们好像都对赚钱感兴趣,但其深层的驱动力来自要做一些事情的渴望——创造一种产品,提供一种服务。概括而言,是要做一些有价值的事情。

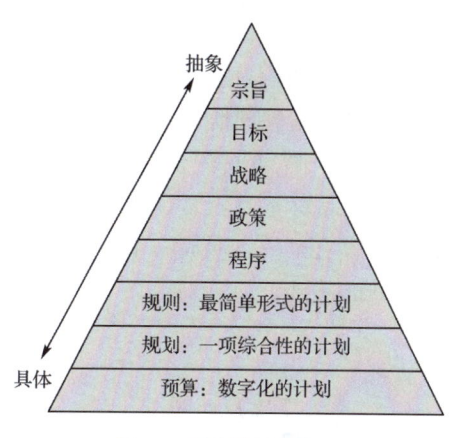

图 5-1 计划的层次体系

各种有组织的集体经营活动,如果是有意义的话,都至少应当有一个目的或使命。这种目的或使命,是社会对该组织的根本要求,我们称之为宗旨。换句话说,宗旨即表明组织是干什么的,应该干什么。例如,一个工商企业的基本宗旨是向社会提供有经济价值的商品或服务等。

以企业为例,为了系统地阐明企业在一定时期应达到的目标就必须首先明确它的宗旨。对于这一点,虽然每一个企业都应当知道自己企业是干什么的,应该干什么,然而,有许多企业的经理却很难清楚地回答这样的问题。这些企业的经理还没有深入思考企业的宗旨,并将它明确阐述出来用以指导日常的经营活动。相反,当我们把眼光转到那些取得了巨大成功的公司时,我们会发现,他们成功的原因首先是有明确的宗旨。例如,IBM 公司宗旨:无论是一小步,还是一大步,都要带动人类的进步;中国移动通信企业宗旨:创无限通信世界,做信息社会栋梁。

知识窗

世界知名企业的宗旨见表 5-6。

表 5-6　　　　　　　　　　世界知名企业的宗旨

企业名称	业务范围	宗　旨
华为	交换机	追求在电子信息领域实现顾客的梦想
麦肯锡	管理咨询	帮助别的组织更加成功
沃尔玛	大型零售	让普通百姓找到富人一样的感觉
惠普	高技术产品	为人类做出技术贡献
迪士尼	各种娱乐产品和娱乐服务	使人们更快乐

2.目标

一定时期的目标或各项具体目标是在宗旨指导下提出的,它具体规定了组织及其各个部门的经营管理活动在一定时期达到的具体成果。目标不仅是计划工作的终点,而且也是组织工作、人员配备、指导与领导工作和控制活动所要达到的结果。

确定目标本身也是计划工作,其方法与制订其他形式的计划类似。从确定目标起,到目标分解直至最终形成一个目标网络,不但本身是一个严密的计划过程,而且构成组织全部计划的基础。

知识窗

人生计划从确定目标开始

哈佛大学有一个非常著名的关于目标对人生影响的跟踪调查。该项调查的对象是一群智力、学历、环境等条件都差不多的年轻人,调查结果发现:

27%的人,没有目标;60%的人,目标模糊;10%的人,有比较清晰的短期目标;3%的人,有十分清晰的长期目标。

25年的跟踪调查发现,他们的生活状况有所不同。

那3%的人,25年来几乎都不曾更改过自己的人生目标,他们始终朝着同一个方向不懈地努力。25年后,他们几乎都成了社会各界顶尖成功人士。

那10%的人,大都生活在社会的中上层。他们的共同特点是,那些短期目标不断地被达到,生活质量稳步上升。他们成为各行各业不可缺少的专业人士,如医生、律师、工程师、高级主管等。

那60%的人,几乎都生活在社会的中下层。他们能安稳地生活与工作,但都没有什么特别的成绩。

剩下的27%的人,他们几乎都生活在社会的最底层,他们的生活都过得很不如意,常常失业,靠社会救济,并且常常在抱怨他人,抱怨社会。

3.战略

战略是为实现组织或企业长远目标所选择的发展方向、所确定的行动方针,以及资源分配方针和资源分配方案的一个总纲。战略是指导全局和长远发展的方针,它不是要具体说明企业如何实现目标,因为说明这一切是许多主要的和辅助的计划任务。战略是要指明企业发展的方向重点和资源分配的优先次序。

"战略"一词源于希腊语,其含义是"将军指挥军队的艺术"。它总是针对竞争对于(在军队中是敌人)的优势和劣势以及正在和可能采取的行动而制定的。对于一个企业来说,制定战略的根本目的,是使公司尽可能有效地比竞争对手占有持久的优势。因此,可以这样说,企业战略就是最有效的方式,应努力提高企业相对于其竞争对手的实力。不仅企业需要战略,一个城市也要有城市的发展战略,一个国家要有国家的发展战略。除了长期竞争需要战略以外,那些涉及长远发展、全局部署的管理活动也需要制定战略。因为从实现长远目标的要求来看,选择方向,确定资源分配的优先次序要比其余各种管理工作更加重要。

4.政策

政策是指组织在决策时或处理问题时,用来指导和沟通思想与行动方针的明文规定。政策规定了行动的方向和界限,使各级主管人员在决策时有一个明确的思考范围。

既然政策是决策时考虑问题的指南,所以它允许主管人员有斟酌裁量的自由。政策要规定范围和界限,但其目的不是要约束下级使之不敢擅自决策,而是激励下级在规定的范围内自由处置问题,主动承担责任。例如,上级主管部门对企业更新改造项目的立项审批权一般都规定一个限额,这是一种政策。它把凡是规定限额内的更新改造项目的立项审批权下放给企业,只是那些超过限额项目才报上级主管部门审批。

5.程序

程序也是一种计划,它规定了如何处理那些重复发生的例行问题的标准方法。它与战略不同,它是行动的指南,而非思想指南。它与政策不同,它没有给行动者自由处理的权力。程序的实质是对所要进行的活动规定时间顺序,因此,程序也是一种工作步骤。制定程序的目的是减轻主管人员决策的负担,明确各工作岗位的职责,提高管理活动的效率和质量。此外,程序通常还是一种经过优化的计划,它是对大量日常工作过程及工作方法的提炼和规范化。

程序是多种多样的,几乎可以这样说,组织中所有重复发生的管理活动都应当有程序。例如,在组织的上层主管部门,应当有重大决策程序、预算审批程序、会议程序等;在组织的中层职能管理部门,应当有各自的业务管理程序;组织中有些工作是跨部门的,如新产品的开发研制工作,则应当有相应的跨部门管理程序。一般来说,越是基层,所规定的程序也就越细,数量越多。例如,制造企业的工艺路线就是一种程序,它明确规定某个零件的加工顺序、使用的设备、加工的方法等,它对于保证零件的质量起着关键的作用。

管理的程序化水平是管理水平的重要标志,制定和贯彻各项管理工作程序是组织的一项基础工作。

6.规则

规则也是一种计划,只不过是一种最简单的计划。它是对具体场合和具体情况下,允许或不允许采取某种特定行动的规定。规则常常与政策和程序相混淆,所以要特别注意区分。规则与程序的区别在于规则指导行动但不说明时间顺序,可以把程序看作是一系列规则的总和;规则在应用中不具有自由处置权,而政策则是要将一定范围内的决策权授予下级。所以,有些组织只是在不希望它的员工运用自由处理权的情况下才加以采用规则。

7.规划

规划是综合性的计划,它是为实现既定目标所做的政策、程序、规则、任务分配、执行步骤、使用资源以及其他要素的复合体。因此,使规划工作各个部分彼此协调,需要严格精湛的管理技能,以及系统的思考和行动的方法。

8. 预算

预算作为一种计划,是一份用数字表示预期结果的报表。预算又被称为数字体的规划。例如,财务收支预算,可称之为"利润计划"或"财务收支计划"。一个预算可以促使上级主管对预算的现金流动、开支、收入等内容进行数字上的调整。预算也是一种控制手段,又因为预算是采用数字形式的报表,所以它使计划工作更细致、更精确。

(三) 按计划职能分类

计划还可以按职能进行分类。这里的"职能"是指企业的职能,而不是管理的五项职能。例如,可以按职能将某个企业的经营计划分为销售计划、生产计划、供应计划、新产品开发计划、财务计划、人事计划、后勤保障计划等。这些职能计划通常就是企业相应的职能部门编制和执行的计划。

在一种职能计划中,通常包含着宗旨、目标、战略、政策、规则、程序、规划、预算这些计划形式中的一种或多种。例如,企业的年度新产品研制计划中,一般要有该计划所依据的企业宗旨、战略和基本政策的说明,年度开发目标的确定,研制项目的技术经济指标和进度规划,项目预算资金的分配,负责实施项目的部门和负责人的指定,以及考核规则和奖励政策的规定等内容。将计划按职能进行分类,有助于人们更加精确地确定主要作业领域之间的相互依赖和相互影响关系,有助于估计某个职能计划执行过程中可能出现的变化及其对全部计划的影响,并有助于将有限的资源更合理地在各职能计划间进行分配。

(四) 按计划的期限分类

按计划的期限分类,可以将计划分为短期计划和长期计划,以及介于长短期计划之间的中期计划。财务人员习惯于将投资回收期分为短期、中期和长期。短期是指 1 年以内的期限,长期一般超过 5 年,而中期介于两者之间。管理者往往也采用同样的术语来描述计划。不过对有些随环境变化很快的组织,其计划期限可能有所不同,其计划期可能把一年期计划作为长期计划,把季度计划作为中期计划,把月计划作为短期计划。通常长期计划主要是方向性和长远性的计划,它主要回答的是组织的长远目标、发展方向以及大政方针等问题,通常以工作纲领的形式出现。中期计划是根据长期计划制订的,它比长期计划具体,是考虑了组织内部与外部的条件与环境变化情况后制订的可执行计划。短期计划则比中期计划更加详细具体,它是指导组织具体活动的行动计划,一般是中期计划的分解与落实。

大量研究表明,长期计划工作越来越受到企业的重视,那些有长期计划的公司,其成就普遍胜过没有长期计划或只有一些非正式长期计划的公司。"人无远虑,必有近忧",一个企业如果在新产品开发、技术开发、市场开发、人才开发方面没有长期规划的话,迟早会陷入困境。

无论是哪种计划,其目的都是提高工作效率,有效合理地调度配置公司资源,进一步落实目标责任制,提高管理决策的科学性及对员工工作评价的可操作性。

三、企业计划的编制程序与编制方法

(一)企业计划的编制程序

计划编制本身也是一个过程。为了保证编制的计划合理,确保组织目标的实现,计划编制过程中必须采用科学的方法。虽然可以按不同标准将计划分成不同类型,计划的形式也多种多样,但管理者在编制任何完整的计划时,实质上都遵循相同的逻辑和步骤。

1.环境分析

组织环境因素对组织战略计划的制订起着关键性的影响作用。任何一个组织的高级管理人员,要想制订一个能引导自己的企业走向成功的计划,都必须全面地调查和分析组织环境因素,并要获取和分析与本公司和本行业有关的组织环境因素的信息情报。计划是否科学和切合实际,在很大程度上取决于信息的调查与掌握是否全面与准确。编制计划需要调查和掌握的信息很多,既有企业外部的信息,也有企业内部的信息。企业外部信息中又有一般环境和任务环境因素之分。

2.确定目标

在分析企业外部和内部信息的基础上就可以确定目标了。目标为组织整体、各部门和各成员指明了方向,并且作为标准可用来衡量实际的绩效。简单地讲,确定目标就是要回答以下三个问题:我们要向哪里发展?打算实现什么目标?什么时候实现?目标是计划的灵魂,也是企业行动的方向。

3.确定前提条件

计划工作的第三步是确定一些关键性的计划前提条件,并使设计人员对此取得共识。所谓计划工作的前提条件就是计划工作的假设条件,换言之,即计划实施时的预期环境。负责计划工作的人员对计划前提了解得越细越透彻,并能始终如一地运用它,则计划工作也将做得越协调。

按照组织的内外环境,可以将计划工作的前提条件分为外部前提条件和内部前提条件;还可以按照可控程度,将计划工作前提条件分为不可控的、部分可控的和可控的三种前提条件。外部前提条件多为不可控的和部分可控的,而内部前提条件大多是可控的。不可控的前提条件越多,不确定性越大,就越需要通过预测工作确定其发生的概率和影响程度的大小。

4.拟订可供选择的行动计划

计划工作的第四步是调查和设想可供选择的行动计划。通常,可供选择的行动计划数量越多,被选计划的相对满意程度就越高,行动就越有效。因此,在行动计划拟订阶段,要发扬民主,广泛发动群众,充分利用组织内外的专家,通过群策群力,产生尽可能多的行动计划。拟订各种可行的行动计划,一方面要依赖过去的经验,已经成功的或失败的经验对于拟订可行的行动计划都有借鉴作用;另一方面,也是更重要的方面,就是依赖于创新。因为,企业内外部环境的迅速发展变化,使得企业必须创新行动计划。

5.评估选择行动计划

计划工作的第五步是根据企业的内外部条件,按照前提和目标来权衡各种因素,充分分析各个行动计划的优缺点,并做出认真的比较和评价,选择出最接近许可条件和计划目标的要求,并且风险最小的行动计划。行动计划的选择,一方面取决于评价者所采用的标准;另一方面取决于评价者对各个标准所赋予的权数。显然,确定目标和确定计划前提条件的工作质量,直接影响到方案的评价。

6. 拟订主要计划

完成了拟订和评估选择可供选择的行动计划后,拟订主要计划就是将所选择的计划用文字的形式正式地表达出来,作为一项管理文件。拟写计划要清楚地确定和描述"5W1H"的内容。

7. 拟订派生计划

派生计划就是总计划下的分计划。总计划要靠派生计划来保证,派生计划是总计划的基础。例如,一家公司年初制订了"当年销售额比上年增长15%"的销售计划,这一计划发出了许多派生计划,如生产计划、促销计划等。

8. 编制预算

计划工作的最后一步是把计划转化为预算,使之数字化。编制预算,一方面是为了计划的指标体系更加明确,另一方面是可以使企业更易于对计划执行进行控制。定性的计划,往往在可比性、可控性和进行奖惩等方面比较困难,而定量的计划,则具有较强的约束。

(二) 企业计划的编制方法

编制计划的常用方法有很多种,主要介绍滚动计划法和网络计划技术。

1. 滚动计划法

滚动计划法又称滚动式计划法,它是一种具有灵活性和弹性的长期计划编制方法,使企业在适应市场需求的同时,保持生产的稳定和均衡的计划管理,是企业进行全面管理、编制和修改计划的一种科学方法。其编制方法是:在已编制出的计划的基础上,每经过一段固定的时期(例如,一年或一个季度等,这段固定的时期被称为滚动期)便根据变化了的环境条件和计划的实际执行情况,从确保实现计划目标出发对原计划进行调整。每次调整时,保持原计划期限不变,而将计划期限顺序向前推进一个滚动期。滚动计划编制过程如图 5-2 所示。

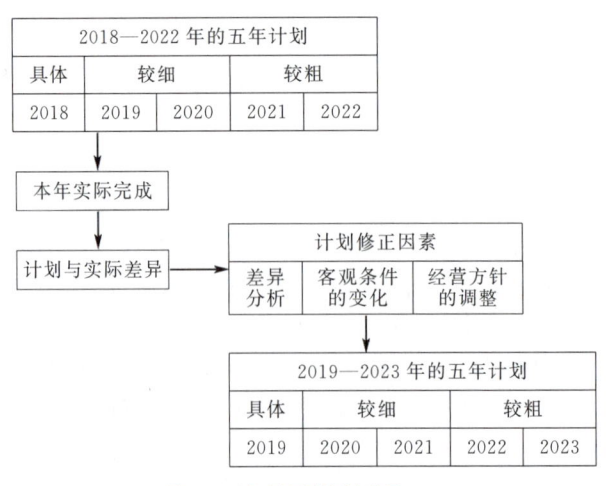

图 5-2 滚动计划编制过程

由于长期计划的计划期较长,很难准确地预测到各种影响因素的变化,因而很难确保长期计划的成功实施。而采用滚动计划法,就可以根据环境条件变化和实际完成情况,定期地对计划进行修订,使组织始终有一个较为切合实际的长期计划作为指导,并使长期计划能够始终与短期计划紧密地衔接在一起。

2.网络计划技术

网络计划技术是指用于工程项目的计划与控制的一项管理技术。它是20世纪50年代末发展起来的,依其起源有关键路径法与计划评审法之分。

1956年,美国杜邦公司在制订企业不同业务部门的系统规划时,制订了第一套网络计划。这种计划借助于网络表示各项工作与所需要的时间,以及各项工作的相互关系。通过网络分析研究工程费用与工期的相互关系,并找出在编制计划及计划执行过程中的关键路线,这种方法被称为关键路线法;1958年,美国海军武器部在制定研制"北极星"导弹计划时,同样应用了网络分析方法与网络计划,但它注重于对各项工作安排的评价和审查,这种方法被称计划评审法。鉴于这两种方法的差别,关键路线法主要应用于以往在类似工程中已取得一定经验的承包工程,计划评审法则更多地应用于研究与开发项目。

(1)网络计划技术的基本原理。网络计划技术的基本原理,是把一项工作或项目分成各种作业,然后根据作业顺序进行排列,通过网络图对整个工作或项目进行统筹规划和控制,以便用最少的人力、物力、财力资源,用最快的速度完成工作。

(2)网络图的绘制。网络图是网络计划技术的基础。任何一项任务都可以被分解成许多步骤的工作,根据这些工作在时间上的衔接关系,用箭线表示它们的先后顺序,画出一个由各项工作相互联系并注明所需时间的箭线图,这个箭线图被称作网络图,如图5-3所示。

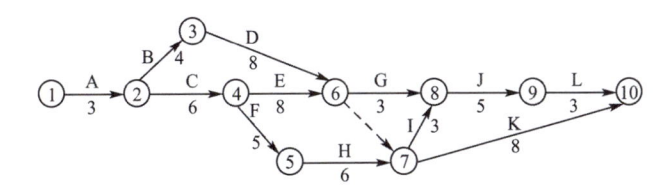

图5-3 网络图

①网络图的构成要素。

a.箭线。箭线,用"→"表示,每一条箭线表示一项工作。箭线的箭尾节点表示该工作的开始,箭头节点表示该工作的结束。工作的名称标注在箭线的上方,完成该项工作所需要的持续时间标注在箭线的下方。此外,还有一些工序既不占用时间,也不消耗资源,是虚设的,叫虚工序,在图中用虚线箭线表示。网络图中应用虚工序的目的是避免工序之间关系的含混不清,以正确表明工序之间先后衔接的逻辑关系。

b.节点。节点用"○"表示,节点是网络图中箭线之间的连接点。节点既不占用时间,也不消耗资源,是个瞬时值,即它只表示工作的开始或结束的瞬间,起着承上启下的衔接作用。网络图的第一个节点叫"起点节点",它只有外向箭线,表示一项任务或一个项目的开始;最后一个节点叫"终点节点",它只有内向箭线,表示一项任务或一个项目的完成;网络图中既有内向箭线,又有外向箭线的节点称为"中间节点"。

c.路线。网络图中从起点节点开始,沿箭头方向顺序通过一系列箭线与节点,最后达到终点节点的通路称为路线。路线上各项工作持续时间的总和被称为该路线的计算工期。一般网络图有多条路线,可依次用该路线上的节点代号来表示,例如,网络图 5-3 中的路线有:①→②→③→⑥→⑧→⑨→⑩、①→②→④→⑥→⑧→⑨→⑩等,其中最长的一条路线被称为关键路线,位于关键路线上的工作称为关键工作。

②网络图的绘制原则。

a.网络图中不能出现循环路线,否则将使组成回路的工序永远不能结束,工程永远不能完工。

b.进入一个节点的箭线可以有多条,但相邻两个节点之间只能有一条箭线。当需要表示多活动之间的关系时,需增加节点和虚工序来表示。

c.在网络图中,除网络起点、终点外,其他各节点的前后都有箭线连接,即图中不能有缺口,使自网络起点起经由任何箭线都可以达到网络终点。否则,将使某些作业失去与其紧后(或紧前)作业应有的联系。

d.箭线的首尾必须有事件,不允许从一条箭线的中间引出另一条箭线。

e.为表示工程的开始和结束,在网络图中只能有一个起点和一个终点。当工程开始时有几个工序平行作业,或在几个工序结束后完工,用一个网络始点、一个网络终点表示。若这些工序不能用一个起点或一个终点表示时,则可用虚工序把它们与起点或终点连接起来。

f.网络图绘制力求简单明了,箭线最好画成水平线或具有一段水平线的折线;箭线尽量避免交叉;尽可能将关键路线布置在中心位置。

(3)网络计划技术的评价。

网络计划技术之所以被广泛地运用是因为它有一系列的优点:

①该技术能清晰地表明整个工程的各个项目的时间顺序和相互关系,并指出了完成任务的关键环节和路线。因此,管理者在制订计划时可以统筹安排,全面考虑,又不失重点。在实施过程中,管理者可以进行重点管理。

②可对工程的时间进度与资源利用实施优化。在计划实施过程中,管理者调动非关键路线上的人力、物力和财力资源从事关键作业,进行综合平衡。这既可节省资源又能加快工程进度。

③可事先评价达到目标的可能性。该技术指出了计划实施过程中可能发生的困难点,以及这些困难点对整个任务产生的影响,准备好应急措施,从而减少完不成任务的风险。

④便于组织与控制。管理者可以将工程,特别是复杂的大项目,分成许多支持系统来

分别组织实施与控制,这种既化整为零又聚零为整的管理方法,可以达到局部和整体的协调一致。

⑤易于操作,并具有广泛的应用范围,适用于各行各业以及各种任务。

知识窗

××项目计划书模版

一、项目的简要介绍

二、项目的内容

1.立项依据

根据国内外现状、存在的问题以及发展趋势进行阐述。

2.项目意义

就其对产业的进步、经济建设和社会发展的推动作用方面进行论述。

3.项目的内容及目标

就项目的内容和目标进行阐述。

4.项目可行性分析

(1)对项目进行可行性分析,包括项目已有的单位实力情况、现有条件、工作基础以及优势。

(2)就存在的问题以及解决办法等进行分析。

5.需求预测及分析

(1)市场定位及市场分析。

(2)用户分析。

(3)市场环境及前景。

6.完成项目采用的方法

就完成项目需要采用的方法进行阐述。

三、市场和销售安排

1.市场的基本情况

(1)该产品的主要用途。

(2)本地、国内和出口市场的目前容量、增长率、价格变化等。

2.该项目的生产能力、生产成本、单位销售价格、主要销售对象和预计市场份额。

3.产品的客户情况,销售渠道的安排

(1)客户情况:就客户的情况进行说明。

(2)销售渠道:介绍销售渠道的安排情况。

4.目前市场的竞争情况

(1)其他现有生产厂家。

列举出其他生产厂家的情况,以及最具有威胁性的地方。

(2)计划新上的类似项目,替代产品的情况。

列举出这些厂家的类似项目,替代产品的具体情况,指出其对现在项目的潜在威胁。

5.类似产品进口的关税和管制情况。

6.影响产品市场的主要因素。

就能够影响产品市场的因素进行详细的分析。

四、技术可行性、人员、原材料供应和环境

1.项目计划采用的生产工艺。

2.与其他公司合作的安排。

3.项目的人员培训和关键技术的保证。

4.当地的劳动力和基础设施状况。就通信、交通、水源、能源和电力供应等方面进行详细说明。

5.生产成本和费用的分类数据。

6.原材料供应的来源、价格、质量。

7.计划生产设施与原材料供应、市场、基础设施的关系。

8.计划生产设施与规划与现有同类生产设施的比较。

9.生产设施的环境因素和应对措施。

五、投资预算、融资计划和效益分析

1.项目投资和资金安排。

2.项目的资金结构。就股东的股本投入情况、股东贷款情况以及银行融资数额进行阐述。

3.项目的财务预测。就生产、销售、资本和负债、利润、资金流动、效益的回报进行预测。

4.影响效益的主要因素。

六、项目准备和进展的时间表

1.进行项目分解

就项目的实际情况将项目分解成几个比较小的模块。

2.里程碑事件

列出该项目可能经过的几个里程碑情况。

3.时间安排

就项目的具体时间安排进行分配。

4.经费安排

就项目的每个周期以及分解情况进行经费的分配。

5.人员安排

在各个项目模块以及时间段的人员安排情况。

【任务小结】

　　计划工作是全部管理职能中最基本的一个职能,它与其他四个职能有密切的联系。计划是指工作或行动之前,通过科学的分析、预测与决策,对未来工作或行动做出全面筹划和部署的一系列活动。有效的计划可以帮助组织有效应对不确定性和风险,有助于使组织活动经济合理,有助于把人们的活动统一到共同的目标上。

　　计划工作的任务,就是根据社会的需要以及组织的自身能力,确定出在一定时期内的奋斗目标;通过计划的编制、执行和检查,协调和合理编排组织中各方面的经营和管理活动,有效地利用组织的人力、物力和财力资源,取得最佳的经济效益和社会效益。可以通俗扼要地将计划工作的任务和内容概括为"5W1H"。

　　企业的各种计划一般可以分为三个管理层次:战略层、战术层和作业层。按照不同的表现形式,可以将计划分为宗旨、目标、战略、政策、程序、规则、规划和预算几种类型。计划还可以按职能进行分类,如销售计划、生产计划、供应计划、新产品开发计划、财务计划、人事计划、后勤保障计划等。按计划的期限或时间分类,可以将计划分为短期计划和长期计划,以及介于长短期计划之间的中期计划。

　　计划编制本身也是一个过程。为了保证编制的计划合理,确保组织目标的实现,计划编制过程中必须采用科学的程序和方法。制订计划的常用方法有很多种,本项目主要介绍了滚动计划法和网络计划技术。

任务三　目标管理

引导案例

目标决定成败

　　山田本一是日本20世纪80年代的一名优秀马拉松运动员。1984年,在东京国际马拉松邀请赛中,名不见经传的日本选手山田本一出人意料地夺得了世界冠军,当记者问他如何取得如此惊人的成绩时,他说了这么一句话:"用智慧战胜对手。"当时许多人都认为,这个偶然跑在前面的矮个子选手是故弄玄虚。马拉松是体力和耐力的运动,要身体素质好又有耐性才有望夺冠,爆发力和速度都在其次,说用智慧取胜,确实有点勉强。

　　两年后,在意大利国际马拉松邀请赛上,山田本一又获得了冠军。有记者问他:"上次在你的国家比赛,你获得了世界冠军,这一次远征米兰,又压倒所有的对手取得第一名,你能谈一谈经验吗?"山田本一性情木讷,不善言谈,回答记者的仍是上次那句让人摸不着头脑的话:"用智慧战胜对手。"这回记者在报纸上没再挖苦他,只是对他所谓的智慧迷惑不解。

　　十年后,这个谜团终于被解开了,山田本一在他的自传中这么说:每次比赛之前,我都要乘车把比赛的线路仔细看一遍,并把沿途比较醒目的标志画下来,比如,第一个标志是银行,第二个标志是一棵大树,第三个标志是一座红房子,这样一直画到赛程的终点。比赛开始后,我就以百米冲刺的速度奋力向第一个目标冲去,等到达第一个目标,我又以同样的速度向第二个目标冲去。四十几千米的赛程,就被我分解成这么几个小目标轻松地跑完了。起初,我并不懂这样的道理,常常把我的目标定在四十千米以外终点的那面旗帜上,结果我跑到十几千米时就疲惫不堪了。我被前面那段遥远的路程给吓倒了。

山田本一说的不是假话,众多心理学实验也证明了山田本一的正确。心理学家得出了这样的结论:当人们的行动有了明确目标,并能把自己的行动与目标不断地加以对照,进而清楚地知道自己的行进速度和与目标之间的距离,人们行动的动机就会得到维持和加强,就会自觉地克服一切困难,努力达到目标。确实,要达到目标,就要像上楼梯一样,一步一个台阶,把大目标分解为多个易于达到的小目标,脚踏实地向前迈进。每前进一步,达到一个小目标,就会体验到"成功的喜悦",这种"感觉"将推动他充分调动自己的潜能去达到下一个目标。

任务导入

○ 任务目标

各团队根据所编制的计划,将计划分解为具体的目标任务。

○ 任务引导

1.在任务二中编制的计划基础之上,学生分组讨论如何将计划变成现实。

2.学生模拟成立两种具有不同管理方法的企业,一种是由高层管理者制定目标及计划,员工负责完成并将之实现;另外一种是由全体员工共同参与制定企业的目标及各项计划且实现目标。对比两种不同的管理方法所得到的成果,记录模拟过程中出现的问题。

3.讨论两种组织得到的成果是否一样?如不一样,是什么原因导致的?

○ 任务方法

采取实验法,对比观察采用两种不同管理方法制订计划,组织各成员在完成工作目标的过程中,工作积极性及表现有何差异,分析产生差异的原因。讨论何种管理方法更有益于目标的实现。课堂讨论,全员参与。教师点评。

知识链接

一、目标管理的概念

目标管理是20世纪50年代中期出现于美国,以泰罗的科学管理和行为科学理论为基础形成的一套管理制度。凭借这种制度,可以使组织的成员亲自参与工作目标的制定,实现自我控制,并努力完成工作目标。而对于员工的工作成果,由于有明确的目标作为考核标准,从而使对员工的评价和奖励做到更客观、更合理,因而可以大大激发员工为完成组织目标而努力。由于这种管理制度在美国应用得非常广泛,而且特别适用于对主管人员的管理,所以被称为"管理中的管理"。

微课:目标管理的基本思想

要想准确地指明究竟谁是目标管理的创始人并不容易,但公认为彼得·德鲁克对目标管理的发展和使之成为一个体系做出了重大贡献。1954年,德鲁克在《管理的实践》一书中,首先提出了"目标管理和自我控制"的主张。之后,他又在此基础上发展了这一主张,他认为,企业的目的和任务必须化为目标,企业的各级主管必须通过这些目标对下级进行领导,以此来达到企业的总目标。如果一个范围没有特定的目标,则这个范围必定被忽视,如果没有方向一致的分目标来指导各级主管人员的工作,则企业规模越大,人员越多时,发生冲突和浪费的可能性就越大。他的主张在企业界和管理学界产生了极大的影响,对形成和推广目标管理起了巨大的推动作用。

概括地说,目标管理是指组织的最高管理层根据组织面临的形势和发展需要,制定出一定时期内组织经营活动所要达到的总目标,然后层层分解落实,要求下属各部门主管人员以及每个员工根据上级制定的目标分别制定各项工作目标,明确相应的责任和职权,形成一个目标体系,并把目标完成情况作为各部门或个人考核依据的一种管理制度和方法。

目标管理的中心思想就是让具体化展开的组织目标成为组织每个成员、每个层次、部门等行为的前进方向,同时又使其成为评价组织每个成员、每个层次、部门等工作绩效的标准,从而使组织能够有效运作。德鲁克强调,凡是其业绩影响企业组织的健康成长的所有方面,都必须建立目标。而美国著名的行为科学家道格拉斯·麦格雷戈则批判了评价组织成员业绩时,主要把评价下属人员的重点放在其个性特征标准上的传统做法,他认为上级主管人员需对下属人员个人价值进行鉴定。他明确指出,下属人员应承担为自己设置短期目标的责任,并有同他们的上级主管人员一起检查这些目标的责任。当然,上级主管人员对这些目标具有最后否决权,但在适当的环境里几乎不需要使用这种否决权。他认为,主要由下属人员自己对照预先设立的目标来评价业绩,用这种鼓励自我评价和自我发展的新方法,所强调的应该是业绩而不是个性。下属人员积极参加这种评价过程,有利于创造一种自我激励的评价环境。

目标管理的概念可以从以下几方面的特点来理解:

1.目标管理是参与管理的一种形式

目标的实现者同时也是目标的制定者,即由上级与下级在一起共同确定目标。首先确定出总目标,然后对总目标进行分解,逐级展开,通过上下协商,最后制定出企业各部门、各单位直至每个员工的目标;用总目标指导分目标。用分目标保证总目标,形成一个"目标-手段"链。

2.强调"自我控制"

大力倡导目标管理的德鲁克认为,员工是愿意负责的,是愿意在工作中发挥自己的聪明才智和创造性的;如果我们控制的对象是一个社会组织中的"人",则我们应"控制"的必须是行为的动机,而不应当是行为本身,也就是说必须以对动机的控制达到对行为的控制。目标管理的主旨在于，用"自我控制的管理"代替"压制性的管理"，它使管理人员能够控制他们自己的成绩。这种自我控制可以成为更强烈的动力，推动他们尽自己最大的力量把工作做好，而不仅仅是"过得去"就行了。

3.促使权力下放

集权和分权的矛盾是组织的基本矛盾之一，主管人员担心权力下放会失去对员工的有效控制是阻碍其大胆授权的主要原因之一。推行目标管理有助于协调这一对矛盾，有助于在保持有效控制的前提下，促使权力下放。

4.注重成果的评价方针

采用传统的管理方法评价员工的表现时，往往容易受对员工的印象、评价者的主观思想和对某些问题的态度等定性因素的影响。实行目标管理后，由于有了一套完善的目标考核体系，从而能够按员工的实际贡献大小如实地评价一个人。目标管理还力求组织目标与个人目标更密切地结合在一起，以增强员工在工作中的满足感。这对于调动员工的积极性，增强组织的凝聚力起到了很好的作用。

二、目标管理的基本内容和具体形式

目标管理最为广泛的是应用在企业管理领域。企业目标可分为经营战略目标、高级策略目标、中级目标、初级目标以及方案、任务等。一般来说，经营战略目标和高级策略目标由高级管理者制定；中级目标由中层管理者制定；初级目标由基层管理者制定；方案和任务由职工制定，并同每一个成员的应有成果相联系。自上而下的目标分解和自下而上的目标期望相结合，使经营计划的贯彻执行建立在职工的主动性、积极性的基础上，把企业职工吸引到企业经营活动中来。

目标管理方法被提出来后，由美国通用电气公司最先采用，并取得了明显效果。其后，在西欧、日本等许多国家和地区得到迅速推广，被公认为是一种加强计划管理的先进科学管理方法。我国 20 世纪 80 年代初开始在企业中推广目标管理方法，目前采取的干部任期目标制、企业层层承包等，都是目标管理方法的具体运用。目标管理的具体形式各种各样，但其基本内容是一样的。

(1)要有目标。其中，首要关键是设定战略性的整体总目标。一个组织总目标的确定是目标管理的起点。此后，由总目标再分解成各部门、各单位和每个人的具体目标。下级的分项目标和个人目标是构成和实现组织总目标的充分而必要的条件。总目标、分项目标、个人目标，左右相连，上下一贯，彼此制约，融会成目标结构体系，形成一个目标连锁。目标管理的核心就在于将各项目标予以整合，以目标来统合各部门、各单位和每个人的不同工作活动及其贡献，从而实现组织的总目标。

(2)目标管理必须制定出完成目标的周详严密的计划。健全的计划既包括目标的订立，还包括实施目标的方针、政策以及方法、程序的选择，使各项工作有所依据，循序渐进。计划是目标管理的基础，可以使各方面的行动集中于目标。它规定每个目标完成的期限，否则，目标管理就难以实现。

(3)目标管理与组织建设相互为用。目标是组织行动的纲领，是由组织制定、核准并监督执行的。目标从制定到实施都是组织行为的重要表现。它既反映了组织的职能,同时反映了组织和职位的责任与权力。目标管理实质上就是组织管理的一种形式、一个方面。目标管理使权力下放,责权利统一成为可能。目标管理与组织建设必须相互为用,才能互相为功。

(4)普遍地培养人们参与管理的意识,认识到自己是既定目标下的成员,诱导人们为实现目标积极行动,努力实现自己制定的个人目标,从而实现部门和单位目标,进而实现组织的整体目标。

(5)必须要有有效的考核办法相配合。考核、评估、验收目标执行情况,是目标管理的关键环节。缺乏考评,目标管理就缺乏反馈过程,目标管理的目的即实现目标的愿望就难以达到。

三、目标管理的实施步骤

目标管理的应用非常广泛,很多人将它作为计划和控制的手段,还有人将它当成一种激励员工或评价绩效的工具。的确,目标管理是一种基本的管理技能,它通过划分组织目标与个人目标的方法,将许多关键的管理活动结合起来,实现全面、有效的管理。目标管理的实施步骤分三个阶段:第一阶段为目标的设置;第二阶段为实现目标过程的管理;第三阶段为测定与评价所取得的成果。

(一)目标的设置

这是目标管理最重要的阶段,第一阶段可以细分为四个步骤:

1. 高层管理预定目标

这是一个暂时的、可以改变的目标预案。既可以由上级提出,再同下级讨论;也可以由下级提出,上级批准。无论哪种方式,必须共同商量决定;领导必须根据企业的使命和长远战略,估计客观环境带来的机会和挑战,对该企业的优劣有清醒的认识,同时对组织应该和能够完成的目标心中有数。

2. 重新审议组织结构和职责分工

目标管理要求每一个分目标都有确定的责任主体。因此预定目标之后,需要重新审议现有组织结构,根据新的目标分解要求进行调整,明确目标责任者和协调关系。

3. 确立下级的目标

首先下级明确组织的规划和目标,然后商定下级的分目标。在讨论中上级要尊重下级,平等待人,耐心倾听下级意见,帮助下级发展一致性和支持性目标。分目标要具体量化,便于考核;分清轻重缓急,以免顾此失彼;既要有挑战性,又要有实现的可能。每个员工和部门的分目标要和其他的分目标协调一致,支持本单位和组织目标的实现。

4. 上级和下级就实现各项目标所需的条件以及实现目标后的奖惩事宜达成协议

分目标制定后,要授予下级相应的资源配置的权力,实现权责利的统一。由下级写成书面协议,编制目标记录卡片,整个组织汇总所有资料后,绘制出目标图。

(二)实现目标过程的管理

目标既定,主管人员就应放手把权力交给下级成员,而自己去抓重点的综合性管理。完成目标主要靠执行者的自我控制。如果在明确了目标之后,作为上级还像从前那样事必躬亲,便违背了目标管理的主旨,不能获得目标管理的效果。目标管理重视结果,强调自主、自治和自觉。当然,这并不是说,上级在确定目标后就可以放任不管了。相反由于形成了目标体系,一个环节失误,就会牵动全局。因此,上级在目标实施过程中的管理是不可缺少的。上级的管理应主要表现在指导、协助、提出问题,提供情报以及创造良好的工作环境方面。

首先进行定期检查,利用双方经常接触的机会和信息反馈渠道自然地进行;其次要向下级通报进度,便于互相协调;最后要帮助下级解决工作中出现的困难问题,当出现意外、不可测事件严重影响组织目标实现时,也可以通过一定的手续,修改原定的目标。

(三)测定和评价所取得的成果

对各级目标的完成情况,要事先规定出期限,定期进行检查,检查的方法可灵活地采用自检、互检和责成专门的部门进行检查。达到预定的期限后,下级首先进行自我评估,提交书面报告;然后上下级一起考核目标完成情况,决定奖惩;检查的依据就是事先确定的目标。对于最终结果,应当根据目标进行评价,并根据评价结果进行奖罚。经过评价,使得目标管理进入下一轮循环过程。如果目标没有完成,应分析原因并总结教训,切忌相互指责,以保持相互信任的气氛。

四、目标管理的优劣分析

目标管理在全世界产生很大影响,但实施中也出现许多问题。因此必须客观分析其优劣势,才能扬长避短,收到实效。

(一)目标管理的优点

1. 形成激励

当目标成为组织的每个层次、每个部门和每个成员自己未来时期内欲达成的一种结果,且实现的可能性相当大时,目标就成为组织成员的内在激励。特别当这种结果实现时,组织还有相应的报酬时,目标的激励效用就更大。从目标成为激励因素来看,这种目标最好是组织每个层次、每个部门及每个成员自己制定的目标。他人强加的目标有时不但不能成为激励,反而成为一种怨恨对象。

2. 有效管理

目标管理方式的实施可以切切实实地提高组织管理的效率。目标管理方式比之计划管理方式在推进组织工作进展,保证组织最终目标完成方面更胜一筹。因为目标管理是一种结果式管理,不仅仅是一种计划的活动式工作。这种管理迫使组织的每个层次、每个部门及每个成员首先考虑目标的实现、尽力完成目标,因为这些目标是组织总目标的分解,故当组织的每个层次、每个部门及每个成员的目标完成时,也就是组织总目标的实现。在目标管理方式中,一旦分解目标确定,但不规定每个层次、每个部门及每个成员完成各自目标的方式、手段,反而给了大家在完成目标方面一个创新的空间,这就有效地提高了组织管理的效率。

3.明确任务

目标管理的另一个优点就是使组织各成员都明确了组织的总目标、组织的结构体系、组织的分工与合作及各自的任务。这些方面职责的明确,一方面使上级知道,为了完成目标必须给予下级相应的权力,而不是大权独揽,小权也不分散。另一方面,许多着手实施目标管理方式的公司或其他组织,通常在目标管理实施的过程中会发现组织体系存在的缺陷,从而帮助组织对自己的体系进行改造。

4.自我管理

目标管理实际上也是一种自我管理的方式,或者说是一种引导组织成员自我管理的方式。在实施目标管理的过程中,组织成员不再只是做工作,执行指示,等待指导和决策,而是成为有明确规定目标的单位或个人。一方面组织成员已参与目标的制定,并取得了组织的认可;另一方面,组织成员在努力工作实现自己的目标过程中,除目标已定以外,如何实现目标则是他们自己决定的事。从这个意义上看,目标管理至少可以算作自我管理的方式,是以人为本的管理的一种过渡性方式。

5.有效控制

目标管理本身也是一种控制的方式,即通过目标分解后的实现最终保证组织总目标实现的过程就是一种结果控制的方式。一方面来看,目标管理并不是目标分解下去便没有事了,事实上组织高层在目标管理过程中要经常检查、对比目标,进行评比,看谁做得好,如果有偏差就及时纠正。另一个方面来看,一个组织如果有一套明确的可考核的目标体系,那么其本身就是进行监督控制的最好依据。

(二)目标管理的缺点

在实际操作中,目标管理也存在许多明显的缺点,主要表现在:

1.强调短期目标

大多数的目标管理中的目标通常是一些短期的目标:年度的、季度的、月度的等。一方面短期目标比较具体易于分解,而长期目标比较抽象难以分解;另一方面短期目标易迅速见效,长期目标则不然。所以,在目标管理方式的实施中,组织似乎常常强调短期目标的实现而对长期目标不关心。这样一种概念深入组织的各个方面、组织成员的脑海中和行为中,将不利于组织发展。

2.目标设置困难

真正可用于考核的目标很难设定,尤其组织实际上是一个产出联合体,它的产出是一种联合的、不易分解出谁的贡献大小的产出,即目标的实现是大家共同合作的成果,这种合作很难确定你已做多少,他应做多少,因此可度量的目标确定也就十分困难。一个组织的目标有时只能定性地描述,尽管我们希望目标可度量,但实际上定量是困难的,例如,组织后勤部门有效服务于组织成员,虽然可以采取一些量化指标来度量,但完成了这些指标,可以肯定地说未必达成了"有效服务于组织成员"这一目标。

3.无法权变

目标管理执行过程中,目标是不可以改变的,因为这样做会导致组织的混乱。事实上目标一旦确定就不能轻易改变,也正是如此使得组织运作缺乏弹性,无法通过权变来适应变化多端的外部环境。中国有句古话叫作"以不变应万变",许多人认为这是僵化的观点,非权变的观点,实际上所谓不变的不是组织本身,而是客观规律,掌握了客观规律就能应万变,这实际上是真正的更高层次的权变观。

鉴于上述分析,在实际中推行目标管理时,除了掌握具体的方法以外,还要特别注意把握工作的性质,分析其分解和量化的可能;提高员工的职业道德水平,培养合作精神,建立健全各项规章制度,注意改进领导作风和工作方法,使目标管理的推行建立在一定的思想基础和科学管理基础上;要逐步推行,长期坚持,不断完善,从而使目标管理发挥预期的作用。

【任务小结】

目标管理是指组织的最高管理层根据组织面临的形势和发展需要,制定出一定时期内组织经营活动所要达到的总目标,然后层层分解落实,要求下属各部门主管人员以及每个员工根据上级制定的目标分别制定各项工作目标,明确相应的责任和职权,形成一个目标体系,并把目标完成情况作为各部门或个人考核依据的一种管理制度和方法。企业目标可分为经营战略目标、高级策略目标、中级目标、初级目标以及方案、任务等。一般来说,经营战略目标和高级策略目标由高级管理者制定;中级目标由中层管理者制定;初级目标由基层管理者制定;方案和任务由职工制定,并同每一个成员的应有成果相联系。目标管理的具体做法分三个阶段:第一阶段为目标的设置;第二阶段为实现目标过程的管理;第三阶段为测定和评价所取得的成果。目标管理的优点有形成激励、有效管理、明确任务、自我管理、控制有效,而目标管理也有其自身的不足或缺点,如强调短期目标、目标设置困难、无法权变等。

职场指南

制定目标本来是一件很简单的事,但树立目标是有困难、有风险的,在工作中,由于我们有时过于胆怯,生怕将目标写在纸上,万一遭遇挫折而失败,害怕被否定而功亏一篑。但不树立目标危险性更大。因为树立了目标我们就有机会成功,如果不树立目标成功的概率一定为零,即使是飞人乔丹,如果拆掉篮筐,他的得分也是零。事实上,只因为有了目标,才有行动的动力,促使我们坚持不懈地去实现目标。

要实现目标必先制订详尽的计划。千万别说没时间制订计划,相反要将大量的时间和精力用在计划制订上。在工作中,空洞的计划、敷衍的计划、烦琐的计划、没有方法的计划、不切实际的计划,这些计划都是不可取的。计划详尽即准备充分。有计划的生活即使紧张,但却井然有序;有计划的工作即使繁忙,但也会变得充实而有效率;有计划的人生即使艰辛,但也能处之泰然。计划让思维清晰,能创造出事半功倍的效果。

案例分析

案例1 微波炉与电磁炉的畅销与滞销

早在几十年前,我国上海的一家大企业决定上马新型电器厨具。他们首先购买了50台家用微波炉和电磁炉,然后在一个基点展销会上进行试销,结果产品在3天内全部销售完毕。考虑到展销会的顾客缺乏代表性,于是他们又购买了100台各种款式的微波炉和电磁炉,决定在上海南京路的两个商店进行试销。并且提前3天在《解放日报》《文汇报》上登了广告。结果半夜就有人排队待购,1天时间全部产品都销售出去了。

他们很高兴,但是厂长仍不放心。他让企业内部的有关部门做一个市场调查,据该部门的负责人说,他们走访了近万户居民,根据汇报上来的数据统计,有80%的居民有购买微波炉和电磁炉的意愿。

据分析,当时上海有1 000多万户居民,加上各种不方便使用明火的地方、各种边远地区的、不方便做饭的小单位和各种值班人员,总之对于电磁炉和微波炉的需求量应该是巨大的。如果加上辐射的地区如江苏、浙江等省份,对电磁炉和微波炉的需求量将是一个令人惊喜的数据。于是,他们下决心引进新型的生产线,立即上马进行生产。

可是,当他们的第二个生产线投产的时候,产品已经滞销,企业全面亏损。厂长很不服气,他亲自到已经访问过的居民家中核对调查情况。结果是:所拜访的居民都承认有人来问过他们关于是否购买微波炉和电磁炉的事,而且他们当时都认为自己想买。但是他们后来却都没有买,问其原因,居民的回答各种各样。有的说,原来指望儿子给钱,可是现在儿子不给钱买了;有的说没有想到现在收入没有那么好;有的说单位给安装了煤气等。不管厂长如何生气,微波炉和电磁炉生产线只好停产。

请思考:

1.你认为上海这家工厂的问题出现在什么地方?
2.如果你来进行这个市场调查活动,你将会怎么做?
3.请进行详细分析和列举理由。

案例2 公司生产计划中的问题

某公司是一家以铸造产品的生产及销售为主营业务的企业,公司成立以来,由于受我国的春节等习俗的影响,出现了一年中春节前后的几个月受固定资产投资少的影响,机械行业的订单相对而言也比较少,也就是我们常说的经营淡季,从而导致我们铸造行业的订单也大幅减少。在这个时期,虽然订单量大幅减少,但每月不加班仍然完不成月初既定的生产计划,让人费解。而且出现了部分产品供货严重延误的情况,特别是到了月底的时候,哪个客户要得急,就先生产哪个客户的,往往造成许多客户抱怨没有按期供货。

调查发现,生产计划工作存在很多问题,生产调度只有月度的生产计划,却没有每周的、每天的作业计划,考核也是按照月初的月度计划进行考核,而且有的客户到了月底才将下月计划提供给我们,导致生产计划制作出来,这个月已经过去1周了,而且有的客户在月度中间需要追加部分订单,公司只好慌里慌张地调整其他客户产品的生产,紧急生产这些追加的订单,从而导致计划的执行率较低,从内部而言,该生产的没有生产完;从外部而言,由于没有计划地进行生产调整,已经打乱了原有的生产计划,无法保证某些客户的按期供货,造成客户不满,甚至有的客户将模型抽到别家生产,给公司带来了一定的损失。

分析:

计划工作的效率高低和质量的好坏在很大程度上取决于所采用的计划方法。现代计划方法为制订切实可行的计划提供了手段。在计划的质量方面,现代计划方法可以确定各种复杂的经济关系,提高综合平衡的准确性,能够在众多的方案中选择最优方案,还能够进行因果分析,科学地进行预测;在效率方面,由于采用了现代数学工具,并以计算机技术作为基础,大大加快了计划工作的速度,这就使得管理者从繁杂的计划工作中解脱出来,能够集中精力考虑更重要的问题。现代计划方法已经逐渐被更多的计划工作所采用。

根据以上情况,某公司对此进行了分析,决定按照科学的方法调整生产计划编制方法,采用滚动计划法。月初根据上月欠货情况、当月订单情况及下月订单情况,制订当月(4周)的生产计划,产品的生产计划明确到每一天的生产计划,第1周完全按照月度计划组织生产,到了第1周末根据本周接到的客户的追加订单情况,对以后2周的订单进行调整,并与追加订单的客户进行协商,将原计划的某些产品相应推迟一定时间交货。车间主任根据生产科制订的计划制订当天的生产作业计划(微机根据生产计划自动生成),下发到各工段、班组,第2天对前1天的作业计划完成情况进行确认,没有完成的说明原因,并于当天想方设法补齐,甚至可以考虑延长工作时间。到了第2周末,再对今后2周的计划进行调整,调整追加订单的客户的相应产品的交货期,以此类推,月末也不需要忙几天才能制订生产计划,只要几个小时就可以搞定。

通过以上调整,大大缩短了计划的制作时间,提高了计划工作的准确性,大大提高了计划对生产的指导作用,提高了产品的质量;保证了月度计划、周计划、日计划的相互衔接,使各期计划基本保持一致;大大增加了计划的弹性,可以适应环境的变化,从而提高了组织的应变能力,大大减少了客户因交货期推迟的抱怨,内部职工的抱怨也得到一定程度的减少。

请思考:

1. 该公司最初在计划制订和执行中有什么问题?
2. 什么是滚动计划法?试用图表表述该公司改进后的计划。

案例3 鲁南制药公司的目标管理

鲁南制药公司决定在整个公司内实施目标管理,并根据目标实施和完成情况,每年进行一次绩效评估。事实上,该公司之前在为销售部门制定奖金系统时已经应用了这种办法。公司通过对比实际销售额与目标销售额,支付给销售人员相应的奖金。这样,销售人员的实际薪资就包括基本工资和个人销售奖金两部分。

公司的销售额大幅度上升,但是却苦了生产部门,他们很难按时完成交货计划。销售部抱怨生产部不能按时交货。鉴于此,总经理和公司高级管理层的其他成员决定为所有部门经理以及关键员工建立一个目标绩效评估系统。绩效评估系统中生产部门的目标包括按时交货和库存成本两个部分。

公司请了一家咨询公司指导管理人员设计新的绩效评估系统,并就现有的薪资结构提出改革的建议。公司改革方案中提到修改基本薪资结构,制定奖金系统,该系统与年度目标挂钩。新的方案执行后,总经理期待能够看到销售利润的提高。

然而不幸的是,公司的利润不但没有上升,反而下滑了。部门间的矛盾进一步加剧,尤其是销售部和生产部。生产部埋怨销售部的销售预测准确性太差,而销售部则依然埋怨生产部无法按时交货。每个部门都在指责其他部门的问题。公司的客户满意度在下降,利润也在下滑。

请思考:

1. 这家制药公司的问题可能出在哪里?
2. 为什么设定目标(并与工资挂钩)反而导致了公司内部的矛盾加剧和利润下滑?

复习思考题

一、单项选择题

1. 从发生的时间顺序看,下列四种管理职能的排列方式,( )更符合逻辑?
   A. 计划、控制、组织、领导   B. 计划、领导、组织、控制
   C. 计划、组织、控制、领导   D. 计划、组织、领导、控制

2. "凡事预则立,不预则废"是强调( )的重要性。
   A. 预防   B. 预测   C. 组织   D. 计划

3. 古人云:"运筹于帷幄之中,决胜于千里之外",这里的"运筹帷幄"反映了管理的( )职能。
   A. 计划职能   B. 组织职能   C. 领导职能   D. 控制职能

4. 与长期的战略性计划有关的计划是( )计划。
   A. 上层管理   B. 中层管理   C. 基层管理   D. 人员培训

5. "第十个五年计划"是( )计划。
   A. 专项   B. 长期   C. 中期   D. 短期

6. ( )也被称为数字化的计划。
   A. 目标   B. 政策   C. 规则   D. 预算

7. ( )做计划工作。
   A. 所有管理人员   B. 最高管理人员   C. 中层管理人员   D. 基层管理人员

8. 用于编制和调整长期计划的一种十分有效的方法是( )
   A. 滚动计划法   B. 网络计划法   C. 运筹学法   D. 投入产出法

9. 目标管理是由美国管理学家( )首先提出的。
   A. 戴明   B. 孔茨   C. 德鲁克   D. 西蒙

10. 一家生产照相机的企业的总经理说:"我们生产的是照相机,销售的是人们美好的回忆和永久的纪念。"总经理的这句话体现了( )

A.企业对利润的追求　　　　　　B.企业的社会责任
C.企业的使命　　　　　　　　　D.企业的经营手段

二、思考题

1. 解释计划内容的5W1H。
2. 目标管理基本思想是什么？
3. 简述目标管理的过程。
4. 滚动计划法的基本思想是什么？
5. 如何评价滚动计划法？
6. 如何评价目标管理法？

三、画图题

作业：	A	B	C	D	E	F	G	H
紧前作业：	—	—	A	A,B	A,B	C,D	C,D	E,F
时间：	4	3	5	2	8	7	9	6

已知某项目的有关资料如上所示，时间单位为天
(1)画出网络图；
(2)确定出关键路线。

四、案例分析题

王勇曾经在一家有名的外商独资企业中担任过销售部经理，成绩卓著。几年前，他离开了这家企业，自己开了一家建材贸易公司，由于有以前的底子，所以生意很不错。年初，他准备进一步扩大业务，在若干个城市设立经销处，同时，扩大经营范围，增加花色品种。面对众多要处理的问题，王勇决定将部分权力授予下属的各部门经理。他逐一与经理谈话，一一落实要达到的目标。其中，他给采购部经理定下的目标是：保证每一个经销处所需货物的及时供应；所采购到的货物的合格率需保持在98%以上；采购成本保持在采购额的5%以内。采购部经理当即提出异议，认为有的指标不合理。王勇回答说："可能吧，你尽力而为就是了。"到年终考核时发现，采购部达到了王勇给他们规定的前两个目标，但采购成本大大超出，约占当年采购额的8%。王勇问采购部经理怎么会这样时，采购部经理解释说："有的事情也只能如此，就目前而言，我认为，保证及时供应和货物质量比我们在采购时花掉多少钱更重要。"

讨论：你认为王勇在实施目标管理中有问题吗？他应如何改进？

项目六　领导与激励

项目学习目标

知识目标 >>>

1. 掌握领导的内涵和理论,明确领导与领导者之间的差异;
2. 理解领导的方式和基本观点,了解领导艺术;
3. 理解和掌握激励的含义、原理和手段;
4. 掌握沟通的形式和方法,了解沟通的障碍和克服手段。

能力目标 >>>

1. 初步培养学生掌握科学的领导艺术和激励方式;
2. 认识并有意识培养学生的领导能力,增强学生的沟通技巧和处理冲突的能力。

思政目标 >>>

1. 本项目通过领导和领导者的学习,引入中国优秀企业家,如任正非等,学习他们身上的企业家国精神,不断创新精神及社会主义核心价值观。
2. 本项目通过学习沟通的障碍及其克服障碍,引导学生正确的处理同学关系、师生关系、亲情关系。

项目指南

本项目有两个主要任务,任务一引导学生分析成功的领导者有哪些突出的特点和个人魅力,再由学生探讨领导与领导者的区别,由此总结出领导的含义、方式和基本理论;任务二进行分组讨论,概括总结出激励的含义、手段和基本理论,在完成项目的同时也锻炼了学生如何进行有效的沟通,以及解决在沟通过程中出现的障碍问题,使学生在今后的生活和工作中有意识培养自身的领导和激励能力。

任务一　领　导

引导案例

如何做个聪明老板？

领导的影响力一方面来自"权",另一方面来自"威"。在很多人看来,领导的艺术就是"恩威并施",能让员工既爱又怕,既感觉到约束力,又能充分地发挥主观能动性,这几乎是所有老板深藏在心底的愿望。如何做到"恩威并施"?

老板不介入矛盾

公司的管理者很多时候就需要一种置身事外的艺术。如果你手下的两个部门主任为了工作发生了争执,你已经明显感到其中一个是对的,而另一个是错的,现在他们就在你的对面,要求你判定谁对谁错,你该怎么办?其实一个精明的老板在这时候不会直接说任何一个下属的不是。因为他们是为了工作发生的争执,而影响他们做出判断的因素有很多,不管对错,他们都是非常出色的人才。当面说一个员工的不是,不但会极大地挫伤他的积极性,让他在竞争对手面前抬不起头,甚至很可能你会因此失去一个得力助手,而得到表扬的那个下属会更加趾高气扬,也不利于你的管理。

这时老板就需要假装不知道此事,不去正面引发矛盾,与此同时开展一些以团结为主体的活动或者拓展训练,特意安排几个让这两个部门经理在一起参与的项目,通过游戏的方式来缓和矛盾,然后让整体的团结氛围来消除个人的小矛盾。

老板做人不做事

在公司中,所有机制都是在指导员工向好的方向进步的,员工彼此之间也会因为业绩的不同而彼此竞争,这时候的激励就要顺势而为。王经理说,他从来不批评业绩差的员工,相反,他会选择业绩最好的员工来表扬:"××,这个月工作完成得很突出啊,不过,我对你哪都满意,就是有一点,别太拼命了,早点回家陪陪老婆孩子。"

王经理认为,具体问题老板根本没必要去指出,这里有好的标杆,你只要顺势点一下,大家就都明白该向谁学习,也知道该怎么干了。相反,如果违反规律而去批评指责那些业绩较差的业务员,这样不仅给他们带来压力,更让业绩好的员工觉得有危机感。对于一个公司来说,组织这个团队的人员有老板、经理和员工三部分。三部分人各司其职,老板的工作是做人,经理是做事,员工是做技术。细枝末节的问题应该由经理来指挥、监管,而不是老板,老板要完成的任务是让员工信服,并乐意跟着你做事情。

"无为"的老板要懂得权力下放

老板要把姿态放低,将权力下放,如果可以的话,甚至可以把自己置身事外。说到底,其实就是在讲一个"无为而治"的道理。作为老板,要"无为无不为"。"无为"是指不做损害团队稳定和影响进步的事情,不参与团队工作和各部门职权的实施,不正面去给员工施加压力,不影响团队积极向上的氛围;而"无不为"是指老板要做自己应该做的事情:指明方向、鼓励团队、权力下放。只有老板信任经理、下放权力，经理才能信任员工、关心员工，进而员工才能信任老板，奉献责任心。从亲历亲为的一把手变成第三者，无疑是需要勇气和魄力的，但也只有这样才能让经理的"权"和自己的"威"真正体现出来，成为凝聚团队的精神力量。

说到这里，我们就需要对最前面的"权"和"威"做一个新的解释："权"是指经理是否真正拥有权力，能够畅通地行使手中权力；而"威"是指老板是否放下了架子，让人信任、信服，乃至忽略了他的地位。

任务导入

任务目标

你最佩服的领导者是谁？说说他有什么魅力。

任务方法

选定一个你最佩服的企业领导者，分析成功的领导者有什么个人魅力、应具备哪些素质和能力。

每一名学生均须完成一次案例分析，并在小组内互相讨论。每个小组推荐一到两名同学介绍领导在组织中扮演的角色、具备的素质、能力及个人魅力，汇总学生列举的案例分析结果。教师点评。

项目任务指引案例：

我最佩服的领导者是苹果公司的掌舵人乔布斯

1983年，乔布斯从百事公司挖来了斯库利。他当时对斯库利说的话已经成为一条名言："你是希望一辈子卖糖水，还是希望抓住一个能够改变世界的机会？"

乔布斯和斯库利作为联席CEO共同运营苹果公司，为苹果公司带来了世界级的技术、世界级的广告，以及世界级的设计。然而双方的合作关系并未持续太长时间，在1993年离开苹果公司之后，斯库利第一次谈论有关乔布斯的话题。斯库利表示："在早年与乔布斯的共事中，我获得了许多产品开发和营销的经验。令人印象深刻的是，在此后的工作中，乔布斯也坚持了他最初的原则。"

斯库利在接受采访时谈到了使乔布斯成功的12条原则：

1. 自身技能的提升

斯库利表示，他和乔布斯都喜欢漂亮的设计。他们曾学习意大利设计师，包括汽车设计师。他们学习汽车各方面的设计，包括舒适性、材料和颜色等，当时在硅谷没有人这样做。斯库利表示，这样做并不是他的想法，而是乔布斯的想法，不过当时他的专业背景是设计。乔布斯带给苹果公司的企业定位是做的并不仅仅是计算机，还包括产品设计和营销设计。

2.关注用户体验

乔布斯总是会考虑这样的问题,即产品的用户体验怎样?用户体验是一个端到端的系统,也与产品的制造、供应链、营销和零售有关。应当从用户体验的角度开始设计。

3.超前的理念

乔布斯曾表示:"如果一个人根本不知道基于图形的计算机是什么,我怎么可能询问他基于图形的计算机应该是什么样?之前没有人见过这样的东西。"乔布斯认为,向他人展示一款计算器无助于解释计算机的工作方式,因为跨越太大。

4.完美主义

乔布斯认为每一步都必须做好,他对一切事都讲究方法,并且非常谨慎。乔布斯实际上是一个完美主义者。

5.前瞻性

乔布斯认为,计算机将成为消费类产品。在20世纪80年代早期,这是一个令人吃惊的想法,因为当时人们认为个人电脑只是体积小一点的大型机。这也是IBM的看法。另一些人则认为,个人电脑可能类似游戏机,因为当时已有数款游戏机面市。但乔布斯的看法完全不同,他认为电脑将改变世界,帮助人们获得此前不敢想象的能力。电脑并不是游戏机,也不是小型化的大型机。

6.最小化主义

乔布斯与众不同的一点在于,他认为最重要的决定不是你应当做哪些事,而是你不应当做哪些事。他是一个最小化主义者。乔布斯总是在削减一些元素,使产品达到最简的水平。当然,乔布斯并不是让产品过分简单化,他只是使复杂的系统简化。

7.优秀人才

乔布斯总能找到最优秀、最聪明的人。他有领袖气质,能吸引他人加入他的团队。此外,他也能在没有实际产品的情况下使人们接受他的看法。乔布斯总是去接触那些他认为在某一领域最优秀的人才。他总是亲自负责自己团队的招聘,而不是将招聘工作交给其他人去做。

8.完善细节

乔布斯的理念是"改变世界",他也非常关注细节,例如,如何开发产品,如何设计软件、硬件和系统,以及产品应当有什么周边设备。他总是亲自参与广告、设计等一切事情。

9.精简规模

乔布斯不喜欢大公司,他认为大公司充满官僚主义,缺乏效率。他将这些公司称作"笨蛋"。乔布斯曾经认为,Mac团队的成员不应该超过100人,因此如果有人想加入,那么必须有人离开。乔布斯曾表示:"我无法记住超过100个名字,而我只希望与熟悉的人共事。因此如果规模超过100个人,那么我们必须改变组织架构,而我无法以那样的方式工作。我喜欢的工作方式是我能接触到所有事。"

10.拒绝次品

斯库利认为,苹果公司就像一间艺术家的工作室,而乔布斯则是一名熟练的工匠。一名工程师曾经向乔布斯展示刚刚写好的软件代码,而乔布斯在浏览了之后就表示:"还不够好。"乔布斯总是要求他人做到他们能达到的最好水平,因此苹果公司的员工总是能完成一些他们原本认为无法完成的工作。

11. 精益求精

乔布斯与比尔·盖茨等人的一个主要区别在于,乔布斯有良好的品位。盖茨等人总是关注那些能占领市场的产品,推出的产品总是为了抢占市场。但乔布斯从不这样做,他认为应当做到完美。

12. 全局思考

iPod 是一个很好的例子,反映了乔布斯对用户体验及整个端到端系统的关注。乔布斯总是关注端到端系统,他并不是一名设计师,而是出色的系统思考者。这在其他公司不多见,他们只希望做自己需要做的那一部分,并将其他部分外包出去。

我想这就是我佩服的成功的领导者应该具备的个人素质和魅力。

知识链接

一、领导的定义

"领导"在中文里有两种词性。从名词角度而言,指的是实施领导行为的主体,即"领导者",是领导活动的发起人,是指既拥有组织的职位权力又具有个人影响力,从而影响他人行为的人。从动词属性分析,指的是领导者在一定的环境下,运用职位权力和个人影响力,制定组织目标和任务,并通过对组织成功地引导、指挥、协调和控制来完成任务、实现目标的过程。

在管理学的文献中,对领导的定义有许多种。常见的对领导的定义有:美国学者斯托格狄 1950 年提出,领导是对组织内群体或个人施加影响的活动过程。美国管理学家泰罗 1960 年提出领导是影响人们自动为达到群体目标而努力的一种行为。美国学者罗伯特等认为领导是在某种条件下,经由意见交流的过程所实行出来的一种为了达到某种目标的影响力。美国管理学者孔茨、奥唐奈和韦里奇则认为领导是一种影响力,是对人们施加影响的艺术或过程,从而使人们心甘情愿地、热切地为实现组织或群体目标而努力。我国学者周三多教授认为领导就是指挥、带领、引导和鼓励部下为实现目标而努力的过程。杨世文教授则认为领导工作就是对组织内每个成员和全体成员的行为进行引导和施加影响的活动过程。

微课:手表定律

综上所述,我们对领导的定义是领导者根据管理目标和任务的要求,运用法定的权力或个人特有的影响力主导和影响下属,使之为了组织目标的实现而努力工作的过程。

要准确地把握领导的含义,需要从以下三个方面来理解。

1. 领导的本质是影响力,这种能力包含正式的权力和个人魅力

彼得·德鲁克认为,"领导者的唯一定义就是其后面有追随者"。也就是说,领导者的实质是影响力。领导者是指组织中因其拥有法定职权和特有的影响力而被他人自愿追随的人。职位权力属于组织的法定权力,是由领导者在组织中的岗位工作赋予的合法权力、奖惩权力和强制权力等。仅仅由于组织提供给领导者某些正式权力并不能保证他们实施有效的领导。领导者还需要通过个人魅力把组织或群体中的人吸引到其周围，获取组织成员的信任，心甘情愿地追随领导者，完成领导交予的任务。

2.领导是对组织成员施加影响的动态过程

领导行为受到内部条件和外部条件的影响。在不同的环境下，领导必须"善变"，有效地实现组织内外环境的动态平衡，适应并引导不同层次、有不同需要的组织或群体成员为实现目标而努力。

3.领导的行为是制定目标、实现目标的过程

领导的工作是系统性、目的性非常强的复杂的工作。首先需要领导分析内部条件和外部环境的变化，为组织制定目标。在此基础上进一步分解目标，形成不同层次、不同阶段的任务，并设法激励和引导大家正确地理解组织目标，调动组织中全体成员的积极性，使其始终保持高昂的工作热情和竞争士气，协调组织中各个部门、各类人员的各项活动和工作，从而保证组织成员自觉地为实现组织目标而努力工作，使任务得以完成、目标得以实现，在竞争中立于不败之地。

知识窗

美国普林斯顿大学教授鲍莫尔提出的十条件论认为，优秀领导者应具备的十项性格品质特征是：合作精神；决策才能；组织能力；精于授权；善于应变；勇于负责；敢于求新；敢担风险；尊重他人；品德超人。

日本企业界公认的领导者应具备性格品质特征是十项品德：使命感；责任感；依赖感；积极性；忠诚老实；进取心；忍耐性；公平；热情；勇气。九项能力：思维决定能力；规划能力；判断能力；创造能力；洞察能力；劝说能力；解决问题能力；培养下级能力；调动积极性能力。

二、领导方式及其理论

领导方式理论认为领导的有效性取决于能够在领导者与被领导者之间形成相互作用的适当方式，为此其研究的重点集中在各种不同领导方式下，领导者与被领导者的相互关系及与领导效绩相关性的比较与分析上。这类理论中比较有代表性的是坦南鲍姆和施密特的领导连续模型理论、利克特的管理模式理论、俄亥俄州大学的领导行为四分图理论、布莱克和穆顿的管理方格理论、威廉·大内的Z理论等。以下主要介绍其中三种理论。

（一）坦南鲍姆和施密特的领导连续模型理论

领导连续模型是坦南鲍姆和施密特在于1958年在《哈佛商业评论》中提出的一种领导方式理论。这一理论认为，领导方式是在以领导者为中心的独裁式领导方式和以下属为中心的民主式领导方式这两种极端方式之间，存在着以上两个要素各种不同程度组合的多种领导方式，是一个连续模型。如图6-1所示。

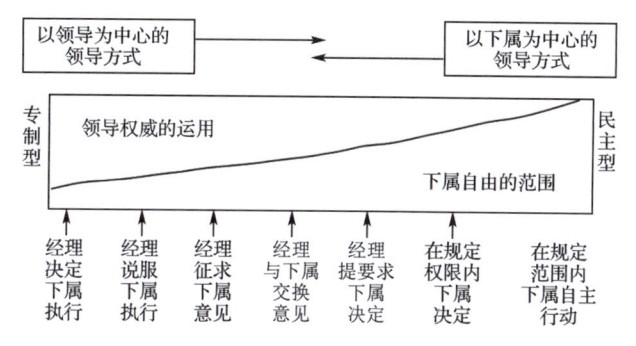

图 6-1 坦南鲍姆和施密特的领导连续模型

领导连续模型左端是专制型领导,即由上级领导有完全的决定权,领导者在进行决策时不允许下属参与,不考虑下属的意见和要求,下属只是接受与执行,这种领导方式使下属几乎没有任何直接参与决策的自由,很难调动下属的积极性,但能保证领导意图的贯彻执行。领导连续模型右端是民主型领导,即领导很少行使权力直接控制下属。在组织规定的范围内,由下属自行决策并行使职权。这种领导方式最大限度地赋予团队自由,使下属获得较大满足感,但不一定会取得较高的生产率。这一理论认为领导的方式不是一成不变的,有效的领导者会根据各种情境因素例如领导的能力、下属的能力、工作的性质和任务要求等因素,灵活给予下属自由度。

(二)俄亥俄州大学的领导行为四分图理论

领导行为四分图理论是美国俄亥俄州大学研究小组在大量企业领导行为调查研究的基础上,于 1954 年归纳总结出的一种领导方式理论。研究人员通过概括总结,将一千多种描述领导行为的因素最终归结为对人的体谅和对组织效率的关心,即体谅状态和主动状态。领导的体谅行为以人际关系为中心,主要表现为在工作中尊重下属意见,给下属较多的工作主动权,关心下属的感情和需要,强调建立和谐的组织氛围,建立互相信任的气氛。领导的主动状态行为以工作为中心,主要表现为重视组织结构设计,强调规章制度的建立,明确职责划分和权利关系,确定工作目标和任务,要求员工保持绩效标准。这两类行为的不同组合,就构成了四种不同的领导方式。如图 6-2 所示。

图 6-2 俄亥俄州大学的领导行为四分图

(1)(Ⅰ)型领导既不关心人,又不重视组织效率。采用这种工作方式的领导是对组织最不负责任、对下属感情最淡漠的领导。

(2)(Ⅱ)型领导对组织的效率、工作任务和目标的完成非常重视,通过规则安排与制度框架强制实行高的工作效率,但忽视人的情感需要和工作动机,是以工作任务为中心的领导。

(3)(Ⅲ)型领导对人十分关切,表现出对下属的公平、尊敬、热情和信任,但对组织效率和效果漠不关心,忽视组织制度建设,可以认为是一种亲情式的领导。

(4)(Ⅳ)型领导把对人的关心和对组织效率的关心放在同等重要的地位,在建立良好制度的基础上维持和谐的人际关系,既能保证任务的完成,又能充分满足人的需要,是最为理想的领导。

(三)布莱克和穆顿的管理方格理论

美国得克萨斯州的布莱克和穆顿于1964年出版的《管理方格》一书中提出了管理方格理论。布莱克和穆顿把领导行为归结为对人的关心和对生产的关心两类,两个基本要素在不同程度上互相结合,反映出多种不同的领导方式与行为。他们以横轴表示对生产的关心,以纵轴表示对人的关心,每根轴分成9格,这样构成的81个方格便代表了对人和生产关心程度不同的81种领导风格,这就是管理方格图。如图6-3所示。

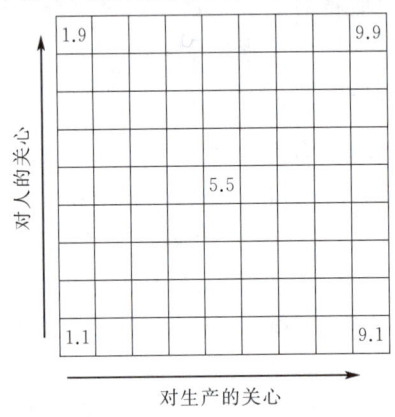

图 6-3 布莱克和穆顿的管理方格图

布莱克和穆顿具体分析了最为典型的5种分别位于四角和中心位置的方格的领导方式:

(1)1.1 贫乏型管理。这类领导对生产和员工的关心程度非常低,以最低限度的努力来保持现有的人际关系,而以最小的努力去做必须完成的工作。显然这是缺乏责任感的不称职的领导者。

(2)9.1 任务型管理。这类领导对生产极为关心,对下属却极不关心,他们把全部精力集中在取得最高的经济效益上,只重视生产任务,用强制性的权力来控制其下属,极为排斥人为因素在工作中的影响。这种领导方式在短时期内可能取得较高的生产率,但是长期下去,这种方式会导致员工士气低落,效率降低,难以实现组织目标。

(3)1.9 乡村俱乐部型管理。这类领导极少关注甚至完全忽视了生产因素,却极端重视人的因素。采用这种方式的领导,重视增进同事和下级之间融洽的气氛,关心下属的各种需求,但很少对生产进行监督和管理,并不考虑这样做是否有益于工作任务的完成和生产率的提高。

(4)5.5中间型管理。这类领导对生产和人都有适度的关心,既希望组织绩效得以实现,又希望维持较好员工满意度和士气,为此他们善于中庸之道,回避风险,追求平衡,缺乏创新,满足现状。这种领导方式从长远看可能使组织落后于现代管理方式。

(5)9.9协作型管理。这类领导对人和生产都极为关注,既重视实现组织目标、提高工作效率,又保持组织内部关系协调,力求通过团队合作来提高员工的积极性和自觉性,使得每个成员在相互依存、相互信任和尊敬的基础上,取得高产量、高质量的工作成果,实现组织的既定目标。这种领导方式无疑是最为理想的方式。

三、领导艺术

领导下属有条不紊地办事是一门科学,亦是一门艺术。领导工作是一门科学,表明领导工作必须要遵循客观规律,从实际情况出发,以实事求是的态度开展工作。领导工作是一门艺术,是一种系统理论,是一种富有创造性的领导方法。要实行有效的领导,领导者不仅要掌握科学的领导方法,而且要有高超的领导艺术,这样领导者才能灵活运用各种领导方法和技巧,创造性地开展工作,来实现组织的目标。

从广义上说,领导艺术也是领导方法;从狭义上说,领导艺术就是指领导者在一定知识、经验和辩证思维的基础上,富有创造力地运用领导原则和方法的能力和表现。领导艺术体现领导者驾驭领导工作的高超能力,是领导者智慧、学识、才能、胆略、经验、作风、气质、品格、能力、方法和创造性思维等多种因素的综合体现。领导艺术的实现不仅需要领导者具备较高的个人素质,并且需要其不断地学习和实践来提高艺术修养。领导艺术始终存在于领导工作之中,包含的内容非常广泛、丰富。这里主要从授权艺术、决策艺术、谈话艺术和处理不同级别关系的艺术几方面介绍领导艺术。

(一)授权艺术

由于当前社会科技、经济的快速发展,管理问题变得越来越复杂,再高明的领导者都不可包揽一切,什么事都亲力亲为。因此,现代领导者必须采用授权的方法,使自己摆脱具体事务的缠绕,从而减轻负担,腾出更多的时间进行思索和筹划,专心致志地处理重大事务,更好地发挥领导作用。

1.授权的含义

授权是指上级授给下属一定的权力和责任,使下属在一定的范围内,有相当的自主权、决定权。授权者对被授权者有监督权,被授权者对授权者有报告情况和完成相应工作的责任。在实际工作中,必须注意授权与代理职务的区别;授权与助理、秘书职务的区别;授权与分工的区别。

2.授权的重要性

第一,授权可以减轻领导者的工作负担,集中精力处理全局性的问题,提高组织绩效,达成目标。第二,授权表现了领导者对下属的信任,增强了员工的满足感和认同感,使得下属工作的乐趣和意义提高,创造力得到充分发挥。第三,授权会调动下属的积极性,促使下属的才智和潜能得到充分的利用,有利于领导者发现人才、锻炼人才、培养人才。第四,授权有利于团队的建设和合作,有利于管理者和下属之间的有效沟通,减少错误决策的发生,增强企业的竞争力。

3.授权的原则

(1)一切授权应以被授权者的才能和工作水平为依据。被授权的对象不仅需要积极的工作热情和勇于付出的信念,还应当具备真才实学。因此,在授权之前,应当对被授权者进行严密的工作和能力考察,力求将权力和责任授予最恰当的人。如工作必需,又一时无法考察完毕被授权者,则可以先试用一段时间,在试用过程中继续考察。

(2)必须向被授权者明确交代任务目标及权责范围,使被授权者在履行工作中有所遵循。如果责大于权,则不利于激发下属的工作热情和积极性;反之,可能会使下级滥用权力,造成工作杂乱无章。

(3)授权者只能对直接下属授权,而不应越级授权。因为越级授权必然导致中层干部的被动,引发许多矛盾,使管理失去控制,陷入混乱之中。

(4)凡是涉及有关组织全局的关键性问题,如组织的发展目标、干部的任命和变动等,不可轻易授权,一般应由领导层集体讨论研究,慎重决策。

(5)授权者对被授权者应保持必要的监督和控制,建立和掌握一套行之有效的控制方法。管理者应该不断进行检查,及时了解下属的工作进展信息,对偏离目标的行为要及时引导和更正。

(二)决策艺术

著名经济学家赫伯特·西蒙指出:"决策是管理的心脏;管理是由一系列决策组成的;管理就是决策。"这充分说明,决策在管理活动中的重要地位和作用,也充分说明决策对领导者的重要意义。企业要想在瞬息万变、险象环生的现代市场经济中立于不败之地,领导者必须具备超凡的决策能力,根据组织发展目标,充分考虑外部环境和内部条件的制约,深刻把握决策的原则、程序和方法,切实提高决策水平和工作效率。

1.决策的含义

决策是为了实现特定的目标,根据客观的可能性,在占有一定信息和经验的基础上,借助一定的工具、技巧和方法,对影响目标实现的诸因素进行分析、计算和判断选优后,对未来行动做出决定。

2.决策的原则

(1)系统原则

应用系统论的观点进行决策,是决策科学化、整体化、最优化的首要条件。它要求把决策对象视为一个系统,以系统整体目标的优化为准绳,协调系统中各分系统的相互关系,使系统完整、平衡。

(2)可行原则

决策应符合客观事物发展变化的规律,只有经过可行性分析论证后选定的决策方案,才有较大的把握实现方案。掌握可行性原则必须认真研究分析制约因素,包括自然条件的制约和决策本身目标系统的制约,充分考虑有利、不利条件,理性地估量机会,进行全面性、选优性、合法性的研究分析,选择较为合理、较优的实施方案。

(3)信息原则

当今社会正向信息社会发展,决策是靠大量的、可靠的、高质量的信息来制订的。科学决策所要求的信息必须是准确、及时、适用的。进行决策必须广泛收集与之有关的全面系统的信息资料,然后进行归纳、整理、分析、加工,从而为正确的决策提供基本的条件。

(4)民主原则

这是指决策者要充分发扬民主作风,调动决策参与者,甚至包括决策执行者的积极性和创造性,充分听取各方面的意见,尤其是专家、学者的意见,共同参与决策活动,并善于集中和依靠集体的智慧与力量进行决策。

(5)效益原则

领导决策必须以效益为中心,通过科学决策,实现经济效益与社会效益、长期效益和短期效益、全局效益和局部效益的最佳结合,以较小的劳动消耗和物资消耗取得最大的成果。如果一项决策所付出的代价大于所得,那么这项决策是不科学的。

(三)谈话艺术

作为一个企业的领导者,不仅要通晓管理科学,具有驾驭企业的雄才大略,而且要娴熟掌握领导艺术,兼备与员工交往的细致匠心,才能进行卓有成效的管理。领导与部下的谈话,便是领导艺术中的一门必修课,也是沟通艺术的一种。谈话不仅让对方达成行动或理解你所传达的信息和情感,还是一种人际的接触和互动,因而它必然带有人所特有的情感色彩。这种情感色彩同信息内容交互作用,使谈话变得微妙而富有艺术性。

1.谈话的功能

(1)沟通思想,增进感情。通过谈话,领导者既能够及时了解下属的思想状态,也能消除领导者和下属的隔阂,进一步增进感情并提升领导者的亲和力。

(2)监督工作,解决问题。通过谈话交流心得,可以在谈话的过程中了解工作进展,监督各部门执行领导决定的情况。谈话还能够使领导充分了解下属在工作和生活中存在的问题,并及时进行疏导和帮助解决困难。

(3)激励热情,促进工作。领导经常性地与下属进行沟通交流,让员工感到领导每时每刻都在关注着他们的成长,促进员工健康成长,激励下属爱岗敬业、建功立业的工作热情和勇于创新、不断开拓的信心。

2.谈话的技巧和方法

(1)要善于激发部下讲话的愿望。领导首先应具有细腻的情感、分寸感,注意说话的态度、方式以及语音、语调、手势等,旨在激发部下讲话的愿望,使谈话在感情交流的过程中完成信息交流的任务。

(2)要善于启发部下讲真情实话。领导一定要克服专制、蛮横的作风,代之以坦率、诚恳、求实的态度,并且尽可能让对方在谈话过程中了解到自己所感兴趣的是真实情况,而不是讲奉承、文饰的话,应消除对方的顾虑或各种迎合心理。

(3)要善于抓住主要问题。谈话必须突出重点,扼要紧凑。一方面,领导本人要以身作则，在一般的礼节性问候之后，便迅速转入正题，阐明问题实质；另一方面，也要部下养成这种谈话习惯。要知道，多言是对信息实质不理解的表现，是谈话效率的大敌。

(4)要善于表达对谈话的兴趣和热情。领导者在听取部下讲述时，应注意自己的态度，充分利用一切手段——表情、姿态、插语和感叹词等——来表达出自己对部下讲话内容的兴趣和对这次谈话的热情。

(5)要善于掌握评论的分寸。在听取部下讲述时，领导不应发表评论性意见。若要做评论，应放在谈话末尾，并且作为结论性的意见，措辞要有分寸，表达要谨慎，要采取劝告和建议的形式，以易于部下采纳接受。

(6)要善于克制自己，避免冲动。部下在反映情况时，常会忽然批评、抱怨起某些事情，而这在客观上又正是在指责领导自己。这时领导要头脑冷静、清醒，不要一时激动，自己也滔滔不绝地讲起来，甚至为自己辩解。

(7)要善于利用谈话中的停顿。部下在讲述中出现停顿，有两种情况，须分别对待。第一种停顿是故意的，它是部下为检查一下领导对他讲话的反应、印象，引起领导做出评论而做的。这时，领导有必要给予一般性的插语，以鼓励他进一步讲述。第二种停顿是思维突然中断引起的，这时，领导最好采用"反响提问法"来接通原来的思路。其方法就是用提问的形式重复部下刚才讲的话。例如，部下刚讲到："新机器停止运行了……"，出现突然停顿，领导就应问："那么，这意味着新的机器停止运行了！"在这种情况下，说任何其他问题都会改变说话者原来的思路。

(8)要善于克服社会知觉中的最初效应。所谓最初效应就是日常所说的"先入为主"，有的人很注意这种效应，并且也具有"造成某种初次印象"的能力。因此，领导在谈话中要持客观的、批判性的态度，时刻警觉，善于把做给人看的东西，从真实情形中区分出来。

(9)要善于利用一切谈话机会。谈话分正式和非正式两种形式，前者在工作时间内进行，后者在业余时间内进行。作为领导，也不应放弃非正式谈话机会。在无戒备的心理状态下，哪怕是片言只语，有时也会有意外的信息。

谈话是一门艺术，寥寥几条是无法穷尽其奥妙的，唯有反复实践，细心体会，才能达到高超的艺术境地。

(四)处理不同级别关系的艺术

在众多的人际关系中，上下级关系是比较复杂、比较微妙的一种关系，它不同于家庭关系，也不同于朋友关系，更多表现为一种工作关系。不论你干什么岗位，都必然会涉及上下级关系。协调好上下级关系，建立和谐融洽、互相尊重、互相体贴的上下级关系，是做好工作的前提条件之一。

1.正确处理与上级的关系的策略

(1)认清角色，摆正位置。作为下属要明确在工作上自己是干什么的，应该干些什么和怎么干，应该尊重上级领导，维护其权威，支持其工作。下级应该严格按照自己的身份和地位，尽心竭力地履行自己的职责，卓有成效地做好本职工作，完成上级交给的任务，以此作为处理好同上级领导关系的前提和基础。

与此同时又必须防止出现"越职擅权"的现象，做出超越自己职权范围的事情，造成危害正常工作秩序、上下级团结和本职工作的正常进行。

（2）了解特点，适应习惯。下属应该了解上级的思想性格，适应上级的工作习惯。这既是搞好工作的需要，也是处理好上下级关系的重要方法。一般地说，每个上级领导者，都有各自的性格特点、工作习惯和处理问题的方法。下属对此都要心中有数，尽可能地有针对性地开展工作，以求取得最佳效果。为此，下属必须把握两个要点：第一，适应上级，改变自己；第二，注意观察，把握规律。

（3）庄重规矩，落落大方。下属的言谈举止要端庄、规范，不卑不亢、显示个性。下属在处理与上级领导者的关系时，要把两者结合起来。首先要尊重上级，不管上级年长还是年轻，都一样尊重对待；其次，说话、办事都要展示自己的个性、主见，不必过分拘谨、唯唯诺诺，更不必把自己"包装"得严严实实。当然，在这里要注意把握一个"度"。

（4）等距相处，亲疏有度。下属在工作上与上级交往过程中，要一视同仁，不要亲疏不一。为此应当把握以下几点要领：一是在工作上一样支持；二是在组织上一样服从；三是在态度上一样对待；四是不违反工作程序。

2. 正确处理与下级关系的策略

（1）知人善任，用其所长。一般地说，人都各有所长，也各有所短。领导者要处理好与下级的关系，要知人善任、扬长避短，为下属指明奋斗的目标和方向，最大限度调动下属的工作热情，挖掘下级的潜能，体现其人生价值。

（2）关心爱护，严格要求。领导者关心爱护下级的工作、学习、生活。在工作上要充分相信下级，让下属参与决策，为下级的成长与发展加强培训、创造条件、提供方便。与此同时，领导者对下级干部也要严格要求，要从团结、爱护的愿望出发，抱着对下级负责的态度，遵循有关规范和制度，对下级的错误或缺点要严肃地批评和教育。

（3）大胆授权，督促检查。现代领导工作千头万绪，领导者纵有三头六臂也不能包揽一切。为此领导者要大胆授权，这不仅可以使自己超脱烦琐事务，集中精力思考和处理更重要的全局性问题，而且有利于激发下级的积极性和主动性。与此同时，领导者还应辅以必要的督促检查。由于被授权者的能力、经验、理解等因素的制约，在执行过程中可能出现某些偏差，加强督促检查，以便及时发现问题及时修正弥补。

3. 处理与同级关系的技巧

（1）积极支持，而不越俎代庖。这就要求有关领导者在处理同级关系时，既要积极支持同级的工作，为其排忧解难，又不能越位擅权，随便插手同级领导者分管的工作，扰乱同级的部署，伤害同级的情感。

（2）尊重同级，而不品头论足。这就要求有关领导者在处理同级关系时，要维护同级的形象，不要在大庭广众下对同级领导者评头品足，抬高自己、贬低别人，这样容易伤害同级，影响关系，降低自身的威信和人格。

（3）相互沟通，而不猜忌怨恨。这就要求有关领导者在处理同级关系时，产生分歧、争论、隔阂、冲突时，应注意加强沟通、增进理解、交换意见、相互体谅、化解矛盾，而不要以牙还牙、猜忌怨恨。只有这样，才能取得最佳效果。

【任务小结】

领导是管理职能中非常重要的一项工作,也是保证管理的其他职能顺利实施的重要条件,更是组织目标得以实现的基础。

领导下属有条不紊地开展工作是一门科学,亦是一门艺术。领导是一门科学,表明领导工作需要有系统理论指导的,因此这个项目重点介绍了西方管理理论界的有关领导理论,如坦南鲍姆和施密特的领导连续模型理论、俄亥俄州大学的领导行为四分图理论、布莱克和穆顿的管理方格理论等。成功的领导者需要认真研究理论知识,才能实施有效的领导工作。领导是一门艺术,表明领导工作需要富有创造力地运用领导原则和方法。我们重点介绍了授权艺术、决策艺术、谈话艺术以及处理不同级别关系的艺术等。在领导者的工作中,只有理论联系实际,并且能够灵活运用工作中的艺术,才能不断地总结经验,吸取教训,最终成为一名成功的、有效的领导者。

任务二　激励与沟通

引导案例

猎人与猎狗

一条猎狗将兔子赶出了窝,一直追赶它,追了很久仍没有捉到。牧羊犬讥笑猎狗说:"你们两个之间小的反而跑得快得多。"猎狗回答说:"我仅仅为了一顿饭而跑,他却是为了性命而跑呀!"这话被猎人听到了,猎人又买来几条猎狗,凡是能够在打猎中捉到兔子的,就可以得到几根骨头,捉不到的就没有饭吃。猎狗们纷纷去努力追兔子,然而,不久猎人便发现,猎狗们捕捉的小兔子多而大兔子少。于是猎人又采用每过一段时间,就统计一次猎狗捉到兔子的总重量,并按照重量来评价猎狗,决定一段时间内的待遇。但是过了一段时间,猎人发现,猎狗们捉兔子的数量又少了,而且越有经验的猎狗,捉兔子的数量下降得就越厉害。猎狗们似乎认为,这样比下去猎狗们越来越辛苦,待遇却不会再提高。于是猎人又规定如果捉到的兔子超过了一定的数量后,即使捉不到兔子,每顿饭也可以得到一定数量的骨头。

考核激励是企业管理的永恒话题。考核激励决定了行为导向,考核激励什么,就得到什么。许多企业不同阶段考核激励的重点不一样。但从单一到全面,从粗浅到精细,是一个渐变的过程,从猎狗的故事可以看到,考核激励要实现精细化,实现人性化,做到公司与人员的双赢,这样的考核激励才是最有成效的。

请分析:猎人都采用哪些激励办法驱使猎狗去捉兔子?

项目六　领导与激励

任务导入

任务目标

发掘同学身上的闪光点并告知,观察其反应,并与同学实际交流沟通。

任务方法

1.选定一个你熟悉的同学,描述这位同学的优点并告知对方,观察其听到赞美后的反应,并与其实际交流沟通。

2.结合自身实践,总结一下长期以来自己在沟通过程中的价值观和立场误区导致的沟通失败,分析一下根源。

3.每一名学生均须完成交流任务,并在小组内互相讨论。每个小组推荐一到两名同学介绍激励的作用和沟通过程中注意的问题,汇总学生列举的分析结果。教师点评。

项目任务指引案例:

一位足球教练为了向队员们说明喝酒对身体的危害,就想在一次例会上向全体队员做一个演示,来说明这个问题。

演示是这样的,有两个透明的烧杯,分别在里面装满了清水和烧酒。此时教练夹起了一只蚯蚓,先放到清水里,蚯蚓自然在里面神气活现地扭动起来。队员们不明白教练的用意,都聚精会神地看着。然后教练又将这只蚯蚓从清水里夹出来放到了盛满烧酒的杯子里,可想而知,可怜的蚯蚓扭动了几下后就瘫软了,不动了。

此时队员们都很惊异,诧异地看着教练,这时教练就解释道:我做这个演示的目的就是要告诉大家一个道理,有谁知道可以告诉大家。沉默了一会儿后,一位运动员举手了,大声地说道:"教练的目的就是要告诉大家一个既深刻又简单的道理,蚯蚓在清水里神气活现而在烧酒里就死掉,这说明了烧酒能杀虫。所以呢,要多喝酒,这样的话胃里就不会长虫。"教练一听这话,真是哭笑不得。其实,从他的本意出发,他是想劝运动员们不要半夜三更去酗酒,因为酒对有机体的伤害是很大的,会对队员的身体造成伤害。然而他却得到了这样一个啼笑皆非的结果。

在日常的生活和工作中,由于这种价值观和立场的不同,同样的一件事情,不同人的看法是不一样的。同理,在管理工作中,我们也会面对如此的境况,对于同一个想法,由于沟通的方式和思路不同,可能得到的结果也会大相径庭。这就是沟通过程中管理者需要警惕的价值观与立场的误区。

知识链接

一、激励的含义

激励(Motivation)是心理学的一个术语,从词义上看激励是指心理上的驱动力,即激发和鼓励人们朝着所期望的目标采取行动。组织行为学认为，激励是指对人的内在动力的激发、导向、保持和延续作用。在管理工作中可以将其定义为调动人的积极性的过程，或者更完整地讲，是一个为了特定的目的而对人们的内在需要或动机施加影响，从而强化、引导、改变或维持人们行为的反复过程。有效激励能够促进组织中各类成员的工作热情和积极性，能够激活成员潜在的智慧和才能，产生更高的绩效。

心理学揭示人的特定的、有意识的行为都是为了满足某种需要，需要产生动机，动机导致行为，而行为的目的是满足需要。如果我们能够以一定的行为规范和惩罚性措施激发人们的动机，满足人们的需要，并使人们看到满足需要、欲望的可能性，那么我们就可以激发个体的内驱动力，这种内驱动力将导致其寻求特定目标的行为。因此，激励的实质就是根据员工的需要设置某些目标，并通过一定措施诱发和刺激员工和组织目标一致的强势动机，并按组织所需要的方式引导员工行为的过程。激励的实质主要强调以下几个方面：

（1）激励是一个满足组织各成员需要的过程。

（2）激励是通过奖励和惩罚并举，从而激发员工动机，调动员工积极性的过程。

（3）激励的最终目标是引导员工的行为指向组织目标，并且和组织的目标保持统一。

（4）激励是减少员工挫折行为，增加建设性行为的过程。

二、激励理论

（一）内容型激励理论

1. 需要层次理论

美国心理学家亚伯拉罕·马斯洛在1943年出版的《人类激励理论》一书中，首次提出需要层次理论，认为人类有五个层次的需要，如图 6-4 所示。

图 6-4 马斯洛需要层次理论

（1）基本内容

①生理需要。这是人类维持自身生存的最基本要求，包括衣、食、住、行等方面的要求。生理需要是推动人们行动的最强大的动力。马斯洛认为，这些最基本的需要满足到维持生存所必需的程度后，其他的需要才能成为新的激励因素，而到了此时，这些已相对满足的需要也就不再成为激励因素了。

②安全需要。这是人类要求保障自身职业安全、经济安全、工作安全及心理安全的需要。它又可以分为两类：一类是对现在的安全的需要，另一类是对未来的安全的需要。马斯洛认为，整个有机体是一个追求安全的机制，人的感受器官、效应器官等主要是寻求安全的工具，甚至可以把科学和人生观都看成是满足安全需要的一部分。当然，当这种需要一旦相对满足后，也就不再成为激励因素了。

③社交需要。这一层次的需要包括两个方面的内容。一是友爱的需要，即人人都需

要与同伴、同事之间的关系相处融洽或保持友谊和忠诚;人人都希望得到爱情,也渴望接受别人的爱。二是归属的需要,即人人都希望得到别人的认同,都有一种归属于一个群体的感情,希望成为群体中的一员,并相互接受、关心和照顾。社交需要和一个人的生理特性、家庭、经历、教育、民族、宗教、信仰等都有关系。

④尊重需要。人人都希望自己有稳定的社会地位,要求个人的能力、成就和自我价值得到社会的承认和尊重。尊重的需要又可分为内部尊重和外部尊重。内部尊重就是人的自尊,是指一个人希望在各种不同情境中有实力、能胜任自己的工作、充满信心、能独立自主。外部尊重是指一个人希望有社会地位、有威望,希望受到别人的关注、尊重、信赖和高度评价。马斯洛认为,尊重需要得到满足,能使人对自己充满信心,对社会满腔热情,体验到自己活着的意义和价值。

⑤自我实现需要。这是最高层次的需要,它是指实现个人理想、抱负,发挥自身潜能的需要。它主要体现在两个方面:一是胜任感,表现为能够发挥个人特长,承担具有挑战性的工作。二是成就感,体现在有创造性地并圆满地完成工作。马斯洛提出,为满足自我实现需要所采取的途径是因人而异的。自我实现需要是在努力激发自己的潜力,使自己越来越接近自己所期望成为的人物。

(2)基本观点

①五个层次的需要是从低到高排列的,然而由于个体的需求结构很复杂,因此次序不是完全固定的,可以变化,也有种种例外情况。

微课:走进激励理论——马斯洛需要层次理论

②一般来说,某一层次的需要相对满足了,便不再具有激励作用,就会向更高一层次需要发展,追求更高一层次的需要就成为驱使行为的动力。

③五个层次的需要可以分为低级、高级两级,其中生理需要、安全需要和社交需要属于较低级的需要,这些需要通过外部条件就可以满足;而尊重需要和自我实现需要是高级需要,它们是通过内部因素才能满足的。

2.双因素理论

双因素理论是美国的行为科学家弗雷德里克·赫兹伯格提出来的,又称激励因素。20世纪50年代末期,赫兹伯格和他的助手们在美国匹兹堡地区对200名工程师、会计师进行了调查访问。访问主要围绕两个问题:在工作中,哪些事项是让他们感到满意的,并估计这种积极情绪持续多长时间;又有哪些事项是让他们感到不满意的,并估计这种消极情绪持续多长时间。赫兹伯格以对这些问题的回答为材料,着手去研究哪些事情使人们在工作中快乐和满足,哪些事情造成不愉快和不满足。结果他发现,使员工感到满意的都是属于工作本身或工作内容方面的;使员工感到不满的,都是属于工作环境或工作关系方面的。他把前者叫作激励因素,后者叫作保健因素。

(1)激励因素。激励因素是指那些能带来积极态度、满意和激励作用的因素,包括成就、赏识、挑战性的工作、增加的工作责任,以及成长和发展的机会。如果这些因素具备了,就能对人们产生更大的激励。从这个意义出发,赫兹伯格认为传统的激励假设,如工资刺激、人际关系的改善、工作条件的改变等,都不会产生更大的激励;它们能消除不满意,防止产生问题,但这些传统的"激励因素"即使达到最佳程度,也不会产生积极的激励。按照赫兹伯格的意见,管理者应该认识到保健因素是必需的,不过它一旦使不满意中和以后,就不能产生更积极的效果。只有"激励因素"才能使人们有更好的工作成绩。

(2)保健因素。保健因素是指那些与人们的不满情绪有关的因素,包括公司政策、管理措施、监督方式、人际关系、物质工作条件、工资、福利、地位、安全保障等。当这些因素恶化到人们认为可以接受的水平以下时,就会产生对工作的不满意。但是,当人们认为这些因素很好时,只是消除了不满意,并不会导致积极的态度,这就形成了某种既不是满意又不是不满意的中性状态。

3.激励需求理论

麦克利兰阐明三类基本的激励需要,对理解激励做出了贡献。他把这些需要分为成就的需要、人际关系的需要和权力的需要。对检验人们关于这三类需要的方法,已经做了大量的研究,特别在成就的需要方面,麦克利兰和他的同事已经做了实质性研究。

成就的需要、人际关系的需要和权力的需要都与管理紧密相关,因为人们必须认识了这三类需要以后,才能使一个组织起来的企业运作良好。而任何组织起来的企业和企业的任何部门,都是由为实现某些目标而在一起工作的个人所组成的集体,所以成就的需要就有首要的意义。

(1)成就的需要。成就的需要就是对成就的强烈愿望和对成功及目标实现的执着。有高度成就需要的人,既有强烈的求得成功的愿望,也有同样强烈的失败的恐惧,他们希望受到挑战,爱为自己设置一些有适度困难(但不是无法达到)的目标,并对风险采取现实态度;他们不可能是投机商人,但更喜欢分析和评价问题,能为完成任务承担个人责任,喜欢对他们怎样进行工作的情况得到明确而迅速的反馈,往往不爱休息,喜欢长时间地工作,假如遭到失败也不会过分沮丧,并且喜欢独当一面;他们追求的是克服困难、解决问题、努力奋斗的乐趣,而不是成功后的报酬。

(2)人际关系的需要。有高度人际关系需要的人渴望友谊,喜欢友善的合作关系而不是竞争的工作关系。他们通常为他人着想,希望从被人接纳中得到快乐,并往往避免被社会集体所排斥而带来痛苦。作为个人,他们既能关心并维护融洽的社会关系,也能随时抚慰和帮助处境困难的人,并且乐意同别人友好交往。

(3)权力的需要。追求权力的人渴望能够影响别人、支配和控制别人的行为,而自己具有强烈的不愿受他人控制的欲望。这种人一般都追求得到领导的职位,他们注重争取地位和影响力,追求出色的成绩;他们往往是健谈者,善于提出问题和要求;他们性格坚强、乐于竞争、敢于发表意见、头脑冷静、热衷教导别人并且喜欢公开演讲。

4.ERG 理论

耶鲁大学的克莱顿·阿德福把人类的需要简化为三种核心的需要,即生存(Existence)的需要、相互关系(Relatedness)的需要和成长发展(Growth)的需要,按首字母缩写简称为 ERG 理论。生存的需要是人最基本的物质和生理需求,包括对食物、住房、薪酬福利和安全工作条件等的需要。相互关系的需要是渴望与人维持和谐关系,并通过与其他组织成员公开沟通、交换思想及情感得到满足的需要。成长发展的需要是指个人的技能和能力得到充分发挥,有所发明和创造等。阿德福认为,当较"具体的"需要得到满足时,人们则开始注意于不太具体的需要。

(二)过程型激励理论

1.期望理论

期望理论是弗鲁姆在20世纪60年代提出的。该理论的基础是人之所以能够从事某项工作并达成组织目标,是因为这些工作和组织目标会帮助他们达成自己的目标,满足自己某方面的需要。弗鲁姆认为,人们采取某项行动的动力或激励力取决于其对行动结果的价值评价和预期达成该结果可能性的估计。换言之,激励力的大小取决于该行动所能达成目标并能导致某种结果的全部目标效价乘以他认为达成该目标并得到某种结果的期望值。

用公式可以表示为

$$M = V \times E$$

式中,M 为激励力,是直接推动或使人们采取某一行动的内驱力。这是指调动一个人的积极性,激发出人的潜力的强度。V 为目标效价,是指达成目标后对于满足个人需要其价值的大小,它反映个人对某一成果或奖酬的重视与渴望程度。E 为期望值,这是指根据以往的经验进行的主观判断,达成目标并能导致某种结果的概率,是个人对某一行为导致特定成果的可能性或概率的估计与判断。显然,只有当人们对某一行动成果的目标效价和期望值同时处于较高水平时,才有可能产生强大的激励力。

期望理论启示管理者不要泛泛地采用一般的激励措施,而应当采用多数组织成员认为目标效价最大的激励措施,而且在设置某一激励目标时应尽可能加大其目标效价的综合值,加大组织期望行为与非期望行为之间的效价差值。在激励过程中,还要适当控制期望概率和实际概率,加强期望心理的疏导。期望概率过大,容易产生挫折;期望概率过小,又会减少激励力量;而实际概率应使大多数人受益,最好是实际概率大于平均的个人期望概率,并与目标效价相适应。

2.公平理论

公平理论是美国行为科学家亚当斯于1965年提出来的一种激励理论。该理论侧重于研究工资报酬分配的合理性、公平性及其对员工生产积极性的影响。

公平理论的基本观点是当一个人做出了成绩并取得了报酬,包括金钱、工作安排、培训以及获得的赏识等以后,他不仅关心自己所得报酬的绝对量,而且关心自己所得报酬的相对量。因此,他要进行种种比较来确定自己所获报酬是否合理,比较的结果将直接影响今后工作的积极性。

公平理论对我们有着重要的启示:首先,影响激励效果的不仅有报酬的绝对量,还有报酬的相对量。其次,激励时应力求公平,使等式在客观上成立,尽管有主观判断的误差,也不致造成严重的不公平感。再次,在激励过程中应注意对被激励者公平心理的引导,使其树立正确的公平观。最后,在做绩效评估时,要平衡兼顾结果和过程。

三、激励手段

(一)薪酬激励

为了满足基本的生理和安全需要,人人都希望有一份固定收入。因此,在薪酬管理上出现了一些形式新颖的激励计划,主要包括绩效工资、分红、总奖金、知识奖金、灵活的工作日程等。从管理学的角度看,薪酬体系被认为是最重要的激励策略之一,并对员工工作业绩和组织运行产生持续影响。从管理心理学和组织行为学的角度,薪酬体系包括工资与奖金以及其他各种福利待遇,是一个综合的概念。薪酬体系的特征对于员工积极性、满意感和工作绩效,乃至整个组织的效率都会产生重要的效应。只有使薪酬体系特别是工资与奖金等适合于各类干部与员工的实际需要,并且与组织的目标和发展战略相一致,才能真正发挥其积极作用。

但要使薪酬能激励员工的绩效,必须满足一定的条件。第一,薪酬对个人来说必须是重要的,奖金本身的价值也要受到员工的重视;第二,薪酬必须看作是对绩效的直接奖励,从而确保努力程度与薪酬有比较直接的关系;第三,组织应该设立可接受的、有效的考核标准,建立清晰的奖励规章与制度,让员工明白为绩效付出的努力所得到的收益是公平、公正、公开、合理的;第四,应该提供及时、明确的反馈与强化,让员工有参与奖金制度制定和实施的机会;第五,管理者必须有权力给高绩效者更多的薪酬。

(二)目标激励

目标是组织对个体的一种心理引力。目标激励是指通过把组织需求转化为个人的需求,设置适当的事业目标,激发员工工作的动机,达到调动人的积极性的目的。目标在心理学上通常被称为"诱因",即能够满足人的需要的外在物,具有引发、导向和激励的作用。可以用作激励的目标主要有三类:工作目标、个人成长目标和个人生活目标。目标设置既要合理、可行,又要有挑战性。目标过大,让人可望而不可即;目标太小,影响员工的期望值。同时,目标的设置还要与个体的切身利益密切相关,让激励对象为实现组织目标及个人目标贡献才智并分担责任。

(三)工作激励

1.工作分配要尽量考虑到员工的特长和爱好

组织目标需要具有不同特长、性格和能力的人来承担和完成。同时企业员工的文化知识水平、特长爱好和工作能力都存在差异性,每个人都希望在组织中能找准自己的定位,希望发挥自己的优势。因此,领导者在分配工作时不仅要考虑到员工的特长,还要在条件允许的情况下,把工作的要求与员工的特长和爱好尽量有机地结合起来。这不仅能使组织的任务有效率地完成,同时还满足了员工实现自我的需要,从而极大地激发员工的工作热情和调动积极性。

2. 工作的分配尽量要充分发挥员工的热情和潜能

领导者在分配工作时,要使工作的性质、要求和目标能够充分体现员工的特点和爱好,还要使工作任务和目标富有一定的挑战性,这样能够激发员工奋发向上、努力拼搏的顽强精神。在具体的操作过程中,为了使工作的分配具有挑战性,管理学者认为应使工作对能力的要求略高于具体执行者的实际能力,或者说使员工的实际能力略低于工作的要求。如果员工的工作能力远低于工作的要求,一方面,会造成工作任务无法按时完成,给组织带来经济上的损失;另一方面员工由于工作能力大大低于工作的要求,就会让员工失去信心,丧失斗志,不愿做新的努力和尝试,甚至会一蹶不振。如果员工的工作能力高于工作的要求,会使员工感到自己的才能和潜力没有得到充分发挥,可能会造成员工对工作失去兴趣,对组织产生不满,最终也会影响工作质量和工作积极性。

3. 工作的设计尽量要让员工获得满足感

企业管理理论的研究者认为,优秀的企业不仅给员工物质奖励,还给员工的工作增添意义,使他们觉得他们的工作在社会上很有成就感和满足感,使员工担负着某种责任感和使命感。同时,企业要适当增加每个人工作的种类,允许他们经常轮换工作岗位,调剂他们的心理或肢体的工作强度,消除因重复操作带来的单调乏味感,促使他们对工作产生浓厚的趣。当然,企业也要尽可能地让他们扩大工作范围,给予组织更多的责任和参与决策和管理的机会,使员工通过工作而感到自己的价值得到普遍承认和赞赏,这种情形下,员工能够最大限度地发挥聪明才智、干劲和热情。

4. 竞争激励

竞争激励是指将优胜劣汰原则引进企业工作,使企业经营管理活动具有某种集体强化的自觉机制。竞争激励的强化与奖惩激励的强化不同,竞争激励不是自上而下压过来的,而是竞争对手间相互的强化激励。它不是外部诱因的刺激,而是内心激奋的结果。竞争激励是行为激励法的一种,员工只是在竞争中发现差距,在比较中明确方向。现代企业的员工都有参与管理的要求和愿望,企业应该创造和提供一切机会让员工通过竞争参与到管理中来,以此来调动他们的工作积极性。员工通过竞争,形成对企业的归属感、认同感,可以进一步满足其自尊和自我人生价值实现的需要。采取竞争激励要坚持"公平、公正、公开"的竞争机制和标准,并且定期实行考察和工作业绩考评,这样才能为人才的发现、培养、使用提供良好的条件。但要注意的是,竞争的同时,也要把员工合作做好,在良好分工和竞争的基础上,追求更好的合作。

四、沟通的形式与方法

沟通是指信息从发送者到接收者的传递过程,它是一种有目的、有意义的互动过程。管理学中的沟通是指管理者与被管理者

微课:沟通的作用与意义

之间、管理者与管理者之间、被管理者与被管理者之间,即组织成员内部互相之间,或者组织成员与外部公众或社会组织之间发生的,旨在完成组织目标而进行的多种多样的形式、内容与层次的,对组织而言有意义的信息的发送、接收与反馈的交流全过程,及各组织对该过程的设计、规划、管理与实施和反省。常见的沟通形式可以分为正式沟通和非正式沟通。一般的沟通方法包括口头沟通、书面沟通、非语言性沟通、电子沟通。

(一)沟通形式

1.正式沟通

正式沟通是指在组织系统内,依据一定的组织原则和规定进行的信息传递与交流。组织和群体中正式沟通有以下五种基本形式,即链式沟通、Y式沟通、轮式沟通、环式沟通和全方位沟通。这五种正式沟通形式如图 6-5 所示。

(1)链式沟通的信息只能向上级或向下级逐级传递。这种沟通方式的特点是信息在层层的传递过程中容易失真,成员之间联系面窄,平均满意度不高。

(2)Y 式沟通大致相当于从参谋机构到组织领导再到下级之间的纵向关系。它增加了沟通的层次,集中表现了组织的结构特征。Y 式沟通的优点是集中化程度较高,问题解决较快,但是中间的过滤和中转环节容易导致信息曲解和失真,影响组织成员的士气,阻碍组织提高工作效率。

(3)轮式沟通表现出沟通的层次较少,并形成一个沟通网络的中心。因此,这种沟通方式解决问题的速度快,领导者控制力强,但是由于沟通渠道较少,容易导致领导者面临信息超载的困境,并且造成员工满意度低。

(4)环式沟通允许组织所有成员不分彼此联络和传递信息,它的最大特点是沟通网络中成员的平等属性。因此,这种沟通形式的优点是集中化程度较低,组织成员满意度较高,信息沟通速度和准确性较高。

(5)全方位沟通是最为民主、开放、平等、畅通的沟通方式。它的特点是沟通渠道多,合作气氛浓厚,沟通准确性高。

正式沟通的优点是:沟通效果好,比较严肃,约束力强,易于保密,可以使信息沟通保持权威性。重要的信息和文件的传达、组织的决策等,一般都采取这种方式。其缺点是由于依靠组织系统层层的传递,所以较刻板,沟通速度慢。

| 链式沟通 | Y式沟通 | 轮式沟通 | 环式沟通 | 全方位沟通 |

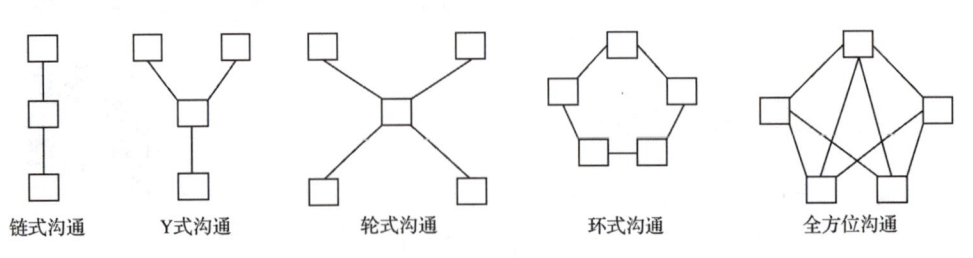

图 6-5 五种正式沟通形式

2.非正式沟通

非正式沟通是指正式沟通渠道以外的信息交流和传递,它不受组织监督,也没有层级结构的限制,由员工自由选择沟通渠道。例如,团体成员私下交换看法,朋友聚会闲谈等都属于非正式沟通。非正式沟通是正式沟通的有机补充。在许多组织中,决策时利用的情报大部分是由非正式信息系统传递的。同正式沟通相比,非正式沟通往往能更灵活迅速地适应事态的变化,省略许多烦琐的程序,并且常常能提供大量的通过正式沟通渠道难以获得的信息,真实地反映员工的思想、态度和动机。因此,这种动机往往能够对管理决策起重要作用。常见的非正式沟通方式有单串型、饶舌型、集合型和随机型。

非正式沟通的优点是:沟通形式随意,不受拘束,直接明了,速度很快,容易及时了解到正式沟通难以提供的"内幕新闻"。非正式沟通中能够发挥作用的基础是团体中良好的人际关系。其缺点表现在,非正式沟通难以控制,传递的信息不确切,易于失真、曲解,而且,它可能导致小集团、小圈子,影响人心稳定和团体的凝聚力。

(二)沟通方法

1.口头沟通

口头沟通就是运用口头表达的方式进行信息的传递和交流,包括开会、面谈、电话、讨论等形式。它的优点是信息传递快,用途广泛、交流迅速,缩短沟通距离,有什么问题可直接得到反馈。缺点是当信息经过多人传递时容易造成信息失真和歪曲,同时也缺乏记录,也容易被人忘记。

2.书面沟通

书面沟通是以文字为媒介的信息传递,包括备忘录、信件、报告、文章、便签等。它的优点是记录可被长久保存,可以进行检查核实,可以更准确、清晰地表达信息内容,提高了信息传递速度和扩大了信息传递范围。它的缺点是需要花一定的时间来形成文字,写得不好会词不达意,影响信息的理解,难以得到反馈信息。

3.非语言性沟通

非语言性沟通是指通过身体动作、体态、面部表情、眼神、语气、语调、语速、空间、时间、距离等方式交流信息,进行沟通的过程。在沟通中,信息的内容部分往往通过语言来表达,而非语言则作为提供解释内容的框架,来表达信息的相关部分。此种沟通方式的优点是信息更为丰富,真实地反映了沟通者的内在情感。当然由于个体差异、文化差异、教育差异,会造成误解。

4.电子沟通

电子沟通是以电子符号的形式通过电子媒介进行沟通,包括传真、电报、电子邮件、微博、微信、论坛、录音录像等。这种方式的优点是可以迅速提供准确信息,信息传播速度快,信息量大,成本低;计算机和网络还可以用很小的空间保存大量的信息。但它的缺点是对于一些复杂的问题无法采用电子沟通。

五、沟通的障碍及其克服沟通障碍的方法

(一)沟通的障碍

1. 个性因素

信息沟通在很大程度上受个性因素的制约。个体的性格、气质、态度、情绪、见解等的差别,都会成为信息沟通的障碍。具体包括以下几种情况:选择性接受、过滤信息、心理障碍、个人沟通技巧差异等。

选择性接受是指在沟通的过程中,信息接收者会根据自己的需要、动机、经验、好恶、背景等,有选择地去接收信息。另外,人们为了避免矛盾、冲突,在信息的接收过程中甚至会掩盖掉一些信息。过滤信息是对陆续到达的信息进行过滤操作和故意操纵,将符合用户需求或对客户有利的信息保留,将不符合用户需求的信息过滤掉,通常可分为不良信息过滤和个性化信息过滤:不良信息过滤一般是指过滤掉暴力、反动、色情等信息;个性化信息过滤类似于信息检索,帮助用户返回感兴趣的领域。心理障碍是指个人情绪变化、防卫心理、认知障碍等使信息接收者感受到的信息发生畸变。个人沟通技巧的差异,包括语言组织能力、口头表达能力、沟通方式造成的沟通障碍。

2. 人际因素

人际因素是指由于沟通双方的互相信任程度和情感上的关系不同,形成信息的不同接受程度而产生的沟通障碍。人际因素主要包括沟通双方的互相信任程度、信息来源的可靠程度、发送者与接收者之间的相似程度。如果沟通双方的诚意与信任越强,那么沟通过程中抵触情绪就越少,坦诚相待的机会就越多。如果信息来源的可靠性,包括诚实、能力、热情与客观程度越高,那么信息的接收程度就越高。如果沟通双方的相似性越多,那么信息在传播与接收的过程中就越容易。

3. 结构因素

结构因素是指组织结构本身给沟通带来的负面影响。一般包括地位差别、信息传递链、信息规模、空间约束、企业文化等。

4. 客观因素

客观因素主要包括语言、非语言、沟通媒介和信息过量。

知识窗

沟通成功的关键

同情心和同理心是沟通过程中形成一致性、降低差异性的关键。同情心即要有共同的心理体验;同理心指的是在思考问题的时候,要在认知层面和情感层面对问题的看法趋向于一致。沟通成功的关键如图6-6所示。

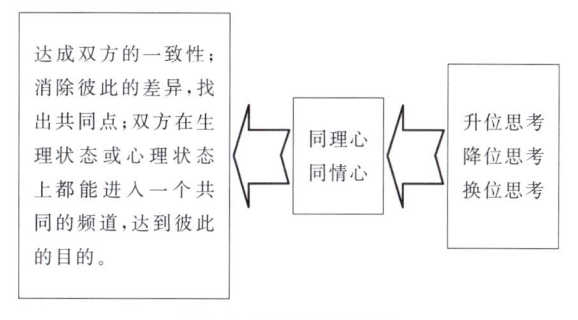

达成双方的一致性；消除彼此的差异，找出共同点；双方在生理状态或心理状态上都能进入一个共同的频道，达到彼此的目的。 ← 同理心 同情心 ← 升位思考 降位思考 换位思考

图 6-6　沟通成功的关键

（二）克服沟通障碍的方法

1.适当的沟通方式

沟通方式很多，包括书面沟通、口头沟通、面谈、电子沟通等，不同的沟通方式，传递信息的效果也不同。应注意沟通内容、目的和沟通双方的性格特点、场合和传递信息的对象，同时还应当注意信息的性质等，选择适当的沟通方式，来达到最优的沟通效果。

微课：做沟通达人的7个技巧

2.积极的倾听技巧

倾听的技巧是影响信息接收效果的重要因素。成为良好的沟通者首先应该是一个好的聆听者。用心倾听给人以谦虚、稳重、诚实和可靠的印象。这也是作为信息接收者的管理者在面对面和电话沟通中的基本技巧。要成为好的聆听者，管理者需要做好以下几件事。第一，管理者不要随便打断别人说话；第二，管理者要与讲话者保持目光接触；第三，在接收信息后，管理者对模糊不清或混淆的地方要提出疑问；第四，管理者应该用自己的语言解释、强调或者重复复杂的内容。这些反馈要素对成功的沟通是非常关键的。

3.有效的反馈机制

有效的反馈机制是确保信息准确性，减少信息畸变或歪曲的重要途径。这种反馈要求是双向的，即下级主管部门经常给上级领导提供信息，同时接受上级领导的信息查询；上级领导也要经常向下级提供信息，同时对下级提供的信息进行反馈，从而形成一种信息环流。一般来说，无论什么信息，在加工处理时，都需做出反馈，只是方式可以不同。有实际价值的信息可以进行决策，采取行动；没有实际价值或暂时用不上的信息必须及时答复，加以反馈。一种简单有效的控制办法是要把信息加工处理的情况定期反馈给信息提供者。这样做，一方面可以提高针对性，减少信息提供部门的盲目性；另一方面可以加强信息发送者和接收者之间的心理沟通，提高团队士气，调动员工参与管理的积极性。

4.充分的情绪管理

情绪会影响信息的传递和接收。情绪化的反应和波动，如爱、愤怒、憎恨、恐惧、嫉妒等，会使信息传递受阻、扭曲、失真和误解。管理者在进行面谈时，有时会碰到下级的顶撞甚至对抗，或者是对上级的挖苦、讽刺、谩骂等，管理情绪最好的方法是在沟通时尽量控制情绪，防止情绪变化影响他人。

【任务小结】

激励就是根据员工的需要设置目标,并通过一定措施诱发和刺激员工和组织目标一致的强势动机,并按组织所需要的方式引导员工行为的过程。这个项目中,我们首先重点介绍了两大激励理论,分别为内容型激励理论和过程型激励理论。激励的过程中管理者需要针对组织员工需求的多样化,设计和使用有效的激励手段,包括薪酬激励、目标激励、工作激励、竞争激励等。为了实现有效的沟通,管理者还必须重视沟通的形式和方法,例如,口头沟通、书面沟通、非语言性沟通和电子沟通等。在沟通的过程中,由于个性因素、人际因素、结构因素、客观因素等,难免会出现沟通障碍,因此管理者应该使用适当的沟通方式、积极的倾听技巧、有效的反馈机制和充分的情绪管理来克服沟通障碍。

职场指南

一句鼓励的话,可能改变一个人的观念与行为,甚至其命运;一句负面的话,可能伤害一个人的身心,甚至毁灭其未来。只有熟谙领导之道,才能成为最佳管理者,因此作为经济管理类专业的毕业生多学习一些领导艺术,包括如何改善领导方式、把握与员工沟通协作的时机、掌握命令员工的技巧等,这样才能对个人职业发展和组织建设大有裨益。

案例分析

案例 1　哪种领导类型最有效

ABC 公司是一家中等规模的汽车配件生产集团。最近,对该公司的三个重要部门经理进行了一次有关领导类型的调查。

一、安西尔

安西尔对他本部门的产出感到自豪。他总是强调对生产过程、出产量控制的必要性,坚持下属人员必须很好地理解生产指令以得到迅速、完整、准确的反馈。安西尔在遇到小问题时,会放手交给下属人员去处理;当问题很严重时,他则委派几个有能力的下属人员去解决问题。通常情况下,他只是大致规定下属人员的工作方针、完成怎样的报告及完成期限。安西尔认为,只有这样才能有更好的合作,避免重复工作。

安西尔认为,对下属人员采取敬而远之的态度对一个经理来说是最好的行为方式,所谓的"亲密无间"会松懈纪律。他不主张公开谴责或表扬某个员工,相信他的每一个下属人员都有自知之明。

据安西尔说,在管理中的最大问题是下属人员不愿意承担责任。他讲到,他的下属人员可以有机会做许多事情,但他们并不是很努力地去做。

他表示不能理解在以前他的下属人员如何能与一个毫无能力的前任经理相处,他说,他的上司对他们现在的工作运转情况非常满意。

二、鲍勃

鲍勃认为每个员工都有人权,他偏重于管理者有义务和责任去满足员工需要的学说,他说,他常为他的员工做一些小事,如给员工两张下个月在伽利略城举行的艺术展览的入场券。他认为,每张门票才15美元,但对员工和员工的妻子来说却远远超过15美元。这种方式,也是对员工过去几个月工作的肯定。

鲍勃说,他每天都要到工场去一趟,与至少25%的员工交谈。鲍勃不愿意为难别人,他认为安西尔的管理方式过于死板,安西尔的员工也许并不那么满意,但除了忍耐别无他法。

鲍勃说,他已经意识到在管理中有不利因素,但大都是由于生产压力造成的。他的想法是以一个友好、粗线条的管理方式对待员工。他承认尽管在生产率上不如其他单位,但他相信他的员工有高度的忠诚与士气,并坚信他们会因他的开明领导而努力工作。

三、查里

查里说他面临的基本问题是与其他部门的职责分工不清。他认为不论是否属于他们的任务都安排在他的部门,似乎上级并不清楚这些工作应该谁做。

查里承认他没有提出异议,他说这样做会使其他部门的经理产生反感。他们把查里看成是朋友,而查里却不这样认为。

查里说过去在不平等的分工会议上,他感到很窘迫,但现在适应了,其他部门的领导也不以为然了。

查里认为纪律就是使每个员工不停地工作,预测各种问题的发生。他认为作为一个好的管理者,没有时间像鲍勃那样握紧每一个员工的手,告诉他们正在从事一项伟大的工作。他相信如果一个经理声称为了决定将来的提薪与晋职而对员工的工作进行考核,那么,员工则会更多地考虑他们自己,由此而产生很多问题。

他主张,一旦给一个员工分配了工作,就让他以自己的方式去做,取消工作检查。他相信大多数员工知道自己把工作做得怎么样。

如果说存在问题,那就是他的工作范围和职责在生产过程中发生的混淆。查里的确想过,希望公司领导叫他到办公室听听他对某些工作的意见。然而,他并不能保证这样做不会引起风波而使事情有所改变。他说他正在考虑这些问题。

请思考:

1.你认为这三个部门经理各采取什么领导方式?试预测这些模式各将产生什么结果?

2.是否每一种领导方式在特定的环境下都有效?为什么?

案例2 联合制造公司的沟通

联合制造公司总经理奥斯特曼对随时把本公司经济上的问题告诉雇员们的重要性非常了解。她知道,由于市场价格不断跌落,公司正在进入一个困难的竞争时期。同时她也清楚,为了保住她的市场份额,必须降低本公司产品的出售价格。

奥斯特曼每月向所有雇员发出一封定名为"来自总经理部"的信,她认为这是传递信息的一种好方式。然而,一旦出现了重要情况,她还要把各部门负责人召集到那个简朴的橡木镶板的会议室里,在她看来,这样做会使这些负责人确实感到他们是管理部门的成员并参与了重大决策的制定。根据会议的礼仪规定,所有与会人员都要在预定时间之前就座,当奥斯特曼夫人进来时要起立致意,直至得到允许后再坐下。这次会议,奥斯特曼进来后只简单地点了点头,示意他们坐下。

"我叫你们都来,是想向你们说明我们所面临的可怕的经济形势。他们正在迫使我们以非常低的价格出售我们的产品,并且要我们按根本不可能实现的日期交货。如果我们这个大公司还打算继续存在下去,我们所有的人就都要全力投入工作,齐心协力地干。下面我具体地谈谈我的意见。"

在她发表完意见以后,奥斯特曼用严厉的目光向在座的人扫视了一下,似乎在看是否有人敢讲什么。没有一个人说话,因为他们都知道,发表任何意见都会被奥斯特曼夫人看成持有不同意见。

"首先,我们这里需要想象学。我们需要积极思考的人,而且所有的人都应当通力合作。我们必须要使生产最优化,在考虑降低成本时,不能对任何一个方面有所疏忽。为了实现降低成本的应急计划,我在公司外聘请了一个最高级的生产经理。

我们要做的第二件事是最大限度地提高产品质量。在我们这个企业里,质量就是一切。每部机器都必须由本部门的监督员按计划进行定期检验。只有经过监督员盖章批准后,机器才能开始运转,投入生产。在质量问题上,再小的事情也不能忽视。

在我的清单上所列的值得认真考虑的第三个问题是增强我们的推销员的力量。顾客是我们这个企业的生命线,尽管他们有时不对,我们还是要态度和气地、灵活地对待他们。我们的推销员必须学会做生意,使每一次推销都有成效。公司对推销员的酬报办法是非常公正的,即使如此,我们还打算通过提高滞销货的佣金率来增加他们的奖金数额。我们想使这个意见在董事会上得到通过。但是,我们必须保住成本,这是不能改变的。

最后,我要谈谈相互配合的问题。这对我们来说比其他任何问题都更加重要。要做到这一点,非齐心不可。领导就是配合,配合就是为同一目标共同努力。你们是管理部门的代表,是领导人,我们的目标你们是知道的。现在让我们一起努力工作,并迅速地把我们的这项复杂的事情搞好吧!要记住,我们是一个愉快的大家庭。"

奥斯特曼结束了她的讲话,参加会议的人都站了起来,静立在各自的椅子旁边。奥斯特曼收起文件,离开会议室朝她的办公室走去。

请思考:

1. 在这个案例中,构成沟通障碍的除了语言因素之外,还有什么因素?
2. 假若这次会议由你安排,你打算怎样保证双向的沟通?

案例3 索尼公司的"过五关"熄火法

当员工之间发生冲突时,"官司"打到管理者那里,切记要保持冷静,不可火冒三丈,否则无异于火上浇油。这时不妨来个冷处理,让双方冷静下来,然后再心平气和地给双方讲道理。俗话说"钓鱼不在急水滩",选择风平浪静的时候才会有收获,否则不但解决不了问题,自己还可能被卷入旋涡。

索尼公司的"过五关"熄火法:在企业内部,当员工之间发生矛盾冲突时,在进行调解之前,闹矛盾的员工需要先后经过5个房间:第一个房间是哈哈镜室,满脸怒容的员工进去后,看到哈哈镜中自己的怪异模样,一般会忍不住笑起来,脸色开始有所缓和。第二个房间是"傲慢像室",工作人员会让生气的员工拿着橡胶榔头去打橡胶造的傲慢塑像,让闹意见者尽情发泄出气,直到心理平衡为止。第三个房间是"弹力球室",墙上绑着一个球体,连着强力橡皮筋,工作人员让生气的员工使劲拉开球后放开,球打在墙壁上马上反弹,打在他的身上。这叫"牛顿定律",发生冲突的双方的作用力和反作用力应该是相等的,让闹矛盾的员工好好想一想。第四个房间是公司的劳资、劳工关系展览室。让闹矛盾的员工去看过去资方怎样关心员工以及员工之间怎样互相友爱的实例,加强闹矛盾员工的心理触动。第五个房间叫"思想恳谈室"。经理接见闹矛盾的员工,看矛盾如何解决。员工经过了以上四个房间,此时大多冷静下来。解决冲突就会容易许多。矛盾解决后,经理一般还要对闹矛盾的员工勉励一番,并给予物质奖励。

请思考:

请分析当员工之间发生冲突时,管理者在处理冲突时应当注意的问题。

(资料来源:臧良运.《管理学基础》[M].北京:中国电力出版社,2012,222.)

复习思考题

一、单项选择题

1.领导连续模型是(　　)提出的一种领导方式理论。
A.詹姆斯　　　　B.坦南鲍姆　　　　C.法约尔　　　　D.大卫·李嘉图

2.布莱克和穆顿的管理方格理论包括(　　)。
A.贫乏型管理、计划型管理、乡村俱乐部型管理、中间型管理、控制型管理
B.决策型管理、任务型管理、乡村俱乐部型管理、中间型管理、协作型管理
C.贫乏型管理、任务型管理、乡村俱乐部型管理、中间型管理、协作型管理
D.贫乏型管理、任务型管理、乡村俱乐部型管理、中间型管理、控制型管理

3.激励因素是美国的行为科学家(　　)提出来的,又称双因素理论。
A.弗雷德里克·赫兹伯格　　　　B.麦克利兰
C.梅奥　　　　　　　　　　　　D.克莱顿·阿德福

4.公平理论侧重于研究(　　)分配的合理性、公平性及其对员工生产积极性的影响。
A.期望值　　　B.责任和义务　　　C.工资报酬　　　D.权利

5.(　　)允许组织所有成员不分彼此联络和传递信息,其最大特点是沟通网络中成员的平等属性。
A.轮式沟通　　　B.商务沟通　　　C.网络沟通　　　D.环式沟通

6.领导艺术一般包括(　　)、决策艺术、沟通艺术和处理不同级别的关系的艺术。
A.倾听艺术　　　　B.行为艺术　　　　C.授权艺术　　　　D.辩论艺术

二、判断正误

1.领导的本质是影响力,这种能力包含正式的权力和个人魅力。　　　　　　(　　)

2.领导连续模型右端是专制型领导,即上级领导有完全的决定权,领导者在进行决策时不允许下属参与,不考虑下属的意见和要求,下属只是接受与执行。　　(　　)

3.领导行为四分图理论对1 000多种描述领导行为的因素最终归结为对人的体谅和对组织效率的关心,即体谅状态和主动状态。　　　　　　　　　　　　　　(　　)

4.管理方格理论描述了49种领导风格。　　　　　　　　　　　　　　　　(　　)

5.决策的原则包括系统原则、可行原则、信息原则、民主原则和效益原则。 (　　)

6.马斯洛的五个层次的需要是从低到高排列的,这样次序是完全固定的,不可以变化。
(　　)

7.麦克利兰阐明三类基本的激励需要,分别为权力的需要、金钱的需要和成就的需要。
(　　)

8.公平理论的基础是人之所以能够从事某项工作并达成组织目标,是因为这些工作和组织目标会帮助他们达成自己的目标。　　　　　　　　　　　　　　　(　　)

9.在薪酬管理上出现了一些形式新颖的激励计划,主要包括绩效工资、分红、总奖金、知识奖金、灵活的工作日程等。　　　　　　　　　　　　　　　　　　(　　)

10.工作激励是将优胜劣汰原则引进企业工作,使企业经营管理活动具有某种集体强化的自觉机制。　　　　　　　　　　　　　　　　　　　　　　　　　(　　)

三、思考题

1.什么是领导?你是如何理解领导的概念的?
2.简述领导的艺术。
3.简述激励的含义。
4.描述马斯洛的需要层次理论。
5.简述俄亥俄州大学的领导行为四分图理论和四种不同的领导方式。
6.沟通的障碍有哪些?克服沟通障碍的方法有哪些?

项目七　　控　制

项目学习目标

知识目标 >>>

1. 掌握控制的基本含义,理解控制的主要内容;
2. 理解控制的主要类型和方式;
3. 理解和掌握控制工作的三个步骤;
4. 了解常用的控制技术和方法。

能力目标 >>>

1. 初步培养学生掌握科学的管理控制方式;
2. 有意识地培养和增强学生的有效控制能力。

思政目标 >>>

1. 本项目通过对控制的认识,引入控制失败的教训案例,融入敬业精神、工匠精神的学习。
2. 本项目通过控制技术与方法的学习,引导学生建立严谨细致的职业素养。

项目指南

本项目的主要任务是指导学生了解控制的作用和基本含义,再由学生探讨日常管理工作中常用的控制方式有哪些,由此总结出控制的含义、内容和方式;其次组织学生分组讨论控制的相关案例,概括总结出控制的步骤、技术和方式,在完成项目的同时也锻炼了学生如何进行有效的控制,以及发现和解决在实践过程中出现的偏差,使学生在今后的生活和工作中有意识培养自身的管理控制能力。

任务一　控制与控制工作

引导案例

巨人集团的内部控制分析

巨人集团演绎了中国知识青年冲浪市场经济惨烈的悲喜剧和传奇、商业史诗般的财富故事。掌门人史玉柱从一穷二白的创业青年到1995年位列《福布斯》中国内地富豪榜第八位，继而在遭受几乎是毁灭性的失败后，又从负债2.5亿元之巨的全国"首负"，迅速崛起甚至超越过往的成就，成长为身家500亿元的内地新"首富"。许多人认为巨人集团内部控制的严重缺陷是老"巨人"衰落的根本原因，而内部控制的保驾护航则是新"巨人"崛起的决定因素。

一、老"巨人"的衰落

1989年8月，史玉柱用先打广告后付款的方式，将其研制的M-6401桌面排版印刷系统推向市场，赚进了经商生涯中的"第一桶金"，奠定了巨人集团创业的基石。1991年4月，成立珠海巨人新技术公司，迈开"巨人"的第一步。1993年7月，巨人集团下属全资公司已经发展到38个，是仅次于四通公司的中国第二大民营高科技企业。1994年初，号称中国第一高楼的巨人大厦一期工程破土动工。同年，史玉柱当选为"中国改革风云人物"。但1997年初，巨人大厦在只完成了相当于三层楼高的首层大堂后停工，各方债主纷纷上门。老"巨人"的资金链断裂，负债2.5亿元的史玉柱黯然隐退。

(1) 战略决策的失误。巨人是国内第一个明确提出"管理也是生产力"的现代企业。史玉柱在盛誉面前，仍然冷静地指出巨人集团存在着五大隐患：创业激情基本消失、出现大锅饭机制、管理水平低下、产品和产业单一、开发市场能力停滞。但"产品和产业单一"矫枉过正，变成了多线冒进，其他四大隐患则没有根本改观。1994年，在全国兴起的房地产热和生物保健品热的刺激下，巨人将生物工程和房地产列为新的产业支柱来缓解主导产业发展受阻以及管理机制上的矛盾。但由于急于求成，在生物保健品刚刚打开局面但尚未巩固的情况下，贸然向房地产这一完全陌生的领域进军。为了在房地产中大展宏图，拟建的巨人大厦设计一变再变，从最初的18层一直涨到70层，投资预算也从2亿元涨到12亿元。最终在资金链上难以为继，多元化失败。

(2) 风险控制与监督缺失。由于缺乏必要的财务危机意识和预警机制，老"巨人"的债务结构始终处在一种不合理的状态。史玉柱一向以零负债为荣，以不求银行自傲。在老"巨人"营销最辉煌的时期每月市场回款可达3 000万元到5 000万元，最高曾突破7 000万元。如此高额的营业额和流动额，完全可以陆续申请流动资金贷款，并逐渐转化为在建项目的分段抵押贷款，用这笔钱来盖巨人大厦。一味指望用保健品的利润积累来盖大厦，反而成了老"巨人"突发财务危机的致命伤，同时总公司对子公司不同程度地失控，子公司坐支货款、财务流失严重，账本不能及时反映公司经营状况，特别是低价抛售货物，应收账款已结账，但仍挂在账上，有些人胆子更大，严重侵占公司财产。公司内各种违规违纪、挪用贪污事件层出不穷。在老"巨人"走向溃败的前夜,公司一片混乱,欺上瞒下成风,都说自己做了多少事,结果全是虚报。当年,脑黄金销售额为5.6亿元,但烂账却有3亿多元。资金在各个环节被无情地吞噬,也是资金链断裂的导火索。

二、新"巨人"的崛起

1997年,史玉柱带领旧部开始研制"脑白金",负债重新创业。1999年,成立上海健特生物科技有限公司。2000年,史玉柱悄悄还清了老"巨人"时期所欠的全部债务(预售楼花款)。2001年,成立上海黄金搭档生物科技有限公司,当选为"CCTV中国经济年度人物"。2003年,购入民生银行6.98亿股流通股和华夏银行的1.012亿股流通股,并将脑白金和黄金搭档的知识产权及其营销网络75%的股权卖给了香港上市公司四通电子,交易总价为12.4亿人民币。2004年,成立上海征途网络科技有限公司。2005年,推出征途,这是全球第三款同时在线人数超过100万的中文网络游戏。2006年,在开曼群岛注册巨人网络科技有限公司。2007年,巨人网络科技有限公司更名为巨人网络集团,在纽约交易所挂牌上市,成为中国国内登陆美国最大IPO的民营企业,也是除美国本土外最大IPO的IT企业。手握68.43%巨人股权的史玉柱,跃升为拥有500亿元身价的内地新首富。

(1)战略与经营目标确定。对于老"巨人"的失败,史玉柱将主要原因归结为全面冒进的多元化战略方向失误,例如,先后开发出的服装、保健品、药品、软件等30多类产品,最后大都不了了之。惨痛教训使史玉柱意识到,发展速度太快、负债率很高的公司容易出事。投资产业需要慎重考虑三个条件:第一判断它是否为朝阳产业;第二是人才储备够不够;第三资金是否够,目前的现金是否够,如果失败了是否还要添钱,如果要添钱是否准备得足够多。因此,新"巨人"业务的发展强调安全。第一个项目做成功后,再考虑做第二个项目,一点点往前推进。在新的战略思想指导下,新"巨人"环环相扣地进入保健品、金融、IT行业,全面取得成功,史玉柱也因此被誉为罕见的商业奇才。如今,新"巨人"要做百年老店、专注于网络游戏主业的战略意图彰显无遗。史玉柱明确表示:反对多元化。下半辈子就靠做网络游戏,不会再盖巨人大厦了,上市募集的资金也不可能用来支持保健品业务的发展,总之宁可错过100次机会,不瞎投一个项目。

(2)风险控制与监督。由于有了巨人大厦的失败,史玉柱自称变为了"完全的保守主义者"。为自己制定了"铁律":必须时时刻刻保持危机意识。每时每刻提防公司明天会突然垮掉,随时防备最坏的结果,让企业永远保持充沛的现金流。新"巨人"最在乎的事情,就是保证公司的现金流和时刻保持财务健康(负债率维持在5%的标准上)。在保健品行业,坏账10%可以算是优秀企业,20%属正常,而脑白金10年来的销售额100多亿元,坏账金额是0。

三、加强内部控制的启示与反思

(1)制度先行,内控优先。内部控制作为公司治理的关键环节和经营管理的重要举措,在企业的发展壮大中具有举足轻重的作用。通过对比分析不难发现,老"巨人"的失败和新"巨人"的成功不是偶然的。内部控制因素是引起"巨人"变迁的内在原因。内部控制是利润动机的自然产物。1992年,美国反财务欺诈委员会下属的发起人组织委员会(COSO)指出:之所以要设置内部控制,就是促使企业在迈向获利目标的路上,达成管理理念,并把路上的意外惊吓减到最少。"巨人"过山车的表现,毕竟太过惊险。只有依靠内部控制的保驾护航,才能像新"巨人"那样走向成功,从而避免老"巨人"那样的意外惊吓。但从现实情况看,许多企业管理松驰、内控弱化、风险频发、资产流失、营私舞弊、损失浪费等问题还比较突出。在公司治理和经营管理中,必须秉承"制度先行,内控优先"的理念。

(2)量入为出,专注主业。一个优秀的企业家需要有"大胆假设"的魄力,但之后如果不能"小心求证",那就只能算是赌徒了。"巨人"选择的项目都是朝阳产业,具备了成功的基础。但患上"贪吃症"的老"巨人",本希望"鱼和熊掌兼得"的多元化经营,演变成了"鸡飞蛋打"的多元化失败。量入为出、专注主业的新"巨人"则步步为营、左右逢源,成长为真正的巨人。统计表明,高达78%的公司持续为股东创造价值,凭借的是一项核心业务,并在这个核心业务上有领导地位,仅17%的持续价值创造者有几项不同的核心业务。

(3)居安思危,现金为王。老"巨人"缺乏必要的财务危机意识和预警机制,"几万、几十万甚至上百万的资产在阳光照不到的地方流失了",最终酿成了资金断流、经营难以为继的局面。而新"巨人"信奉"只有首先不被市场消灭,才有机会征服市场"的危机管理,始终将现金流量放在第一位,例如,脑白金项目采取了款到提货、多人信用担保、多级纠察等控制措施,创下了保健品行业零坏账的记录。在充沛的现金流量的保证下,新"巨人"得以不断做强、做大。因而,成功的企业需要有危机意识,随时防备可能的财务风险与经营风险,而始终保持充沛的现金流,是控制财务风险与经营风险的关键。

(4)需求导向,打破陈规。"顾客第一",这就要求企业家确立需求导向,充分关注目标消费者,仔细琢磨并认真满足消费者的需求,甚至不惜为此打破陈规。老"巨人"迷信广告攻势,但事后评估的实际效果为零。而新"巨人"凭借科学研究目标对消费者进行的"江阴调查",以及开展由需求决定规则的"史式营销理论"研究,在广告成本投入不高的情况下却牢牢抓住了市场。可见,在充分沟通的基础上,取得及时、准确、完整的相关信息,是制定正确的业务经营策略的前提。当然,新"巨人"运营的历史有限,网络游戏业务模式的长期发展潜力尚未得到证明,在实现和保持高效的内部控制方面,还有很长的路要走。

1.老"巨人"失败的原因有哪些?
2.新"巨人"成功的因素有哪些?
3.试论述企业内部控制的重要性。

(资料来源:根据《财政监督》2008年第10期,刘华,巨人集团兴衰的内部控制分析改编)

任务导入

任务目标

各团队拟定具体组织工作制度。

任务引导

1.学生实地走访日常生活中接触到的不同类型的公司,收集不同企业的组织制度及各部门为完成工作任务所采取的保障措施。

2.分组讨论不同企业组织制度设置的必要性,思考为什么要设置这样的制度。

3.各团队拟定某项具体组织工作制度。

任务方法

每个学习小组做好组内交流日志,记录每一名学生收集的资料,并进行分类、归纳和总结。每个学习小组介绍关于企业具体组织制度设置的必要性的讨论结果,并拟定各团队某项具体组织工作制度。教师点评。

项目任务指引案例:

某物业公司保安交接班制度

为认真做好岗位的工作交接和保安器材交接,减少因交接不清引起的工作失误及保安器材损失,特制定本制度。

1.本班相互转换岗位时,须认真做好岗位交接。

2.接班人须提前15分钟签到上班,接班人未到,交班人不得离岗,否则由此产生的一切后果由交班人负责。

3.接班班长在正点时组织全班人员集合,讲明注意事项,然后各保安员到各自岗位换班。

4.本班与下班交接时,要将本班工作情况详细交代给下一班,以便下一班开展工作。

5.保安人员交接班时,必须认真填写《宁波某物业有限公司保安交接班登记表》,并签名确认,发现问题,交接双方必须当面说明,如果交班人离开后,接班人才发现属于上一班的问题,应立即报告领班或部门负责人处理。

6.交接班须正点、守时,非特殊情况,不得超时接班。

知识链接

一、控制概述

企业在生产经营活动中,由于受到外部宏观环境和内部微观条件变化的影响,导致组织的既定目标与实际运行状况发生偏差,因此管理者必须采取相应必要的控制措施,监督组织活动中出现的偏差和误差,对下属工作开展情况进行衡量和评价,以确保组织预期的目标和计划得以顺利实现。所谓控制就是为保证组织目标能够实现,管理者按照事先拟定的标准对被管理者的行为、活动进行的检查、监督、评估、调整等一系列管理活动。控制职能是管理过程中的重要环节,是保证组织活动顺利进行的重要必要条件,同时控制也是发现问题、分析问题和解决问题的过程。在现代管理活动中,控制工作既是一次管理循环的终点,又是新一轮管理循环的开始,是保证计划得以实现和组织按既定路线发展的必不可少的管理职能。

控制和计划都是企业管理的重要职能,两者相辅相成。

首先,控制为计划的实现提供保证,而计划为控制提供衡量的标准,二者互为条件。如果企业没有编写计划,管理者就很难通过对照计划来检查组织运转的状况,就不能保证

微课:破窗效应

实际工作与计划协调一致。相反,如果控制职能缺失,管理者就很难对下属部门或个人的工作执行情况和结果进行客观比较,从而导致组织的目标难以有效地实现。

其次,计划和控制密不可分,互相依赖。有些计划本身就具有控制的作用和意义,例如政策、程序和规则等,它们在为组织行为提供行动准则和规范的同时,也在为组织的行为提供制约的具体措施。有些计划由于设定不当或内外环境发生改变,造成组织在执行目标的过程中脱离实际,出现偏差。而借助于控制,才可以监督执行过程中的实际情况,并对计划进行必要的修正、调整,使计划更加符合实际,使管理系统平衡稳定,最终实现组织目标。因此计划越是具体、明确、完整、全面和切实可行,控制系统的设计和方法的选择依据就越充分、合理,控制工作就越是科学、有效,计划也就越是容易顺利实施。

最后,计划和控制互相渗透,是一个连续有机的整体。控制是依据计划所提供的标准来衡量组织运行的成果,并采取有效措施,纠正发生的偏差,确保目标的顺利实现。从管理职能的角度看,上一阶段的控制结果是下一阶段计划工作的延续,为下一阶段计划的制定提供依据,控制是管理过程的终结和新的管理过程的开始,因此计划和控制是连续有机的统一体。

二、控制工作

控制工作实质上是"信息反馈"的过程。信息的类型是复杂多变的,为了有效地进行控制,管理者首先要了解控制类型,然后才能采取相适应的控制措施。管理控制按照不同的分类标准,可以分为以下几类。

(一)依据纠正偏差措施的作用环节不同,控制可分为事前控制、现场控制和反馈控制

事前控制(也称预先控制或前馈控制)是指组织在正式开展一项活动之前,管理者观察和预测可能产生的偏差,然后采取相应的防范措施,努力消除负面影响。其目的是防止问题的发生,而不是当问题出现时再实施补救措施,这是一种面向未来、防患于未然的控制工作。事前控制采用的普遍方式是管理者运用获取的最新信息和吸取之前的经验教训,对可能出现的情况进行认真的分析和反复的预测,然后把计划所要达到的目标同预测的结果进行比较,并采取控制措施或调整计划,以使预测与计划目标相一致。例如,市场调查、可行性分析、入学考试等都属于事前控制的范围。

现场控制(也称同期控制、过程控制或环节质量控制)是指组织管理者对计划执行中的人和事进行指导和监督,以保证活动目标按计划实现。现场控制是管理控制的基础,基层管理人员控制都属于这种类型。主管人员根据个人经验,对执行计划的各个环节质量和结果进行控制,当发现不符合标准的偏差时立即采取纠正措施,可以有效避免重大问题的发生。控制的有效性主要取决于主管人员的素质修养、做事风格、沟通方式、知识经验以及下属的积极参与性和理解程度。例如,车间主任通过"言传身教"的方法,分析工人的操作失误,并做出正确的示范动作帮助其改正。

反馈控制（也称过后行为控制、事后控制或结果质量控制）是指在组织活动结束或行为发生以后，管理者对最终结果和控制标准进行测量、分析和比较，对出现的偏差采取有效的纠正措施，防止偏差的继续发展或再度发生。反馈控制是一个不断提高的过程，它的工作重点是把注意力集中在已形成结果上，为今后的行动打下行动基础，为下一步计划的实施总结经验教训。反馈控制具有许多优点：首先，反馈信息真实完整地反映了组织计划具体执行过程中的效果。此外，反馈控制可以提高员工的工作积极性。但是工作人员需要一段时间对信息进行分类、收集、分析、整理和比较才能统计出计划执行的结果，当主管人员根据反馈结果采取相应补救措施后，损失往往已经发生了。因此，主管人员得到的大量反馈是延时信息，反馈控制实际是一种"亡羊补牢"式的控制方法。

事前控制与现场控制、反馈控制之间相互影响、相互作用，其关系如图 7-1 所示。

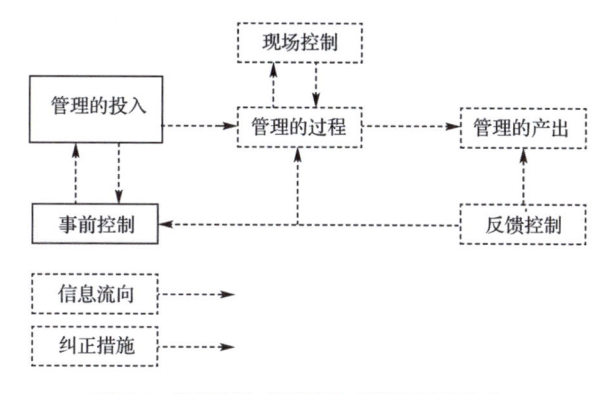

图 7-1 事前控制、现场控制、反馈控制的关系

（二）依据管理者控制和改进工作的方式不同，控制可分为间接控制和直接控制

间接控制是指根据计划和标准考核工作的实际结果，观察、跟踪和分析出现不良结果的原因，并追究个人责任以使其在实践中改进未来工作的一种控制方法，多见于上级管理者对下属工作过程的控制。间接控制的优点在于它能纠正管理人员由于缺乏知识、经验和判断力所造成的管理上的失误和偏差，并能帮助主管人员总结吸取经验教训，增加他们的知识经验和判断能力，提高他们的管理水平。但是间接控制是在出现了偏差、造成损失之后才采取措施来进行控制工作的。

直接控制是相对于间接控制而言的，它是着眼于培养管理者的个人素质、领导能力和责任感，使他们能熟练地应用管理的概念、方法、技术和原理，能以系统全面的观点来进行和改善其管理工作，从而消除或减少由于管理不善造成偏差的一种控制。其指导思想认为，合格的主管人员出的差错最少，他能预料到正在形成的问题，并能及时采取纠正措施。因此，主管人员及其下属的综合素质越高，就越不需要进行间接控制。

（三）依据确定控制标准的不同，管理控制可分为程序控制、跟踪控制、自适应控制和最佳控制

程序控制即对由多个环节构成、经常性的重复出现的活动，要求执行人员按规定的标准化程序或预先编好的步骤来完成，以保证业务处理质量达到控制目标和要求。跟踪控

制是依据先行的量或将要达到的目的,来确定跟踪的量的动态的控制方法。自适应控制是通过不断学习,总结经验和吸取教训来实施控制。最佳控制是通过选取一个最大或最小的标准来对组织计划进行控制。

(四)依据集中程度不同,管理控制可分为集中控制与分散控制

集中控制对组织的重大项目与事务成立专门的控制机构,进行重点控制。分散控制对日常的一般性、常规性事务由各部门、各岗位及全体员工自行控制。

知识窗

全面质量控制 TQC(Total Quality Control)是为了能够在最经济的水平上,充分考虑到满足客户需要的条件下,组织全员进行充分市场研究、完善产品设计、改进工艺流程和提高售后服务等,来维持和提高企业内各个部门的质量。它是一种能够保证产品质量的完善的科学管理体系,是现代企业系统中不可分割的组成部分,是企业管理的重要环节。全面质量控制代表了质量管理发展的最新阶段,起源于美国,后来在其他一些工业发达国家开始推行,并且在实践运用中各有所长。特别是日本,在20世纪60年代以后推行全面质量控制并取得了丰硕的成果,引起世界各国的瞩目。

全面质量控制的内容:一是全面控制,即以优质为中心,实行全体员工、全过程、全方位控制;二是全面质量,包括产品质量和工作质量。"质量"由两个层次构成:一是产品必须满足规定或潜在的需要,二是产品特征和特性的总和。第一层次反映了产品的客观标准,第二层次反映了产品的内在要素。只有内在要素达到要求,又为用户所需要的产品才算得上是质量好的产品。

全面质量控制分为 4 个阶段,8 个步骤和 14 种工具。4 个阶段包括计划(Plan),实行(Do),检查(Check)和处理(Action)。即首先制订工作计划,然后实施,并进行检查,对检查出的质量问题提出改进措施。8 个步骤分别是找问题、找出影响因素、明确重要因素、提出改进措施、执行措施、检查执行情况、对执行好的措施使其标准化、对遗留的问题进行处理。在计划的执行和检查阶段,为了分析问题、解决问题,利用 14 种工具,这 14 种工具分别为分层法、排列图法、因果分析法、直方图法、控制图法、相关分析图法、检查图法、关系图法、KJ 法(又称 A 型图解法)、系统图法、矩阵图法、矩阵数据分析法、PDPC 法(又称过程决策程序图法)和矢线图法。

三、控制工作的步骤及要求

在任何类型的组织中,无论控制对象是人、财或物,控制都有一个特定的过程,控制工作的主要步骤如图 7-2 所示。

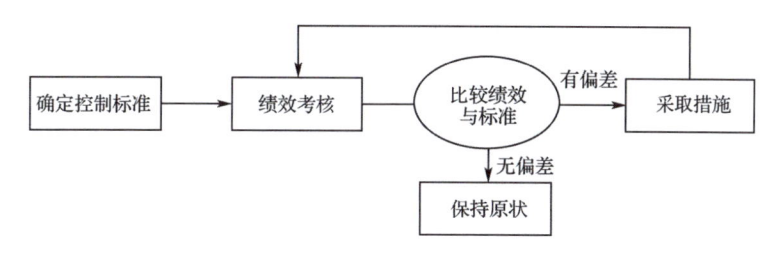

```
确定控制标准 → 绩效考核 → 比较绩效与标准 —有偏差→ 采取措施
                                    ↓无偏差
                                  保持原状
```

图 7-2 控制工作的主要步骤

（一）确定控制标准

离开可比较的标准，就无法实施有效的控制。因此，确定控制标准是控制工作的第一步。标准是从组织一系列整体计划方案中选出的，是对工作绩效进行评价的关键指标，而诸多的指标共同构成了评价指标体系。例如，企业销售部门工作的控制指标包括：销售量、销售额、销售增长率、市场占有率、市场份额增长率、货款回收率、销售成本等一系列指标。但是值得注意的是，控制的目的不是对控制客体进行全面而细致的评价，而是通过比较发现偏差并纠正偏差，从而保证计划目标顺利实现。因此，选择关键指标作为控制标准是非常重要的。有效的控制标准应满足如下几个方面的要求：

（1）操作性。标准要客观，不能模棱两可，尽量避免主观随意性，要使绝大多数人通过努力都可以达到。

（2）间接性。标准要明确、通俗易懂，便于执行人员理解、接受和掌握。

（3）协调性。各职能管理部门制定的控制标准应该协调一致，不能互相矛盾，要形成一个有机整体。

（4）稳定性。标准要有一定程度的稳定性，要能适用一段较长的时间，即使有弹性，也需要控制在一定范围内。

（二）绩效考核

绩效考核就是对计划执行的实际情况和成果进行科学的对比和测评，并做出最终判断。绩效考核是控制过程中不可或缺的步骤，也是工作量最大的一个环节。为了防止被控制者歪曲或隐瞒实际情况，管理者可以建立检查制度、汇报制度，通过统计、审计、政策研究等部门联合执行这项工作。也可以采用逐级考核的办法，由直接的上级部门通过调查、汇报、统计、分析等方法，对下属部门或个人进行考核，全面确切地了解实际情况。在这个阶段，施控者可发现计划执行中所存在的缺陷和偏差，而偏差一般分为两种，一种可称之为正偏差，简单地讲就是超额完成计划的状况。绝大多数人认为超额完成计划是好的，应该予以鼓励。其实，超额完成计划并非都是有利的。有些正偏差会加剧结构失衡，所以，在绩效考核中必须全面分析正偏差，然后再做出系统的结论，做到精益求精。另一种是负偏差，即没有完成计划和偏离计划的情况。显然，负偏差是不利的，控制者必须深入分析产生负偏差的原因，并采取矫正措施。如果没有偏差，则宜首先分析控制标准是否有足够的先进性，在认定标准水平合适的情况下，将之作为成功经验予以分析总结，以用于今后的或其他方面的工作,将控制和其他管理职能结合在一起。

(三)采取措施

当完成对实际工作绩效的衡量后,接下来就应将衡量的结果与标准进行对比,这是控制的关键,它体现了控制的目的,同时采取纠正偏差的行动。

首先要找出产生偏差的主要原因。在实际经营管理的过程中,并非所有的偏差都会影响企业的最终效果,有些偏差可能是由于计划本身和执行过程中的问题造成的,而另一些偏差则可能是由于某些偶然、暂时、局部性的因素引起的,从而不一定会对组织活动的最终结果产生重要影响。因此,在采取纠偏措施之前,必须首先对反映偏差的信息进行评估和分析。如果没有差异,工作按原计划进行;如果出现差异,则首先要了解偏差是否在标准允许的范围之内。若偏差在允许的范围之内,则工作继续进行,但也要分析偏差产生的原因,以便下一步改进工作,做到精益求精;若偏差在允许的范围之外,则应及时地深入分析产生偏差的原因,在分析原因的基础上找出适当的纠正办法,纠正偏差。其次,确定矫正措施实施的对象。通常人们认为,如果制定的标准反映了组织的目标和实际情况,也就是在实际的衡量中,通过用该标准与计划的执行情况进行比较,能够找出对产生偏差的"责任人",那么就能对偏差做出迅速纠正。在管理控制过程中,需要予以矫正的可能不仅是企业的实际活动,也包括指导这些活动的计划或事先确定的衡量这些活动的标准。矫正措施的实施对象可能是组织所进行的活动,也可能是衡量的标准,甚至是指导活动的计划。

最后,选择适当的矫正措施。主管人员可能采用重新制订计划或修改目标的方法来消除偏差。也可能利用组织手段来进一步明确职责、补充授权或是对组织结构进行调整,还可能用撤换责任部门的主管或是增配人员的办法来纠正偏差。此外,他们还可能通过改善领导方式如采用精神奖励和物质奖励相结合等办法来纠正偏差。

控制,才能使管理活动成为一个首尾相连的闭环过程,没有控制,就意味着做事情有始无终。

【任务小结】

计划和控制互相渗透,是一个连续有机的整体。控制是依据计划所提供的标准来衡量组织运行取得的成果,并采取有效措施,纠正所发生的偏差,确保目标的顺利实现。控制工作按照不同的标准可以分为几大类:依据纠正偏差措施的作用环节不同,可以分为事前控制、现场控制和反馈控制;依据管理者控制和改进工作的方式不同,控制可分为间接控制和直接控制;依据确定控制标准的不同,管理控制可以分为程序控制、跟踪控制、自适应控制和最佳控制;依据集中程序不同,管理控制可分为集中控制与分散控制。最后,该任务具体阐述了控制工作的主要步骤,包括确定控制标准、绩效考核和采取措施。

任务二　控制技术与方法

引导案例

深圳航空公司成功实施全面预算管理控制

深圳航空公司(以下简称深航)于1992年11月成立,主要经营航空客、货、邮运输业务。截至2019年12月,深航共拥有波音737,空客330、320、319等各类型客机近220架(含昆明航),经营国内、国际航线近300条。曾任深航总经理的董力认为,低成本战略是竞争战略中最具有杀伤力的战略,看似简单,却需要严谨地分析各种竞争因素,才可能找到一条可执行的低成本道路。在现实情况下,深航要对低成本战略的内涵予以丰富,坚持核心理念,把成本优势转化为消费诱因与动因,才是实现深航目标的正确方向。

如何让航线成本核算成为航空公司制定有效营销策略的重要依据?如何有效控制企业经营成本?如何实现低成本战略,在市场竞争中脱颖而出?为此,深航找到了国内最大的ERP软件制造商用友公司。根据深航的战略目标及经营管理的具体情况,用友采用NC全面预算系统的费用计划及财务计划,并结合应收、应付、报账中心、总账等系统对运营成本与费用进行全面计划与控制。用友NC预算管理解决方案为深航走出中国特色的低成本航空发展道路奠定了坚实的基础。从2001年开始,深航开始实行全面预算管理,坚持以降低成本作为预算管理的总体指导思想,将一切经济业务纳入预算管理,做到事前有预测,事中有控制,事后有反馈考核。由于采用用友NC系统预算管理模块,对预算实行实时监控,把预算控制落实到各个部门的各项工作之中,对生产经营链条中每一环节进行财务成本控制,确定一个标准来核定预算指标,确保一切业务活动受控于预算。通过全方位的预算控制,将成本控制落实到公司生产经营的各个方面,最大限度地降低公司成本水平,从而大大提高了公司的经济效益。

思考:

1. 深圳航空公司采用了什么方法来控制成本?
2. 实施全面预算管理给深圳航空公司带来什么效果?

任务导入

任务目标

拟订各团队完成组织目标任务的制度及保障措施。

任务引导

1. 每个小组根据"本企业"类型完善拟定的组织工作制度。
2. 每个小组根据制定目标,研究制定完成任务的保障措施。

任务方法

每个学习小组做好组内交流日志,记录每一名学生收集的资料,归纳和总结。每个学习小组根据企业组织制度设置的必要性的讨论结果研究制定"本企业"目标任务、组织制度,提交关于"本企业"的目标任务及完成任务的保证措施。教师点评。

项目任务指引案例:

某医院科室服务质量控制管理

一、医疗制度、医疗技术

1.重点抓好医疗核心制度的落实:首诊负责制度、三级医师查房制度、疑难危重病例讨论制度、会诊制度、危重患者抢救制度、分级护理制度、死亡病例讨论制度、交接班制度、病历书写规范制度、查对制度、抗菌药物分级管理制度、知情同意谈话制度等。

2.加强医疗质量关键环节的管理。

3.加强全员质量和安全教育,牢固树立质量和安全意识,提高全员质量管理与改进的意识和参与能力,严格执行医疗技术操作规范和常规。

4.加强全员培训,医务人员"基础理论、基本知识、基本技能"必须人人达标。

二、病历书写

1.《病历书写规范》《住院病历质量检查评分表》的学习和领会。

2.病历书写中的及时性和完整性,字迹的清楚性。

3.体检的全面性和准确性。

4.上级医生查房的及时性和记录内容的规范性。

5.日常病程记录的及时性和完整性,包括上级医生的医疗指示,疑难危重病人的讨论记录,危重抢救病人的抢救记录,重要化验、特殊检查和病理结果的记录和分析,会诊记录、死亡记录和死亡讨论记录等。

6.治疗知情同意记录的规范性,包括住院病人 72 小时内知情同意谈话记录,特殊检查、治疗的知情同意谈话记录,医保患者自费(特殊)药品和器械知情同意谈话记录等。

7.治疗的合理性,特别是抗精神病药及抗生素的使用、更改、停用有无记录和药物的不良反应有无报告和记录,处方(包括精神、麻醉处方)的合格率等。

8.归档病历是否及时上交,项目是否完整。

三、控制改进措施

1.严格遵守医疗卫生管理的法律、法规、规章、诊疗操作规范和常规,加强对科室的质量管理、检查、评价、监督。

2.科室实施全程质量管理,重视基础质量,加强环节质量,保证终末质量。树立全员质量和安全意识,加强医疗质量的关键环节管理和监督。关键环节包括疑难危重抢救病人的管理,严重药物不良反应的管理,病历书写中的及时性和完整性的管理,治疗知情同意记录的规范性的管理,医院感染的管理,治疗的合理性等。

3.认真执行医疗质量和医疗安全的核心制度,建立病历环节质量的监控、评价、反馈,每本病历均由住院医师、副主任医师、科主任三级进行质控,每周科室医疗质量管理小组进行质量检查一次,每月科室医疗质量管理小组对科室医疗质量情况进行一次全面的分析、评估,半年总结一次,检查处理情况,及时进行通报。

4.每月组织进行"三基"培训,每季度组织技能操作考核。

5.加强《病历书写规范》和《医疗事故处理办法》的学习和领会,严格按规定及时、准确、完整书写医疗文书。科主任为科室医疗质量第一责任人,并确定住院医师、副主任医师、科主任负责对科室病历归档前进行三级质量检查,查出缺陷及时反馈及改正。

6.提高科室业务学习的质量,保证业务学习的数量。每月进行业务学习一次,疑难危重病例讨论两次。

知识链接

一、管理控制的方法

管理控制中使用最广泛的一种控制方法就是预算控制,此外还采用了许多不同种类的非预算控制技术和方法,包括传统的控制方法,如视察、统计分析控制、报告、审计控制、比率控制等;综合控制方法如管理审核、人力资源控制、损益分析控制等;制度控制;成本控制。

二、预算控制

(一)预算的概念和作用

预算就是用数量,特别是用财务数字的形式,条理化的描述、预测组织未来的综合计划活动,并把这些计划分解落实到组织的各管理层次和各部门中去,从而达到实施控制的目的。预算预测和筹划了组织在未来时期的经营收入和现金流量,同时对资金、劳动、材料、能源等方面的支出额度做出合理分配。管理者可以根据预算结果,进行合理的人员调配和任务的委派、协调、组织和实施等活动,并在适当的时间,将组织活动实际完成情况与预算目标进行对比和分析,发现偏差并及时采取措施纠正偏差,从而及时指导经营活动的改善和调整,以帮助管理者更加有效地管理企业和最大限度地实现战略目标。我们可以从以下几点来了解预算的作用:

1.预算是一种计划工作

编制预算的工作是一种计划工作。预算的内容可以概括为:
(1)"多少"——明确实现组织计划目标的各种收入(或产出)与支出(或投入)的数量;
(2)"为什么"—— 分析收入(或产出)、支出(或投入)数量多的原因;
(3)"何时"—— 预估取得收入与支出平衡的时间点。

2.预算是一种预测手段

它是对未来一段时期内组织收入和支出状况的预计,因此常用的确定预算结果的方法包括统计方法、经验方法或工程方法。

3.预算是一种控制方法

实际上,编制预算和控制过程中的拟订标准是具有相同意义的。由于预算是以数字化的方式来反映组织管理工作的计划标准,其本身就具备一定的考核性和约束性,因而管理者可以根据制订的标准来指导、检查和监督工作成果,然后据此找出问题和偏差,并采取相应的纠正措施,从而达到消除偏差的目的。同时,预算的重要性还体现在它能够促进协调和控制工作。各个职能部门编制的预算加强了组织内部的沟通、合作与交流,为协调组织活动起了积极的作用。管理者也能够通过对比组织实际的运行结果和预算数字来明确发生的偏离和误差,因此预算也为未来控制工作中的纠正措施奠定了坚实的基础。总之,预算可以帮助组织做出更好的计划和有效的协调工作,并为控制职能提供基础。

(二)预算的种类

按预算的内容不同,预算可分为以下几种:

1.经营预算

经营预算是指企业日常发生的各项基本活动的预算,具体包括销售预算、生产预算、直接材料采购预算、直接人工预算、制造费用预算、单位生产成本预算、推销及管理费用预算等。经营预算中最基本和最关键的是销售预算,它是销售预测正式的、详尽的描述。生产预算是根据销售预算中的预计销售量,按产品品种、数量分别编制的。根据生产预算和生产进度日程表可以编制直接材料采购预算、直接人工预算和制造费用预算。而推销及管理费用预算是指制造业务范围以外预计发生的各种费用,例如销售费、广告费、运输费等。

2.投资预算

投资预算又叫资本预算,是指企业为了今后更好的建设和发展,获取更大的经济报酬而对企业的固定资产的购置、扩建、改造、更新等编制的预算。它具体反映在何时投资、投资数额、融资渠道、收益额、预计收益时间、净现金流量、投资回收时间等。因此,投资预算一般和企业的经营战略以及长期计划紧密联系在一起。

3.财务预算

财务预算是指企业在未来一定的计划期内对现金收支、经营成果和财务状况的预算,具体包括现金预算、预计收益表、预计资产负债表。

按预算控制的力度,预算可以分为刚性预算和弹性预算。其中,刚性预算是指在执行进程中没有变动余地的预算,执行人在执行中无活动余地。弹性预算是指预算指标有一定的调整余地,执行人可灵活性执行的预算。

(三)预算方法:零基预算法

零基预算法(Zero-base budgeting,ZBB)又称零底预算,是美国得克萨斯仪器公司于1970年开发的。它是指发生在一个预算周期内的任何一种费用项目的开支,都不是从原有的基础出发,即根本不考虑以往的费用开支水平和情况,而是一切以零为基础,根据组织目标,从根本上重新分析考虑各费用项目的必要性以及支出数额的大小,确定预算收支和实施资源分配,编制预算。

零基预算法的程序如下:

(1)划分和建立基层预算单位。通常情况下,组织内各基层业务单位常被视为能独立编制预算的基层单位。

(2)编制本单位的费用预算方案。组织管理者首先明确组织的总体目标,然后结合各个基层单位的责任,编制切实可行的具体目标。

(3)进行成本-效益分析。根据"预算年度业务活动计划",基层单位确认预算期内需要进行的业务项目及其相关费用开支后,管理者对每一个项目的所需费用和所得收益进行比较分析,按照重要程度进行优先顺序的排列。

(4)审核资金分配。根据预算项目的层次、等级和顺序,按照预算期可动用的资金及其来源,依据项目的轻重缓急次序,分配资金,落实预算。

(5)编制并执行分配。预算编制人员根据审核的最终结果对预算资金进行分配,然后经组织批准后下达执行。

(四)预算的缺点

1.只能帮助组织控制那些可以用货币单位计量的业务,而对难以形成数量的业务无预算能力;

2.因为预算通常参照组织先前的预算项目和标准,从而会造成忽视本期业务活动的实际需要;

3.缺乏弹性,尤其具体、长期的预算可能会束缚决策者的行动,导致企业经营缺乏灵活性和适应性;

4.由于预算者的业务水平和职业修养的欠缺以及实际情况的复杂多变性,预算中也存在虚报预算数量的现象。

三、非预算控制

(一)视察

视察是一种古老、直接的控制方法,它能够帮助管理者获得第一手的信息和资料。管理者通过实地考察员工执行计划、命令的过程和状况,可以大体上判断出组织任务的执行和完成情况,以及生产过程中存在的偏差和隐患等,并立即采取措施予以纠正,避免错误扩大。

视察的优点体现在:第一,管理者可以掌握第一手信息。因为这是一种直接的、面对面的控制,管理者可以了解到生动的、急需的和难以在报告中体现的重要信息。第二,有助于管理者迅速解决问题。监控人员一旦发现在生产过程中存在偏差,就可以立即现场做出判断,及时制订解决问题的方案,并尽快地付诸实施,避免造成更大的损失。第三,有助于管理者与员工之间的双向交流和沟通,创造良好的组织气氛。管理者通过视察过程,可以了解到组织的目标和制度是否深入基层;可以验证职能部门工作报告的真实性以及员工的合理化建议是否得到认真对待;可以从与员工的交谈中了解他们的情绪和士气等,传达关心、理解和信任;还可以及时为下属排除困难,为下属完成任务创造有利条件,从而激励下属的工作积极性和创造性。

当然，视察也可能引起消极作用。例如，下属可能误解管理者视察的目的，将其看作是对他们工作的一种干涉和不信任，或者是看作不能充分授权的一种表现，导致下属自尊心受损，从而产生抵触情绪。

(二)报告

报告是下属用来向负责实施计划的管理者全面地、系统地阐述计划的进展的基本状况、当前存在的问题及原因的分析、已经采取了哪些补救措施、实际收到了什么效果、吸取的经验教训、预计可能出现的问题、今后的工作设想、需要得到管理者哪方面的支持和帮助等情况的一种重要方式。报告的主要目的在于提供一种如有必要，即可用作纠正措施依据的信息。

对报告的基本要求是必须做到适时性、突出重点、指出明确例外情况、尽量简明扼要等。通常，运用报告进行控制的效果，取决于管理者对报告的内容的具体要求。管理实践表明，大多数管理者对下属应当向其报告什么内容，缺乏明确的、系统的要求。随着组织规模及其经营活动规模的不断扩大，环境的不断改变，管理工作也日益复杂，难度也不断增大，而管理者的时间和精力却是有限的，因此定期的情况报告就变得越来越重要。

负责计划实施的上层管理者，为了更好地实施控制职能，通常需要报告以下四个方面的情况：一是投入程度——管理者需要确定在每项计划上需要做的工作，应该投入的精力和参与程度。二是进展情况——管理者需要汇报有关计划进展的情况，包括工作进度、资金使用情况、技术状况等。三是重点情况——需要汇报计划目前执行过程中的关键问题，以及预测未来可能出现的重要问题及应对方法。四是全面情况——需要掌握计划进展的全盘情况。

(三)比率控制

对于企业经营活动中的各种不同数量之间进行比率分析，是一项非常有益的和必需的控制技术或方法。比率分析就是将企业同一时期财务报表上的相关项目进行对比，形成一个比率，从中分析并评价企业的财务状况和生产经营情况。

一般说来，企业经营活动分析中常用的比率可以分为两大类，即财务比率和经营比率。前者主要用于说明企业的财务状况，后者主要用于说明企业经营活动的状况。

1.财务比率

企业的财务状况综合地反映了企业的生产经营情况。管理者通过财务状况的分析，可以迅速地、全面地了解企业资金来源和资金使用的情况；了解企业资金利用的效果以及企业的支付能力和清偿债务的能力。常用的财务比率有以下几类。

(1)资本金利润率。资本金利润率是指每投入一元资本所能带来的额外业务收入。

资本金利润率的计算公式为

$$资本金利润率 = 利润总额/资本金总额 \times 100\%$$

资本金利润率是利润总额占资本金(实收资本、注册资金)总额的百分比，是反映投资者投入资本的获利水平和能力的指标。资本金利润率是直接衡量企业经营成果的尺度，直接关系到投资者的权益，具有重要的现实经济意义。企业的固定资产利用率高，流动资产周转速度快,用同样的资本可完成更多的财务成果。资本金利润率,应高于银行存款利率或债券利率,企业才能继续经营下去。

(2)销售利润率、营业收入利税率、成本费用利润率。

①销售利润率,或称销售收入利润率,是衡量企业销售收入的收益水平的指标,反映了实现的利润在销售收入(营业收入)中所占的比重。比重越大,表明企业获利的能力越高,企业的经营效益越好。其计算公式为

$$销售利润率 = 利润总额/产品销售收入(营业收入) \times 100\%$$

②营业收入利税率,是衡量企业营业净收入获取盈利的指标。其计算公式

$$营业收入利税率 = (利润总额 + 销售税金)/营业收入总额 \times 100\%$$

③成本费用利润率是指企业一定期间利润总额与营业成本(销售成本)之间的比率。它是衡量企业营业成本、各项费用获利水平的指标,表明企业经营耗费所带来的经营成果。其计算公式为

$$成本费用利润率 = 利润总额/产品销售成本 \times 100\%$$

销售利润率、成本费用利润率都属于收益性指标,受企业内部自动化、机械化程度的影响,但不受企业生产规模的影响。因而可以用来分析比较同一企业不同时期的经济效益。

以上三种指标属于评价企业盈利能力的财务比率指标,分析这些指标的目的在于评价、考察企业一定时期里实现企业总目标的收益及获利能力,研究、分析企业以一定的劳动占用和劳动耗费取得多少盈利。

(3)资产负债率是负债总额与全部资产总额的比率,是指在企业全部资产中负债总额占多大比重,用来衡量企业利用债权人提供资金进行经营活动的能力,也就是反映债权人借出资金的安全程度。因此负债的比例越低,表明企业的偿债能力越强,债权人得到保障的程度越高。其计算公式为

$$资产负债率 = 负债总额/全部资产总额 \times 100\%$$

(4)流动比率是指流动资产合计数与流动负债合计数的比率,它用以衡量企业流动资产在短期债务到期以前,可以变为现金用于偿还流动负债的能力。其计算公式为

$$流动比率 = 流动资产合计数/流动负债合计数 \times 100\%$$

一般说来,企业流动资产大于流动负债,表明企业偿还短期债务的能力强。如果比率过低,说明企业偿债能力较弱。

(5)速动比率是指企业速动资产与流动负债的比率。所谓速动资产,是指流动资产减去存货等非速动资产后的差额。速动比率是衡量企业短期偿债能力的指标,反映企业流动资产中可以立即用于偿付流动负债的能力。其计算公式为

$$速动比率 = 速动资产/流动负债 \times 100\%$$

以上三种比率用于评价企业偿还债务能力的指标。企业在扩大生产经营规模中需要从银行或其他途径获得贷款或投资。作为贷款者或投资者必然要考虑几方面的问题,即他们比较愿意投资到一些经营成功的企业中,但又必须非常小心地评估、判断该企业有无发生清算破产的可能性以及收不回投资资金的风险。因此,在国外,贷款者或投资者通常使用上述这三种比率来估计企业的支付能力和偿还债务的能力。

(6)应收账款周转率是指企业赊销收入净额与平均应收账款余额的比率,它说明一定期间内公司应收账款转为现金的平均次数。这个指标是衡量企业收回应收账款效率的指标,反映企业应收账款的流动程度。其计算公式为

$$应收账款周转率＝赊销收入净额/平均应收账款余额×100\%$$

式中　　赊销收入净额＝销售收入－现销收入－(销售退回＋销售折让＋销售折扣)

$$平均应收账款余额＝(期初应收账款＋期末应收账款)/2$$

应收账款周转率反映的是企业一定时期内销售债权(即应收账款的累计发生数)与期末应收账款平均余额之比,表明销售债权的收回速度。收回速度越快,说明资产的利用效率越高。

(7)存货周转率是指一定时期内销货成本与平均存货的比率。它用于反映存货的周转速度,是衡量企业销售能力和管理存货效率的指标。其计算公式为

$$存货周转率＝销货成本/平均存货×100\%$$

式中　　　　　　$$平均存货＝(期初存货＋期末存货)/2$$

存货周转率反映企业存货在一定时期内使用和利用的程度,即利用存货的使用效率如何,或者存货是否超量。在保证生产经营连续性的同时,在一定时期内周转率越高,即周转次数越频繁,周转一次所需的时间越短,表明资产的利用效率越高,企业的短期偿债能力越好。以上两个比率用于分析企业营运能力的指标。

2.经营比率

经营比率反映的是企业的经营情况,常用的有以下几种:

(1)市场占有率又称市场份额,指的是企业主要产品的销售量(销售额)在同类产品的市场销售总额中所占的比重,它直接反映企业所提供的商品和劳务对消费者和用户的满足程度,表明企业的商品在市场上所处的地位。对企业来说,这是一个最重要的经营比率,因为只有取得了较为稳固的市场地位和较高的市场占有率,企业才能在激烈的市场竞争中获胜并取得可观的收益。而当一个企业的市场占有率下跌,就预示着一个企业开始走向衰败。

(2)相对市场占有率,即本企业某产品的市场占有率与同行中最大竞争者的市场占有率之比。常用的相对市场占有率指标有两种:一种是某公司的销售量与该公司所在市场中占领先地位的最大的三名竞争者销售量总和的百分比。如某企业有30%的市场占有率,其最大的三名竞争者的市场占有率分别为20%,10%,10%,三名竞争者的市场占有率总和是40%,则该企业的相对市场占有率是30%/40%＝75%。一般情况下,相对市场占有率高于33%,即企业被认为是强势的。另一种是与最大的公司销售量的百分比。如果这个相对市场占有率超过100%,则表明该企业本身就是市场领袖。

(3)投入-产出比率是对项目全部投资的利用效能的直接测量标准,其值越小,表明经济效果越好。下面是几项常见的投入与产出之间的测量标准。

①投入方面:工资及资金、实用工时、生产能力、主要原材料、能源等。

②产出方面:产品产量、销售量、销售收入、工业总产值等。几乎每项投入都能够同产出的任何一项对应成一对比率,以衡量某一方面的经营或管理效果和效率。例如,工业总

产值除以工时总数(工作日总数)得到时(日)劳动生产率;能源消耗量与工业总产值之比为产值能耗率等。

(四)审计控制

审计是对反映组织资金运动过程及其结果的会计记录及财务报表进行分析、审核、鉴定,以判断其真实性、正确性、合规性、效益性,从而为控制和决策提供依据。而审计控制是指根据预定的审计目标和既定的环境条件,按照一定的依据审查、监督被审计单位的经济运行状态,并调整偏差,排除干扰,使被审计单位的经济活动运行在预定范围内朝着期望的方向发展,以达到提高经济效益的目的。它的主要类型有:

1.财务审计

财务审计是指以财务活动为中心,检查并核实账目、凭证、财物等,以判断财务报表中所列出的综合会计事项是否准确无误,报表本身是否可以信赖等。其目的是揭露和反映企业资产、负债和盈亏的真实情况,查处企业财务收支中各种违法违规问题,维护国家所有者权益,促进廉政建设,防止国有资产流失,为政府加强宏观调控服务。

2.管理审计

管理审计是指利用公开记录的信息,从反映组织管理绩效及其影响因素的若干方面将组织与同行其他组织或其他行业的著名组织进行比较,以判断组织经营与管理的健康程度。它是以改善企业的管理素质和提高管理水平为目的,审查被审计事项在计划、组织、领导、控制、决策等管理职能上的表现,促使被审计单位提高管理水平以提高经营活动的经济性、效率性和效果性。

(五)制度控制

制度是一个组织中对某种活动工作的一种描述、计划和规定。凡是比较常见,具有重复性,由多个环节构成的管理活动都可以为其制定制度,以便管理者可按既定的程序或制度来处理这些重复发生的活动。组织中常见的制度很多,如决策制度、报告制度、施工管理制度、会计核算制度、费用报销制度等。

制定制度,有助于管理活动规范化。在一个组织中,发生最为频繁的是例行的事情。处理这些事情,在规定了制度之后,管理者就可以照章办事,不必事事请示,主管人员也就不用事必躬亲了,只要检查下属是否按制度办事就可以了。

制定制度,有助于节约管理活动的开支,提高管理活动的效率。制度中一般都明确了处理某项工作的要求,涉及哪些部门和人员,怎么办理,各自有什么权责等。这些明确之后,各个管理人员的责任也就清楚了,谁不履行职责,延误了事情就由谁负责。按既定的原则办理事情,自然有助于提高管理活动的效率。

制度规定了所涉及的办事人员的职责与权利。在既定的权责范围内,管理人员可以自主地处理各项事情。事情办得好,圆满完成了任务,是其功劳,可以得到褒奖;反之,则会受到批评惩罚。

(六)成本控制

成本控制,是企业根据一定时期预先建立的成本管理目标,由成本控制主体在其职权范围内,在生产耗费发生以前和成本控制过程中,对各种影响成本的因素和条件采取的一系列预防和调节措施,以保证成本管理目标实现的管理行为。

成本控制包括产品形成的全过程,主要内容可分为两大部分,即投产前成本控制和投产后成本控制。

1.投产前成本控制

投产前成本控制主要是目标成本控制,企业的目标成本是经营目标的重要组成部分,目标成本控制包括两层意思:一是目标成本实行自身控制,即在确定目标成本时,要进行市场调查,可行性研究,确定产品价格和目标利润,在此基础上再确定产品目标成本,这时为了保证目标利润的实现,必须对目标成本进行控制。二是利用目标成本去控制设计成本和产品试制成本,以确定产品投产后的成本水平,这就要求设计方案不仅要保证产品质量,同时要从经济上符合目标成本的要求,即设计成本必须低于目标成本。

2.投产后成本控制

投产后成本控制主要是生产成本控制,统称为过程控制或反馈控制,实际上就是对产品实体形成过程和经济事项实际发生过程的控制。这个阶段的成本控制,要将在发生的成本与目标成本、定额成本与费用限额等进行对比,将偏离情况及时形成信息,返回到职能部门、责任部门或决策部门,以便及时采取措施,巩固成绩、克服缺点、防止浪费现象的继续发生。

【任务小结】

管理控制使用最广泛的控制方法是预算控制,其次还有许多不同种类的非预算控制技术与方法。预算控制按预算内容不同可分为经营预算、投资预算、财务预算。预算方法主要有零基预算法。非预算控制技术和方法,包括传统的控制方法如视察、报告、比率控制、审计控制、制度控制、成本控制等。

职场指南

同学们可以通过控制的学习,应用于日常生活中对自己学习的管理控制,通过一些控制措施保证学习达到自己设定的目标;可以应用于生活中对经济的管理,控制好每个月的开支,为今后不做"月光族"积累经验;学习控制还为以后的工作打好基础,要做好企业内部的控制工作,不但需要我们认真学习控制的基础理论和方法技巧,同时还需要我们具备控制好自己情绪的能力,更要求我们能够从企业长远发展战略的角度综合考虑问题,主动适应和采取控制措施。

案例分析

案例1　格力有效控制与成功经营

格力耗时8年与春兰争夺业界第一,终于在1997年分出胜负。截至1998年8月底,格力已出售产品150万台,产销量、出口、市场占有率第一,比1997年增长30%,对于格力获胜的原因,众说纷纭,记者深入格力集团发现:除了专业化经营,科学营销网络,最重要的是格力的质量控制体系。

格力并不是一开始就重视质量控制问题的。在1993年,格力和其他国产空调一样存在着噪音等问题,当时格力对此争论也颇多,一种意见认为格力和春兰、科龙比质量并不差,没有必要在这个问题上花更大力气,应该在规模上、价格上向同类对手发起冲击。但一件小事改变了格力人的看法,当时一个意大利公司进口的20台格力空调全部遭退货,原因是其中一台室外机的外壳在使用3个月后出现了一个锈斑。格力人认识到在国际市场有一个更高的标准存在。格力必须把质量控制放在国际与未来市场的标准上来重新考虑这个问题。格力不仅把国内空调普通使用的轧钢板全部换成镀锌钢板,而且考虑构筑格力的质量体系。1995年3月,格力成立了独一无二的筛选工厂,600人的工厂不产生效益,只负责对进货所有零件进行100%的筛选,然后提供给组装车间。这看似是人员和财力的极大浪费,格力人却有自己的见解:只要有1%的零部件不合格,那么生产出来的整机便100%不合格。尽管是"笨方法",筛选工厂的钱省不得——因为一部整机一个零件出问题,你再怎么维修好,再怎么服务好,消费者心中都会有抹不去的阴影与不舒服感。

筛选工厂对格力的质量控制起了很大作用,也为格力在1996年扩大规模,获得空调界第一,打下了基础。筛选工厂可以保证格力在质量得到严格控制条件下,迅速轻松地扩大规模。在格力车间,与众不同的是每一道流水线的工序都有检测室和两名检测员,而不是像其他厂一样只在终端有检测员。检测员非常严肃、小心,因为一旦漏过一个机器或未检测出问题,查到一律开除。

除了筛选工厂,格力总共有400多个检测员。格力以零缺陷工程著称,试图把问题消灭在最初的环节。格力人制定了严格的18条总裁禁令。其中1条甚至专门规定海棉条贴法,称:要两头按好,中间一抹,这样才服帖,才能减少噪音。禁令规定任何工人少这一抹,发现二次立即开除。

在格力,管理分工非常明确,有专门负责质量控制和产品开发的人员。格力认为,质量控制不仅包括产品品质的稳定,还要包括新产品开发过程的控制。格力是空调行业专业厂中的佼佼者,没有退路可言,格力只有在空调技术开发上下功夫,今后十年市场才有保证,正是专业化的劣势促成了专业化的优势。格力已投资2个亿兴建科技大楼,其中模拟环境实验室将有助于解决空调零下20摄氏度开机运作问题,一旦解决,格力有望在东北市场加长空调使用时间,从而促进销售。

格力在市场宣传方面从无炒作新闻之类的想法,连其广告语也是平淡无奇——"好空调、格力造"。格力认为一个好企业不可能像一个事件或一个策划来发展、来渲染,只能在每个管理细节中下功夫。

请思考：

1. 请分析格力采用的控制方式。
2. 格力对质量控制的标准和做法有什么特点？

案例2　扁鹊的医术

魏文王问名医扁鹊说："你们家兄弟三人，都精于医术，到底哪一位最好呢？"

扁鹊答："长兄最好，中兄次之，我最差。"

魏文王再问："那么为什么你最出名呢？"

扁鹊答："我长兄治病，是治病于病情发作之前。由于一般人不知道他事先能铲除病情，所以他的名气无法传出去，只有我们家的人才知道。我中兄治病，是治病于病情初起之时。一般人以为他只能治轻微的小病，所以他的名气只及于本乡里。而我扁鹊治病，是治病于病情严重之时。一般人都看到我在经脉上穿针管来放血、在皮肤上敷药等大手术，所以以为我的医术高明，名气因此响遍全国。"

魏文王说："你说得好极了。"

事后控制不如事中控制，事中控制不如事前控制，可惜大多数的事业经营者未能体会到这一点，等到错误的决策造成了重大的损失才寻求弥补，有时是亡羊补牢，为时已晚。

请思考：

1. 请根据本例描述事前控制、事中控制和事后控制。
2. 试分析在什么情况下哪种控制模式最好。

案例3　汤姆的目标和控制

汤姆担任一家工厂的厂长已经一年多了。他看了工厂有关今年实现目标情况的统计表，可是厂里各方面工作的进展出乎他的意料之外，他为此气得说不出一句话来。他记得就任厂长后的第一件事就是亲自制定了工厂一系列计划目标。具体来讲，他要解决工厂的浪费问题，要解决职工超时加班工作的问题，要减少废弃料的运输问题。他具体规定要把购买原材料的费用在一年内降低10%～15%；把用于支付工人超时工作的费用从原来的11万美元减少到6万美元，要把运输费用降低3%。他把这些具体目标告诉了有关部门的负责人。

然而，年终统计资料却大大出乎他的意料。原材料的浪费比去年更为严重，原材料的浪费竟占总额的16%；职工超时费用只降低到9万美元；运输费用也根本没有降低，远没有达到原定的计划目标。

他把这些情况告诉了负责生产的副厂长，并严肃批评了这位副厂长。但副厂长争辩道："我曾对工人强调过要注意减少浪费的问题，我原以为工人也会按我的要求去做的。"人事部门的负责人也附和着说："我已经为消减超时的费用做了最大的努力，只对那些必须支付的款项才支付。"而物流运输的负责人则说："我对未能把运输费用减下来并不感到意外，我已经想尽了一切办法。我预测，明年的运输费用可能要上升3%～4%。"

在分别和相关方面的负责人交谈之后,汤姆又把他们召集起来提出新的要求,他说:"生产部门一定要把原材料的费用降低10%,人事部门一定要把超时费用降到7万美元;即使是运输费用要提高,但也决不能超过今年的标准,这就是我们明年的目标。我到明年年底再看你们的结果!"

请思考:

1. 汤姆就任后所制订的计划属于什么计划?
2. 你认为导致汤姆控制失败的原因是什么?
3. 汤姆的控制标准属于什么标准?
4. 汤姆所制定的明年的目标能完成吗?为什么?

案例4 HCL公司创新管理模式的力量

HCL是一家年营业额达23亿美元的印度IT服务公司。维尼特·纳亚尔在公司任职20年后就任公司总裁,而他执掌公司后面对极大困境:IT服务市场的规模在增长,但由于客户需求正变得越发复杂,而且供应商之间也没有明显差异。HCL目前还是一个二线印度品牌,IBM、EDS及Accenture等巨头仍占据市场主要份额。

面临这一局面,纳亚尔看到IT各服务市场正成为一个商品市场。每一家公司都宣称自己以客户为中心,但他认为,能创造出解决方案的人只有员工。他说:"员工的质量越高,也就是他们的能力、能动性、参与度越高,他们在这一交往中创造的价值也就越多。"

于是,纳亚尔开始创新一项改变HCL整个企业架构的进程——进行所有旨在"宠溺"员工,并给予员工以信心和技能来做到最好的事情。这些创新包括:

1. 反向责任制。HCL在全公司范围内启动了对所有管理人员的全方位评估,并将结果公布到网上供所有人查看。大约对1 500名管理人员进行了这种评估,纳亚尔认定这一活动取得了巨大成功。这些调查虽然不和薪酬或升迁挂钩,但测试的公众性质则让管理人员对此足够重视。

2. 平行金字塔体系。纳亚尔认识到"我们沉迷于金字塔体系给予我们以确定性的想法之中",但他想要摧毁这种"一个人说了算"的概念。因此HCL启动了"摧毁CEO办公室"行动。他们创建了一个平行金字塔体系——包含32个兴趣社区的组织,人们可以在这些兴趣社区中协作,并创造自身所处的金字塔体系之外的机会,从而让"一个人说了算"不再可能。3年后,HCL的营收中来自新想法和创新的部分有20%来自这些兴趣社区。

3. 整洁行动。说把员工摆在第一位很容易,但如何证明呢?HCL的答案是在管理部门和员工之间签订服务水平协议。对于每一份员工抱怨——从破椅到有争议的奖金——员工都可以在一个网站上开具服务条,并将服务条送到质询部门。至关重要的是,只有员工才能开具这张服务条,而由于服务部门是以反应速度和时间来考核的,因此有快速解决问题的强烈动机。

通过这些以及其他创新,HCL释放出了强烈信号:是一线员工创造了价值,组织起到的是支持作用,而非其他人员。

这些创新活动的结果怎样呢?相较于同行,HCL的成长速度更快,且员工流失水平更低。HCL展示了创新管理模式的力量。他们还在接近组织管理核心活动的四大领域上做出了变革。

1.在协作活动上采取新方法。HCL采取了将员工与项目匹配起来的新方法,而不是从顶层分配所有项目。

2.在决策制定上采取新方法。HCL鼓励员工对自己为客户想出的创造性解决方法负责。

3.在确定目标上采取新方法。HCL详尽地表示"客户是第二位的",让员工满意才是他们最关心的,其他所有事情都遵照这一点。

4.在激励员工上采取新方法。HCL寻找让员工产生做好工作的内在动因的方法——通过制造一个更具支持性、更令人享受的工作环境。

有一些证据表明,一个截然不同的商业模式能够产生长期效益。但其实,一种新的管理模式也能做到这一点。在HCL这个创新案例中,管理模式创新产生了更高程度的员工参与,而这反过来又让客户满意度和财务表现出现了提升。

请思考:

管理创新对企业的发展有何意义?

案例 5 邯钢的成本控制

钢铁行业是多流程、大批量生产的行业,为了严格成本管理,邯钢在成本管理方面率先引入市场竞争机制,建立了以市场竞争力为导向分解内部转移成本,再以此为控制指标,落实到人和设备上,将指标责任与奖罚挂钩的独特的成本控制体系。

对邯钢而言,要挤出利润,首先要确定效益最佳的单位产品目标成本。公司根据一定时间内市场上生铁、钢坯、能源及其他辅助材料的平均价格编制出企业内部转移价格,并根据市场价格变化的情况每半年或一年做一次修订。各分厂根据原材料的消耗量和"模拟市场价格"核算本分厂的产品制造成本,也以"模拟市场价格"向下道工序"出售"自己的产品。获得的"销售收入"与本分厂的产品制造成本之间的差额,就是本分厂的销售毛利。

如三轧钢分厂生产的线材,当时每吨成本高达1 649元,而市场只能卖到1 600元,每吨亏损49元。经过预算,这49元全部让三轧钢分厂一个生产单元消化根本做不到。如果从原材料采购到炼钢、轧钢开坯和成材,各道工序的经济指标都优化到历史最高水平,就有可能解决问题。比如为使产品的包装质量符合公司要求,修卷减去的线材头尾一个月达上百吨,由此造成的损失超过6万元。为了降低成本,邯钢对卷线机进行了技术改造,在充分保证包装质量的前提下,轧用量降低了40%,吨材成本下降8万元。其他流程环节也纷纷采取不同手段降低成本,开坯的二轧钢厂挖潜降低5元/吨坯,生产钢锭的二炼钢厂挖潜降低24.12元/吨钢。原材料外购生产每吨由780元降到750元以下……这样环环相扣,8+5+24.12+(780-750)>49,就可以扭亏为盈。

总厂分别给各生产单位下达了目标成本,其中给三轧钢分厂下达了吨材1 329元的不赔钱成本指标。面对这一似乎高不可攀的指标,分厂的领导班子感到压力非常大,但又提不出达不到的理由。因为这既是从市场"倒退"出来的,又是比照自己的历史水平和先进水平测算出来的,再下调就意味着邯钢就要出现亏损。面对新的成本目标,只能扎实工作,努力实现。

三轧钢分厂组成专门班子,将工段进行层层分解,将总厂下达的成本指标用"倒推"的办法,测算出各项费用在每吨成本中的最高限额。比如,各种原材料消耗,各项费用指标等,达到840多元(时价)1吨的铁水,小到仅0.03元的印刷费、邮寄费,横向分解落实到各个科室,纵向分解落实到各个工段、班组和个人,层层签订承包协议,并与奖惩挂钩,使责权统一,使每个单位、每个职工的工作都与市场挂钩起来,受市场的考验,形成全厂纵横交错的目标成本管理体系。

为促使模拟市场核算这一机制的高效运转,当然需要严格的奖惩机制保驾护航。在考核方法上,公司通常给分厂下达一组目标成本和目标利润。分厂制造成本低于目标成本,即形成成本降低额或称贷差。作为计奖或不"否决"奖金的依据,反之则"否决"奖金。实际内部利润大于目标利润的差额,通常也被当作计奖。在现实中,有的公司以考核成本降低额为主,有的以考核内部利润为主。在保证基本收入的前提下,加大奖金在整个收入中的比例,奖金约占工资的40%~50%;设立模拟市场核算效益奖,按年度成本降低总额的5%~10%和超创目标利润的3%~5%提取,仅1994年效益奖就发放了3 800万元。结果,三轧钢分厂拼搏一年,不仅圆满实现了目标,而且扭亏为盈,当年为总厂创利润82.67万元。

采用项目成本倒推分解这种方法,从根本上改变了各个流程成本控制与总成本控制之间的关系,使个人的晋升与发展也与自己对总成本控制的贡献相关联,从而形成了良性循环。

请思考:

1.什么是成本控制?主要过程是什么?
2.邯钢是如何进行成本控制的?

复习思考题

一、单项选择题

1.( )为计划的实现提供保证,而计划为控制提供衡量的标准,二者互为条件。
A.决策　　　　　B.控制　　　　　C.管理　　　　　D.决策

2.( )是指根据计划和标准考核工作的实际结果,观察、跟踪和分析出现不良结果的原因,并追究个人责任以使其在实践中改进未来工作的一种控制方法。
A.直接控制　　　B.程序控制　　　C.跟踪控制　　　D.间接控制

3.编制预算实际上就是控制过程的第一步( )。
A.人员分配　　　B.拟定标准　　　C.成绩统计　　　D.财务分配

4.按预算控制的力度,预算可以分为刚性预算和( )。
A.资产预算　　　B.销售预算　　　C.成本预算　　　D.弹性预算

5.销售利润率是反映实现的(　　)在销售收入中所占的比重。
A.利润　　　　　B.花费　　　　　C.成本　　　　　D.投资

6.审计是对反映组织(　　)过程及其结果的会计记录及财务报表进行审核、鉴定,以判断其真实性和可能性,从而为控制和决策提供依据。
A.人事变动　　　B.资产变更　　　C.资金运动　　　D.收入来源

二、判断正误

1.依据纠正偏差措施的作用环节不同,控制可分为间接控制和直接控制。　　(　　)

2.控制的步骤包括确定控制标准、绩效考核和采取措施。　　(　　)

3.按预算的内容不同,预算可分为销售预算、风险预算、财务预算。　　(　　)

4.计划和控制互相独立,不是一个连续有机的整体。　　(　　)

5.现场控制是指组织管理者对计划执行中的人和事进行指导和监督,以保证活动目标按计划实现。　　(　　)

6.跟踪控制即对由多个环节构成、经常性的重复出现的活动,要求执行人员按规定的标准化程序或预先编好的步骤来完成,以保证业务处理质量达到控制目标和要求。
　　(　　)

7.绩效考核就是对计划执行的实际情况和成果进行实地科学的对比和测评,并做出最终判断。　　(　　)

8.预算就是用数量,特别是用财务数字的形式条理化地描述组织未来的综合计划活动,并把这些计划分解落实到组织的各管理层次和各部门中去,从而达到实施控制的目的。
　　(　　)

9.经营预算是对企业的固定资产的购置、扩建、改造、更新等,在可行性研究的基础上编制的预算。　　(　　)

10.视察是一种最古老、最直接的控制方法,它帮助管理者获得二手的信息和资料。
　　(　　)

三、思考题

1.简述预算控制、分类和缺点。

2.什么是控制?简述控制的内容。

3.控制工作的主要步骤有哪些?

4.描述零基预算法。

5.非预算控制有哪些?

项目八　创　新

项目学习目标

知识目标 >>>

1. 掌握创新与创新管理的含义；
2. 了解创新管理的途径；
3. 理解当代创新管理思想。

能力目标 >>>

1. 能够分析企业成功的商业创新模式；
2. 学会用新时期的管理思想进行管理。

思政目标 >>>

1. 本项目通过对知识管理、学习型组织的学习，培养学生长期的、持续的、终身的学习思想意识。
2. 在技术创新中，结合中国科技发展现状与国际差距，如中兴事件，激励学生的爱国热情。通过介绍中国高铁、珠港澳大桥建设等先进的中国制造，增强学生民族自信心。

项目指南

本项目有两个主要任务，任务一使学生寻找并模拟组织自身的创新点，引出创新与管理创新的含义；任务二学生分小组查找当代企业有代表性的创新案例，发掘它们的创新点，在完成项目的同时潜移默化地影响学生，使学生在今后的学习、生活中灵活理解并运用管理创新和当代的创新管理思想。

任务一　管理创新

引导案例

劳斯莱斯的命运

劳斯莱斯汽车公司创立于 1906 年,它的汽车一直是一种身份的象征,但是,1998 年 6 月,劳斯莱斯汽车公司却被德国大众以 13 亿马克收购。劳斯莱斯公司之所以沦落到被大众收购的地步,与该公司故步自封、缺乏创新和开拓精神有很大的关系。世界早已进入用机器人生产汽车的时代,而劳斯莱斯还是主要靠手工生产;在世界汽车工业差不多年年都有新车型的情况下,劳斯莱斯却保持 18 年不变。有效的创新管理有助于提高创新成功的可能性,而低劣的管理,很容易造成有潜力创新的市场失利。

问题:
管理创新对企业的生存和发展有什么样的重要作用?

任务导入

任务目标
各团队寻找组织自身的创新点。

任务引导
1.以"企业"为单位,"企业"成员之间互相讨论,为企业创设环境并找出企业自身的创新点。
2.每个"企业总经理"介绍组织的创新点。

任务方法
每个学习小组为一个"企业",做好组内交流日志,记录每一名学生发言创新点,并进行归纳和总结。每个学习小组的"企业总经理"介绍关于本企业的创新点,各团队互评。教师点评。

项目任务指引案例:

不断创新的××电子企业

××公司是生产视频设备的厂商,在电子产品方面能够形成自己独特的竞争能力,反映在以下几个方面:

(1)及时调整发展战略。每当环境发生急剧变化或企业发展面临新的转折点,××公司的高层管理者就会拿出应变措施,制定新的发展战略,为企业的发展指明方向。20世纪80年代初期，××公司出现了首次收益减少的情况，为了打破公司内部的沉闷气氛，公司推出了包括重点产品录像机、磁产品技术引进与开发、生产销售决策程序重组等在内的六大重点方针。随着××公司国际化的发展，高层管理者提出了"全球地方化战略"，从根本上改变公司的思维定式。进入21世纪，随着互联网的发展，××公司紧紧抓住消费者需求这个主题，不断调整自己的战略。

(2) 技术引进。在技术飞速进步的今天，一个企业要全揽某一方面的技术是不可能的，要尽可能利用各种关系，引进自己所需的技术。在这种思想指导下，根据公司发展需要，××公司不断引进新的技术。如与××联盟生产计算机内置摄像头，与××联盟共同开发CD光盘，与××公司共同开发软件等。

(3) 重视独创性。××公司在引进技术、开发新产品之际，非常注重培养自己的核心技术。每当出现新的技术，只要与自己的研究、生产活动相关，就马上抓住机会，迅速应用到自己公司产品中来。有些技术刚出现××公司就开始考虑购买其专利，实现商品化。

知识链接

一、创新的重要性

(一) 创新能够推进人类社会发展

人类社会发展的历史就是一部创新的历史。特别是人类经济在近两百年里产生了奇迹般的巨大飞跃。14世纪的文艺复兴开启了新思维的解放；15世纪的大航海拓展了人类文明的疆域；16世纪启动的科学革命奠定了技术革命的基础；17世纪初资本市场的出现延伸了社会金融活动的空间；18世纪到20世纪开始的第三次工业革命开创了"蒸汽时代""电气时代""信息时代"，推动了经济的飞速增长，人类文明达到前所未有的发展。21世纪正在发生第四次工业革命，是有人工智能、生命科学、物联网、机器人、大数据、区块链等为代表的新技术推动的工业革命。第四次工业革命在技术更新和扩散速度、对人类社会的影响的深度和广度上，都是前三次工业革命不能相比的，学者在人类历史发展轨迹中发现了共同的元素——创新。

当前新一轮科技革命和产业革命蓄势待发，全球产业结构和竞争格局的深度调整正在孕育，未来可能取得突破的颠覆性创新对人类"技术-经济-社会"范式的变革具有重大意义。

(二) 创新能够提升国家、区域竞争力

改革开放以来，我国经济社会发展取得了巨大成就，但是，国民经济发展中长期积累的一些深层次矛盾和问题没有得到根本解决。突出表现在，经济结构不合理，经济增长方式粗放以及产业技术水平低。针对这一主要矛盾，习近平总书记提出了"发展必须是科学发展，必须坚定不移贯彻创新、协调、绿色、开放、共享的发展理念"，十九届五中全会提出完整、准确、全面理解和贯彻新发展理念，实现经济社会高质量发展，成功跨越"中等收入"

陷阱。创新是引领发展的第一动力。这也是把创新排在五大发展理念第一位主要原因。发展动力决定发展速度、效能、可持续性。对我国这么大体量的经济体来讲,如果动力问题解决不好,要实现经济持续健康发展和"两个翻番"是难以做到的。当然,协调发展、绿色发展、开放发展、共享发展都有利于增强发展动力,但核心在创新。抓住了创新,就抓住了牵动经济社会发展全局的"牛鼻子"。

(三)创新有利于提升企业竞争力

目前,全球的竞争越来越体现在经济和科技实力方面的竞争,而技术创新日益成为经济和科技竞争力的关键。越来越多的企业发展,仅有足够高的生产效率、质量甚至灵活性,已不足以保护市场竞争优势,创新日益成为企业生存与发展的不竭源泉和动力。10年前的《财富》500强企业中,将近40%的企业如今已经销声匿迹;30年前的《财富》500强企业中,60%的企业已经被收购和破产。1900年入围道琼斯指数的12家企业,只有通用电气(GE)一家持续发展。通过仔细解读常青树型企业的长寿经不难发现,百年企业的价值观和企业精神的核心都有两个字——创新,因为只有创新才能使企业拥有源源不断的生命活力,适应或者影响变革着的环境。

二、创新与管理创新

(一)创新与创新基本类型

"创新"一词最早来自拉丁语"innovare",意思是更新、制造或者改变事物。不少学者对创新都有自己的表述,其中有代表性的定义有:"创新是将新的观念和方法诉诸实践,创造出与现存事物不同的新东西,从而改善现状";"社会主体凭借理念和实践超常而首创性地对事物(物质)进行旧质形态向新质形态转化的活动";"创新是指人们在实践中通过研究发现了关于自然、社会和人本身及其它们之间的相互作用的新过程、新本质和新的规律,以及运用这种新的认识发明了新的技术,首创了新的实践方法,创造出了新的事物与过程,是就其过程更是就其最终成果而言的";"创新就是指产生新的思想和行为的活动,它一般包括设备的更新、产品的开发或工艺的改进等"。

哈佛大学教授约瑟夫·阿罗斯·熊彼特的破坏性创造理论指出,创新是把一种从来没有过的关于生产要素的新组合引入生产体系。创新的目的在于获取潜在利润。他将创新归纳为五类:以引入一种新产品为主要内容的创新,以引入一种新的生产方法为主要内容的创新,以开辟新市场为主要内容的创新,以获得新的原材料为主要内容的创新,以及以实现一种新的组织为主要内容的创新。

总之,创新是从新思想(创意)的产生、研究、开发、试制、制造到首次商业化的全过程,是将远见、知识和冒险精神转化为财富的能力,特别是将科技知识和商业知识有效结合并转为商业价值或者社会价值的能力。广义上来说,一切创造新的商业价值或社会价值的活动都可以被称为创新。

创新是一个系统。创新由创新主体、创新对象、创新手段与创新环境四个基本要素构成。创新主体是系统中唯一具有能动性的、活的要素,而人的意识的能动性形式是一切事物中最高级、最复杂的能动性形式,可以开辟创新的深度、广度等可能性空间。在创新系统中,创新的各个要素是通过人的认识的创新和实践的创新结合而形成有机整体的。创新是一个过程,它是从思想到行动、从构想到现实的知行统一的发展过程。认识的创新与实践的创新彼此影响、交互作用,共同推动着创新系统的运动变化与发展。

管理创新则是指在探究人类创新活动规律的基础上,对管理活动改变的过程,是一种产生新的管理思想和新的管理行为的过程。作为管理活动的一种状态,管理创新就是通过改变管理活动的理念和方法,引入新的管理理念和方法,来实现组织管理效率的提升。企业中的创新活动,不仅是员工的自发性行为,更包括企业自觉的管理过程。例如,我国航天创新,神舟系列飞船的成功发射,就是有计划、有组织管理的结果。因此,管理创新通过对人类创新规律的把握,合理安排操作组织中的创新活动。管理创新中的管理不仅是一个名词,同时也是一个动词,即对于人类创新活动的管理过程。

(二)创新的有效管理

创新是国家竞争优势的来源和企业持续发展的关键。但是,创新是一项风险大、对智力资本要求很高的经济社会行为,不当或过度的创新,会给国家和企业带来巨大的经济损失。在《创新者的解答》一书中,克里斯坦森写道:"不论那些天赋超群的人如何努力,许多制造产品的尝试最终都失败了。6成新产品在上市前夭折了,在上市的4成产品中,40%无利可图,从市场上撤下。总计起来,在产品开发上,75%的投资在商业上以失败告终。"

很多创新思想不一定能最终转变成产品。一些行业的创新成功率很低。以新药开发为例,在3 000个创新研发中,往往仅有1个能够在商业上获得成功,而且新药从研发到上市往往要经过数年或者更长的时间,且耗资数亿美元。可见创新过程充满了不确定性,涉及许多因素,如技术因素、市场因素、社会因素和政治因素等。因此,只有对整个创新过程进行周密管理,才有获得成功的可能性,从而完成创意到市场价值的转化。

(三)创新管理与维持管理的关系

作为管理的基本内容,维持与创新对系统的存在都是非常重要的。维持是保证系统活动顺利进行的基本手段,也是组织中最常见的工作。根据物理学的递增原理,原来基于合理分工、职责明确而严密衔接起来的有序的系统结构,会随着系统在运转过程中各部分之间的摩擦而逐渐地从有序走向无序,最终导致有序平衡结构的解体。管理的维持职能便是严格地按预定的规划来监视和修正系统的运行,尽力避免各子系统之间的摩擦,减少因摩擦而产生的结构内耗,以保持系统的有序性。没有维持,社会经济系统的目标就难以实现,计划就无法落实,从而整个系统就会呈现出一种混乱的状况。所以,维持对于系统结构的延续是至关重要的。但是,仅有维持是不够的。任何社会系统是一个由众多要素构成的,与外部不断发生物质、信息、能量交换的动态、开放的非平衡系统。而系统的外部环境是在不断地发生变化的,这些变化必然会对系统的活动内容、活动形式和活动要素产生不同程度的影响;同时,系统内部的各种要素也是不断发生变化的。系统内部某个或某些要素在特定时期的变化必然要求或引起系统内其他要素的连锁反应,从而对系统原有的目标、活动要素间的相互关系等产生一定的影响。系统若不及时根据内外变化的要求,适时进行局部或全局的调整,则可能被变化的环境所淘汰,这种为适应系统内外变化而进行的局部和全局的调整,便是管理的创新职能。

作为管理的两个基本职能,维持与创新对系统的生存发展都是非常重要的,它们是相互联系、不可或缺的。创新是维持基础上的发展,而维持则是创新的逻辑延续;维持是为了实现创新的成果,而创新则是为更高层次的维持提供依托和框架。任何管理工作,都应围绕着系统运转的维持和创新而展开。只有创新没有维持,系统会始终处于无序的混乱状态,而只有维持没有创新,系统则缺乏活力,犹如一潭死水,适应不了任何外界变化,最终会被环境淘汰。卓越的管理是实现维持与创新最优组合的管理。

(1)创新管理与维持管理在逻辑上表现为相互连接、互为延续的链条。组织的管理总是从创新到维持,再到创新和再到维持循环反复的过程。美国管理学者戴维·K·赫斯特运用案例研究的方法揭示了组织管理的维持和创新生态的循环过程,这种过程如同森林的产生、成长、毁灭和再生的循环过程。

(2)有效的管理是实现维持与创新最优组合的管理。维持与创新逻辑上的相互连接、互为延续的关系并不意味着两者在空间和时间上的分离。事实上,组织管理活动是维持和创新的相互融合。有效的管理就是根据组织的结构维度和关联维度来确定维持和创新的组合。一方面,过度维持会导致组织的僵化和保守,抑制人的能力的发展,也会忽视市场的竞争和技术的变化,导致组织反应能力的下降,使得组织失去发展的机会;另一方面,过度的创新和对创新的采纳消耗了大量的物力、财力资源,并不能从创新收益中得到补偿;过度创新会导致组织规章制度权威性减弱、结构体系紊乱、专业化程度削弱;严重的过度创新还会导致组织凝聚力下降,乃至组织瓦解。

(3)维持管理与创新管理在目标和方向上的不同表现为在基本功能上的差异。就管理使命来说,创新管理是力图突破现状,抛弃一切不适宜的传统的做法,而维持管理则致力于维持秩序和守业。在计划上,创新是以确定组织未来的经营方向为目标,而维持管理一般是编制短期、周密的计划方案和预算。在组织上,创新管理联合所有相关者,形成企业内外相互密切配合的关系网络。而维持管理一般是设计体现合理的工作分工和协作、汇报关系的结构体系,并配备合适的人员执行结构设计所规定的角色任务。在领导上,创新管理通过与所有能提供合作和帮助的人进行大量的沟通交流,并提供有力的激励和鼓舞,率领大众朝着某个共同方向前进;而维持管理借助于指挥、命令,通过上级对下级的指导、监督,使各层次、各部门的人员能按部就班地开展工作。在控制上,创新管理表现为尽量减少计划执行中的偏差,确保主要绩效指标的实现。而维持管理因适应环境变化的需要而适时、适度地调整计划目标。从总体上来说,维持管理与创新管理在风格上表现出较大的差异性。在组织中,一个管理者往往难以承担起两个方面的角色任务。

三、管理创新途径

(一)管理创新的基本内容

管理的基本职能活动可以分为计划、组织、领导、控制和创新。因此,按照不同职能管理的特点,也可以将管理创新划分为计划创新、组织创新、领导创新和控制创新。在现有的理论研究和实践活动中,战略创新、技术创新、组织创新、环境创新、管理模式创新和人力资源管理创新是常见的管理创新形式。

1. 战略创新

世界一流的战略大师、当今战略管理的领路人加里·哈默尔提出："在不断变化的世界里，战略改革是创造财富的关键。战略创新能调整现存行业模式，既为客户创造价值，又能打乱竞争者的脚步。战略创新是新来者面对巨大的资源短缺也能成功的唯一途径。"企业是在一定的经济环境中从事经营活动的，特定的环境要求企业按照特定的方式提供特定的产品。当环境发生变化，企业的生产方向、经营目标以及企业在生产过程中与其他社会经济组织的关系就要进行相应的调整。例如，在高度集权的经济体制背景下，企业必须严格按照国家的计划要求来组织内部的活动。当社会发生了根本转型，企业同国家和市场的关系发生了变化，企业必须通过其自身的活动来寻求生存和发展。企业的目标就要调整为"通过满足社会需要来获取利润"。至于企业在各个时期具体的目标，则更需要适时地根据市场环境和消费需求的特点及变化趋势加以整合，每一次调整都是一种创新。

创新同时也需要企业的战略引导，从学科的逻辑结构与思想方式看，创新与战略几乎相同。企业创新不足与企业自身战略管理能力的薄弱有很大的关联。许多企业只重视利润和销售额指标，而没有基于自主知识产权及技术创新的增长表。企业自主创新，首先要突破企业的传统发展模式，是实现从基于引进与简单制造的经营方式转型，向整合国内外新兴、突破性科学技术和商业资源，创造更高附加值、更环保的产品或服务的方向迈进。世界创新的典范——3M公司一直在战略上要求当年开发的新产品和服务要为下一年的销售收入创造10%的贡献，这样的战略目标使得3M每年开发的新产品高达1 500件。因此，增强战略管理能力，加强企业战略与技术创新的良性互动，是增强战略创新能力的重要条件。没有企业战略及产品、技术实现的战略路径分析，中国企业自主创新难以真正实现。

2. 技术创新

技术创新是企业创新的主要内容，现代工业企业的一个主要特点是在生产过程中广泛运用先进的科学技术。技术水平是反映企业经营实力的一个重要标志，企业要在激烈的市场竞争中处于主动地位，就必须顺应甚至引导社会技术进步的方向，不断进行技术创新。由于一定的技术都是通过一定的物质载体来体现的，因此企业的技术创新主要表现在要素创新、要素组合方法的创新以及产品创新三个方面。

3. 组织创新

组织创新就是为技术创新活动提供新的组织支持，以适应新的环境下的生产和服务。企业的组织创新包括要素组合的创新、制度创新和文化创新三个层面的内容。要素组合的创新主要是从技术角度分析了人、机、料各种结合方式的改进和更新。而制度创新则需要从社会经济角度来分析企业系统中各成员间正式关系的调整和创新。制度是组织运行方式的原则规定。企业制度主要包括产权制度、经营制度和管理制度三个方面的内容。企业系统的正常运行，既要求具有符合企业及其环境特点的运行制度，又要求具有与之相应的运行载体，即合理的组织形式。因此，企业制度创新必然要求组织形式的创新和发展。组织文化创新首要是从企业的生存环境根本性变化入手，对企业文化进行变革，以期实现组织行为与环境的一致性。经济竞争的最高层次是文化竞争，而文化具有传承性，由旧文化转型为新文化,一方面必须重新整合赋予旧的企业文化以新的内涵;另一方面,必须紧紧盯住世界企业文化创新的趋势。对我国企业来说,企业文化创新的关键是把东方儒家文化的精华与西方现代管理科学有机地融合起来,创立符合企业实际的具有中国特色的新型企业文化。

4.环境创新

环境是企业经营的土壤,同时也制约着企业的经营。环境创新是指通过企业积极的创新活动去改造环境,引导环境朝着有利于企业经营的方向变化。例如,通过企业的公关活动,影响社区、政府政策的制定;通过企业的技术创新,影响社会进步的方向等。就企业来说,环境创新的主要内容是市场创新。市场创新主要是指通过企业的活动去引导消费,创造需求。新产品的开发往往被认为是通过企业的营销活动来进行的,即在产品的材料、结构、性能不变的前提下,或通过市场的地理转移,或通过揭示产品新的物理使用价值,来寻找新用户,抑或通过广告等促销工作,来赋予产品一定的心理使用价值,影响人们对某种消费行为的社会评价,从而诱发和强化消费者的购买动机,增加产品的销售量。

5.管理模式创新

管理模式是管理内容、管理方法、管理手段和形式的有机统一。在市场经济下,企业管理模式创新有两种:一种是以改进产品和服务为主的市场适应模式;另一种是以创造产品和服务为主的市场创造模式。发达国家常采用市场创造模式,而我国的企业目前主要采用市场适应模式。这主要是因为,我国的企业仍处在一个经济转轨变型的时期,尽管近几年企业的经营转变向着现代企业转型很快,但是企业的技术开发和创新能力还较差。所以,我国企业的管理模式创新应围绕如何适应市场来调整管理内容、管理方法、管理手段和形式,并使它们有机地结合起来,在此基础上转向以创造产品和服务为主的市场创造模式转变。

6.人力资源管理创新

人力资源是企业中唯一不断增值的资源,必须加强开发和管理。目前的人力资源管理往往侧重于人员招聘、员工合同管理、考勤与绩效评估、薪酬与培训等与公司内部有关的事项,忽略了人自身价值的实现和对市场与顾客的关注。人力资源管理创新应做好以下工作:应该使其成为企业核心的部门,注重人力资源的开发,组建一个学习型组织,使员工得到公平合理的报酬,使员工得到自我发展的机会。

(二)管理创新的分类

管理创新可以从创新程度、变革方式和组织化程度等多个角度分类。

1.按照管理创新程度分类,可以将管理创新工作分成渐进式创新与破坏式创新

所谓渐进式创新是对现有的管理理念和管理方法进行局部性的改进,从而产生的一种新的管理活动;与渐进式创新不同,破坏式创新则是对现有的管理理论、手段和方法的根本性突破。管理活动是对人的活动协调和优化,管理者根据其有效管理理念和环境状况,选择适度的管理方法,渐进式创新或者破坏式创新,以期实现组织内部目标设置、资源分配、人员的激励和控制等的协调和优化。

2.按照管理创新变革方式分类,可以将其分为局部创新和整体创新

局部创新是指在系统性质和目标不变的前提下,系统活动的某些内容、某些要素的性质或其相互组合的方式等发生变动;整体创新则往往改变了系统的目标和使命,涉及系统的目标和运行方式,影响了系统社会贡献的性质。

3.从管理创新的组织化程度上看,可分为自发创新与有组织的创新

任何社会经济组织都是在一定环境中运转的开放系统,环境的任何变化都会对系统的存在和存在方式产生一定的影响,系统内部与外部直接联系的各子系统接收到环境变化的信号以后,必然会在其工作内容、工作方式、工作目标等方面进行积极或消极的调整,以应付变化或适应变化的要求。同时,社会经济组织内部的各个组成部分是相互联系、相互依存的。系统的相关性决定了与外部有联系的子系统根据环境变化的要求自发做了调整后,必然会对那些与外部没有直接联系的子系统产生影响,从而要求后者也做出相应的调整。系统内部各部分的自发调整可能产生两种结果:一是各子系统的调整均是正确的,给系统带来的总效应是积极的,可以使系统各部分的关系实现更高层次的平衡,然而这种情况是极少见的;二是各子系统调整的结果不确定,这种情况出现的概率是绝大多数的。因此,从整体上来说,调整后各部分的关系不一定协调,也就是说,各系统、各部分自发创新的结果是不确定的。

与自发创新相对应的是有组织的创新。有组织的创新包含两层意思,一是系统的管理人员根据创新的客观要求和创新活动本身的客观规律、制度化地检查外部环境状况和内部工作,寻求和利用创新机会,计划和组织创新活动。二是系统的管理人员要积极地引导和利用各要素的自发创新,使之相互协调并与系统有计划的创新活动相配合,使整个系统内的创新活动有计划、有组织地展开。只有有组织的创新才能给系统带来预期的、积极的和比较确定的结果。鉴于创新的重要性和自发创新结果的不确定性,有效的管理要求有组织地进行创新。因此,有计划、有目的、有组织地创新,取得成功的机会无疑要远远大于自发创新。

四、国际创新管理趋势

根据近年国际国内企业创新管理成果案例来看,当前创新管理的发展趋势表现为以下几个方向。

趋势一:由单纯技术创新转向全面创新。20世纪90年代以来,经济全球化、网络化趋势更加明显,以IT技术、互联网广泛应用为标志的新科技革命使得企业的生存与发展环境、经营目标与方式等发生了根本性的变革。企业面临的环境复杂动荡,竞争日益激烈,顾客需求的个性化、多元化和专业化,均为企业带来了新的挑战。仅有良好的生产效率、足够高的质量甚至灵活性已不足以保持竞争优势,全面创新正日益成为企业生存与发展的不竭源泉和动力。目前,一些国际知名创新型企业已经开始推行全面创新管理,我国海尔、格力、联想等企业,也开始了这方面的实践探索,且初见成效。

趋势二:由封闭式创新转向开放式创新。随着知识创造和扩散的速度加快、高级人才

的广泛流动及风险资本的盛行,公司愈来愈难以控制其专有的创意和专业技能,迫使企业加快新产品开发及商业化的速度。在知识经济条件下,以前盛行的使许多企业获得竞争优势的封闭式创新范式已不再适合,而前述新创企业所采用的完全不同于封闭式创新的模式——开放式创新模式越来越受到关注。开放式创新模式是指企业在技术创新过程中,同时利用内部和外部相互补充的创新资源实现创新,企业内部技术的商业化路径可以从内部进行,也可以通过外部途径实现,是在创新链的各个阶段与多种合作伙伴多角度的动态合作的一种创新模式。开放式创新改变了"非此地发明"的思维,企业必须充分利用外界丰富的知识技能资源,从外部寻找技术弥补内部创新资源的不足,将内部技术和外部技术整合起来,以创造新产品和新服务,使研发回报最大化。

趋势三:用户驱动的创新越来越重要。过去传统式创新是公司内部研发驱动为主进行创新,公司内部有一个很好的想法,经过研究开发市场。用户驱动的创新是企业利用用户的痛点或者创意开发产品并推向市场,获取竞争优势,如小米路由器 1 元公测,在产品上市之前,海选 500 个用户分批参与产品开发中来,通过用户反馈问题与意见,及时改进产品设计,提升产品市场竞争力。

趋势四:设计驱动的创新越来越重要。伴随着国家经济实力的提升,越来越多的企业认识到"技术同质、产品功能与外形雷同""低技术含量、低价格、低附加值"为企业产品推广、竞争力提升带来困境。针对研发实力相对薄弱的中国企业,技术创新与设计相结合成为企业实现从国际产业链下游向上游转移的有效途径。苹果公司 2001 年推出的 iPod 第一代音乐播放器是用"人性化"的外衣包装令人生畏的技术的典型案例,也是将设计融入技术,实现产品推广的典型。2007 年 4 月,iPod 的销量突破了 1 亿台,连续 6 年实现高增长,为苹果公司带来了丰厚的利润。

趋势五:跨界颠覆性创新越来越重要。全球颠覆式创新大多数都是 A+B=C,因为在 A 上实现突破很难,在 B 上实现突破也很难,但是把 A 与 B 和在一起就会创造出 C,例如,埃隆·马斯克原来并没有做传统汽车的长期经验,带领团队通过跨界推出的特斯拉电动汽车,可以说颠覆式地冲击了整个传统汽车行业。

趋势六:社会创新越来越重要。在商业创新的驱动下,尽管地球上的财富一直以加速度增长,但一直困扰着人类的那些基本问题——贫困、疾病、环境危机、劣质教育等问题,并没有因为财富增加而相应的减少,在某些地方甚至有加剧之势。普通的商业创新只解决了一半问题——那就是创造私人财富,如何将私人财富利用"更具创造性",让财富真正成为人类抵挡或尽可能减少各种灾祸、变成为人类整体谋福利的手段,而不是表示富人身价和政客政绩的数字。孟加拉国经济学者穆罕默德·尤努斯为此创办的小额贷款银行创新了银行贷款模式,专门提供给那些因贫困而无法获得传统银行贷款的人,这种创新并不是它获得多少商业价值,更大的意义是实现社会价值,原先贫困人口不能在传统银行获得贷款资金,通过他的创新银行贷款模式获得了资金。他本人也因此获得诺贝尔和平奖。创新也有其社会属性,他打破的是原有的社会财富的分配模式,使财富更公平、更均等地分配给需要的劳动者。

【任务小结】

创新是从新思想(创意)的产生、研究、开发、试制、制造到首次商业化的全过程,是将远见、知识和冒险精神转化为财富的能力,特别是将科技知识和商业知识有效结合并转为商业价值或者社会价值的能力。创新是一个系统。创新由创新主体、创新对象、创新手段与创新环境四个基本要素构成,创新主体是系统中唯一具有能动性的、活的要素。创新是一个过程。它是从思想到行动、从构想到现实的知行统一的发展过程。认识的创新与实践的创新彼此影响、交互作用,共同推动着创新系统的运动变化与发展。管理创新是指在探究人类创新活动规律的基础上,对管理活动改变的过程,是一种产生新的管理思想和新的管理行为的过程。作为管理活动的一种状态,管理创新就是通过改变管理活动的理念和方法,引入新的管理理念和方法,来实现组织管理效率的提升。管理的基本职能活动可以分为计划、组织、领导、控制和创新。因此,按照不同职能管理的特点,也可以将管理创新划分为计划创新、组织创新、领导创新和控制创新。在现有的理论研究和实践活动中,战略创新、组织创新、技术创新、环境创新、管理模式创新、人力资源管理创新是常见的管理创新形式。

任务二 当代创新管理思想

引导案例

联想学习型组织的建设

联想集团创建于1984年,在2008年就已发展为拥有19家国内分公司、21家海外分支机构、近千个销售网点、职工6 000余人、净资产16亿元,以联想电脑、电脑主板、系统继承、代理销售、工业投资和科技园区六大支柱产业为主的技工贸一体、多元化发展的大型信息产业集团。联想成功的原因是多方面的,但主要的一点是联想具有丰富而有特色的组织学习,使得联想能顺应环境的变化,及时调整组织结构、管理方式,从而健康地成长壮大。

1.从合作中学习。联想与多家国际大公司建立或保持良好的合作关系,如 HP、Intel、Microsoft、东芝等,并把向这些合作伙伴学习作为实现自己战略目标的重要步骤。学习他人之长,培养本土人才,提高企业综合竞争力一直是联想的学习脉络。套用柳传志的一句话:"不长本事的事不做"。

2.向竞争对手、同行或不同行的优秀企业学习。联想对硅谷公司有深入的分析,认真探索 IBM、COMPAQ 等竞争对手的长处与短处。甚至向不同行的优秀企业如海尔的服务方式学习。

3.向用户学习。联想的免费热线不仅用于回答用户的问题,而且通过电话主动回访,从用户那里了解市场需求,以作为联想了解市场,获取市场信息的重要手段。

4.从联想自身的过去学习。联想是一个非常善于从自己过去的经验中学习的公司,不仅总结过去的成功与失败,而且寻本究源,总结出很多规律性的管理经验,如"鸵鸟理论""贸工技三级跳""管理三要素""一个目标、三步走、五条战略路线、六大事业"等。

联想学习型组织的机制:

1.开会。联想会多,大会小会如誓师会、总结会、研讨会、协调会、工作会等。通过会议达到沟通、交流与磨合的目的。联想的会不是流于形式的,而是讲究实效的。

2.教育与培训。联想有较完善的教育培训体系,从新员工的"入模子"培训到高级管理人员研讨或管理培训、从专业技能培训到理论研讨,无论老总还是工人都有充分的培训机会,除培训外,联想还注意引导员工走向自觉学习。

3.领导班子议事制度。如每周一次总经理晨会,每月一次总经理例会,每季一次总经理沙龙,每种会有不同的层次议题,形成"把问题放在桌面上谈""自己看不透的事听别人的,自己想透了别人没明白时得设法让别人明白""问题谈开谈透再行动"等朴素而有效的议事方法。

4.委员会和工作小组。由不同部门领导和专家学者组成的投资委员会和技术委员会,在客观上促进了学习型组织的发展和完善。

问题:

1.联想成功的最主要原因是什么?
2.从联想的成功中你学到了什么?

任务导入

任务目标

各团队查找当代企业有代表性的创新案例,发掘它们的创新管理思想并在班级演讲。

任务引导

1.各团队查找当代企业有代表性的创新案例。

2.分组讨论交流所收集的资料与自己的想法,发掘资料中的创新管理思想,做好交谈记录。

3.以学习小组为单位,选派代表以"××创新管理"为题进行演讲比赛。

任务方法

每个学习小组做好组内交流日志,每一名学生均须提供自己整理的资料,每组记录分析每一名学生收集的资料,并上交交流记录。每个学习小组推荐两名学生以"××创新管理"为题进行演讲比赛。各小组推选两名评委给演讲同学打分,该小组演讲时,该小组评委不参与。教师加入评委打分。汇总每一名学生的得分,加总小组两名学生的得分,对评出最低得分组学生进行惩罚,惩罚措施是小组全体成员给同学们表演节目。教师点评。

知识链接

在以人为本的知识经济社会,我们面临着很多机遇和挑战,企业能否在激烈的竞争中赢得胜利,是每个管理者需要研究和探索的问题。我们只有尽快深入地了解和掌握新时期管理的思想、观念和方法,才能使企业在复杂多变的环境中更好地生存和发展。知识管理、学习型组织、柔性管理和危机管理就是当代具有代表性的创新管理思想。

一、知识管理

(一)知识管理的内涵

知识管理是知识经济时代的一种全新的管理思想,是知识经济的产物。知识经济是以知识为基础的经济,它与农业经济、工业经济不同,知识作为第三种资源,将成为经济社会发展的首要资源,成为真正的资本和首要的财富。在知识经济时代,管理的重点是知识的有效研究与开发,是员工知识的交流、共享与培训,是加快隐性知识的显性化和共享,以提高企业的应变和创新能力。

知识管理就是为企业实现显性知识和隐性知识共享寻找新的途径。知识管理既着眼于获得显性知识,更着眼于获得隐性知识,因为显性知识易于管理和进行计算机存储,而隐性知识则难以掌握,它集中存储在员工脑海里,是员工的个人经验。

知识管理不同于信息管理,它是通过知识共享,运用集体智慧提高应变和创新能力。企业要想在知识经济中求得生存,就必须把信息与信息、信息与人、信息与过程联系起来,以进行大量创新。知识管理不仅涉及对信息的管理,而且同样涉及对人的管理。知识管理的实施,在于建立激励员工参与知识的共享机制,设立知识总监,关注创新和集体创造力的培养。

(二)知识管理的特征

知识管理是一种全新的管理思想,它既继承了人本管理思想的精髓,又结合知识经济这一新的经济形态的特点予以创新。在知识经济时代,经济的增长不再是过分依赖于经济资源,而是更加依赖知识资源。企业的知识资源是企业拥有和可以反复利用的、建立在知识管理基础上的、可能给企业带来财富增长的一类资源的总称,主要表现为无形的资产、信息资源和智力资源。其特点是无形的、可以反复利用的,不会枯竭的;是企业内部可以共享的资源;通过对企业知识资源的开发和有效利用,可以提高企业创新能力,从而提高企业创造价值的能力。因此,知识管理本身有其不同于以往管理的独特之处。

1. 知识管理重视对员工的精神激励

在知识经济时代,企业管理更加重视对员工的精神激励,即赋予被管理者更大的权力和责任,使他们意识到自己也是管理者的一员,进而发挥自己的自觉性、能动性和首创性,充分挖掘自己的潜能,以实现其自身的人生价值。

2. 知识管理重视知识的共享和创新

未来知识经济下的企业之间的竞争,取决于企业的整体创新能力,即运用集体的智慧,提高应变能力和创新力,增强企业的竞争能力。因此,知识管理要求企业的领导层,要把集体知识共享和创新视为赢得竞争优势的支柱,使员工共同分享他们所拥有的知识,并且要求管理层对那些能够主动做到这一点的人予以鼓励。

3. 知识管理对人才高度重视

对于显性知识的取得、分享,可以通过计算机软件系统实现。对于隐性知识,除了重视员工自身的潜能发挥以外,企业应重视组织内外专家学者及领导层的智慧作用,即人才智力的高效能发挥。对信息的利用必须把信息与信息、信息与人、信息与过程联系起来,从而进行大量创新。总之,对知识的重视程度的加强,要求企业逐步构建起学习型组织。

4. 知识管理重视企业文化建设

知识经济时代的知识管理强调企业文化建设,每一个成功的企业必须有自己的企业精神,用一种共同的价值观来影响全体员工。独特的企业文化全面地影响着组织各项管理职能的实现以及组织成员集体智慧的发挥。

5. 知识管理重视领导方式的转型

知识管理需要有新的领导方式,让每个成员都有参与领导的机会。领导层要不断进行学习,扩展成员的能力。未来的领导应是集体领导。

(三)知识管理的内容

1. 组织内部知识的交流和共享

只有在交流中知识才能得到发展,也只有通过共享和交流,才可能产生创新。对一个组织来说,创新是竞争优势之源,而创新本身归根结底是一种新知识的创造,也是组织知识资源的一种积累。因此,在组织内部各个部门以及各个成员之间,在组织的内部与外部之间,都应该加强知识的交流与共享,否则就不可能实现创新。

2. 驱动以创新为目的的知识生产

随着技术的不断发展,全球一体化趋势的逐渐增强,企业面对的市场竞争也日趋激烈。在知识经济时代的市场竞争中,知识是竞争力之源。企业要想立于不败之地,就必须拥有比别人领先一步的产品、技术或管理优势。而这些优势必然是来源于企业以创新为目的的知识生产。只要企业先人一步掌握新知识,就可能给企业创新带来极大的便利,甚至给企业带来巨大的利润。因此,创造适宜的环境与条件,充分开发和有效利用企业的知识资源,进行以创新为目的的知识生产,必然是知识管理的一项重要内容。

3. 支持从外部获取知识,并提高消化吸收知识的能力

企业的知识资源是创新的源泉,因此企业要使创新不断进行,就必须积累和扩大企业的知识资源。而这种知识积累又不能仅仅依靠企业自身知识的生产,因为这是很有限的,所以必须注重从外部获取相应的知识,并进行消化吸收,成为企业自己的知识资源。

4. 将知识资源融入企业产品或服务以及生产过程和管理过程

知识管理的直接目的是企业创新,使企业赢得持久竞争力。而企业的创新是为了将企业的知识资源转化为新产品、新工艺、新的组织管理方式等。因此,创新离不开知识资源与企业产品或服务及其生产过程和管理过程的融合。知识管理的一个重要内容就是要

明确企业在一段时间内所需要的知识以及开发的方式和途径,贯彻相应的开发和利用战略,保证企业的知识生产和知识资源的积累与扩大以及和企业的产品、服务、生产过程和管理过程紧密结合。

(四)知识管理的实施

知识管理的实施在于建立激励员工参与知识共享的制度,培养企业创新和集体创造力。一个企业实施知识管理应做好以下几项工作:

1. 调整公司结构,将公司建成知识型公司

知识管理要建立起能适应知识经济要求的知识型企业组织结构。任何一名员工的信息、意见或建议,都可以通过简化了的组织结构直接传输到公司的高层领导。

2. 建立便于公司员工进行交流的设施和环境

实施知识管理最基本的,是要建立一个能为公开交流提供完好基础设施的网络。当代信息技术特别是国际互联网的发展,极大地改变了商业运行环境,把全球商业带进电子商务时代,这样企业内部的管理手段和设施,也就不可避免地与各种网络联系到了一起。例如,提供群体交流的QQ群、微信群、腾讯会议、企业OA等。各种网络对企业管理的影响是多重性的,一方面它提出了知识管理的要求;另一方面又使知识管理成为可能,并且降低了建立知识管理基础设施所需的成本。

3. 建立透明、公平、民主化的决策机制

知识管理的核心在于强调每一个员工作为知识创造者的价值和作用。在知识高度发达的今天,决策透明和民主化是非常重要的,要让公司的每一个员工都参与公司的决策,了解公司的决策过程。美国《哈佛管理》杂志指出,企业要笼络员工的心,公平、透明的决策过程,比加薪更有效。

4. 构建有利于每一名员工积极发挥创造力的文化氛围

实施有效的知识管理,不仅要求公司拥有合适的软件系统和充分的培训,还要求公司的领导层把集体知识的共享和创新视为赢得竞争优势的支柱。如果公司里的员工为保住自己的工作而隐瞒信息,如果公司里所采取的安全措施只是为了激励保密而非信息公开共享,那么这将对公司构成巨大的威胁。因此,知识管理要求员工共同分享他们所拥有的知识,并且要求管理层对做得好的员工给予鼓励,公司要真正建立起对积极参与知识共享的员工给予激励的机制。

二、学习型组织

(一)学习型组织的内涵

微课:青蛙效应

学习型组织是一个能使组织内的全体成员全身心投入,并保持持续增长的学习力的组织。学习力贯穿于企业管理的始终,是企业获得生存与发展的基本条件。学习力是由三个要素组成的,即学习的动力、学习的毅力和学习的能力。学习的动力来源于学习的目标,学习的毅力反映了学习者的意志,学习的能力则来源于学习者掌握的知识及其在实践中的应用。一个人或组织是否具有很强的学习力,完全取决于这个人或组织,是否有明确的奋斗目标、坚强的意志和丰富的理论知识以及大量的实践经验,学习力模型如图8-1所示。

学习力的模型揭示了学习力和其三要素的内在联系。这个模型告诉我们,学习力是其三要素的交集,只有同时具备了三要素,才能形成真正的学习力,才能持续地学习。当你有了学习目标和意志,但缺少学习能力时,仅能知道"应学";当你有了学习目标和学习能力,却缺乏意志时,只说明你"能学";当你既有学习能力,又有学习的意志,但是还没有找到学习目标时,你只是处于"也许能学"的状态。只有将三者集于一身,你才能真正地拥有学习力。

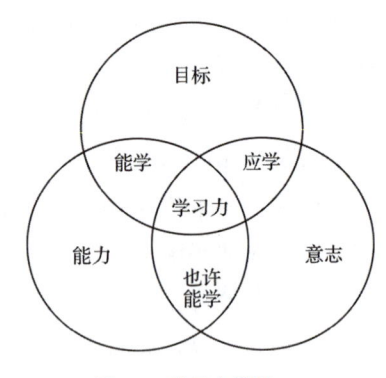

图8-1 学习力模型

学习力不仅是企业竞争的最终决定力,也是企业的生命之本。提高学习力是企业参与现代市场竞争的首要条件。一直以来,我们都认为企业的市场竞争实质上是产品的竞争。产品的竞争其实就是技术的竞争,而技术的竞争一定要归结到人才的竞争上。但是,学习型组织的理论告诉我们,企业的竞争最终一定是学习力的竞争,如图8-2所示。

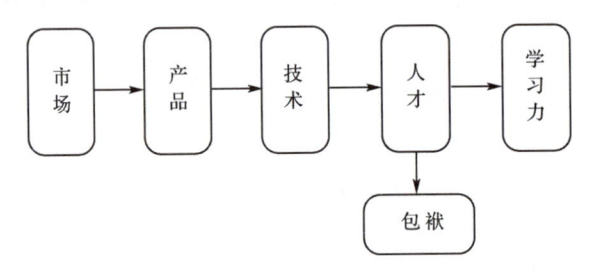

图8-2 学习力——企业竞争最终的决定力

人才其实是一个动态的概念,它不是一成不变的。随着科学技术的快速发展,知识更新越来越快,知识总量的翻番周期愈来愈短,由于学习力下降,昨天的"人才"很可能成为今天的"包袱",今天的"人才"如果不增强学习力,明天就不一定还是人才。因此,人才竞争的背后隐藏着学习力的竞争。

(二)学习型组织的特征

1.学习型精简

学习型组织的学习型精简,是学习基础上的精简,即先乘后减,先事后人。先乘后减是指在组织中开展各种学习活动,推进员工的学习,使每个员工掌握多种技能。一个人可胜任多个岗位,成为"多面手",促使员工的实际工作能力成倍增加,然后考核上岗,企业再从这些掌握多种技能的员工中挑选优秀的人才,进行组织的精简。先事后人是指企业在进行精简时,首先要把与企业发展无关,甚至阻碍企业发展的工作去掉,然后再精简与此相关的人员。

2.扁平化

扁平化是指在决策层和操作层之间的中间管理层越少越好。学习型组织日益成为扁平式的组织,扁平式结构代表着组织结构的改革方向。

3.弹性化

所谓弹性就是适应能力,今天的市场瞬息万变,企业必须具有很强的适应能力,才能在竞争中获胜。若使一个组织具有极强的弹性,第一点必须做到观念更新,要树立贴心服务、超值服务的观念;第二点要做到战略储备,包括人才的战略储备和技术的战略储备,只要做好战略储备,不管市场怎么变化,适应力都很强。

4.不断创新

学习型组织的核心理念是不断创新。只有不断地自我创造,企业才能与别人抗衡。企业的工作归纳起来不外乎两类,即创造性的工作和反应性的工作。反应性的工作最多能够维持现状,而且不一定能维持现状,而企业发展靠的是创造性工作。

5.善于学习

善于学习强调终身学习、全员学习、全过程学习和团队学习。终身学习是指组织中的成员均应养成终身学习的习惯,这样才能形成组织良好的学习氛围,促使其成员在工作中不断学习;全员学习是指组织的决策层、管理层、操作层都要全心投入学习,尤其是管理决策层,他们是决定组织发展方向和命运的重要阶层,因而更需要学习;全过程学习是指学习必须贯彻于组织系统的整个过程之中;团队学习是指不但要重视个人的学习和智力的开发,更要强调组织成员的集体学习和群体智力(组织智力)的开发。只有既肯学习又善于学习的组织,才是一个真正的学习型组织。

6.自主管理

组织要成功,必须让员工参与进来,给他们自主管理的机会,肯定他们的工作成果,让他们体会到人生价值。自主管理是使组织成员能边工作边学习,并使工作和学习紧密结合的方法。通过自主管理,可由组织成员自己发现工作中的问题,自己选择伙伴组成团队,自己选定改革、进取的目标。自己进行现状调查,自己分析原因,自己制定对策;自己组织实施,自己检查效果,自己评定总结。只有实行自主管理的组织,才具有更大的创造力,更强的活力。

(三)学习型组织学习的特点

有"学习型组织之父"之称的彼得·圣吉提出,未来真正出色的组织,将是能够设法使企业上下的人员全心投入,并有能力不断学习的组织。只有学习才是组织生命的源泉,学习型组织是必需的。信息网络迅速发展使得社会与市场更加复杂多变。组织只有通过不断的学习,才能把握变化的趋势,才能保持发展的活力,在竞争中争先一步。对一个处于激烈竞争中的组织来说,唯一持久的竞争优势,就是具备比对手更快学习和掌握新知识的能力。

学习型组织的学习有以下几个特点:

1.学习与工作不可分离,即工作学习化,学习工作化

工作学习化就是把工作的过程看成学习的过程。学习型组织认为,这是一个人、一个企业成长、发展、成功的最重要的学习实践过程。美国著名的管理专家瓦特金斯与马席克提出了工作学习化模型,如图8-3所示。

工作需要进行工作决策,决策后不是马上行动,而是先要经过决策反思。学习型组织

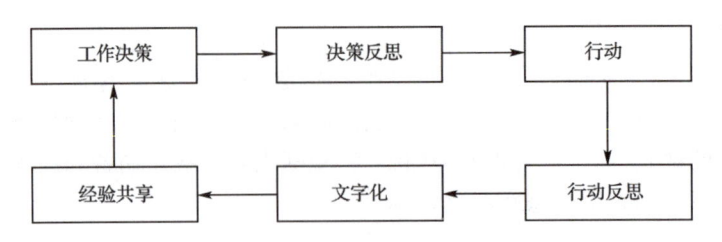

图 8-3　工作学习化模型

认为,反思是最重要的学习,反思是学习的基础。善于反思的人,他的决策能力强。因此,创建学习型组织首先要把反思文化建立起来。反思就是在发现问题的时候,不是互相推诿和埋怨,而是找出自己的责任,认真总结教训。决策层要进行决策反思,执行层要进行行动反思,反思以后修正决策、开始行动。行动也要有行动反思,决策反思和行动反思是最重要的学习过程。文字化就是把两次反思的感悟写成文字,文字化是为了经验共享。共享不是一个人的提高,而是整个团队的提高。共享之后的决策是高水平的决策。这样,学习工作化是要求组织对待学习要像对待工作那样有严格的要求。由于当今时代的特点是变化速度急剧加快,学习工作化的要求也就不能仅仅停留在"学习"二字上了。而是要强调速度,学习速度必须大于或等于变化速度。

2. 组织的学习

组织的学习是一个持续的过程,是组织通过各种途径和方式,不断地获取知识、在组织内传递知识并创造出新知识,以增强组织自身实力,带来行为或绩效的改善的过程。学习型组织很重视个人学习,因为组织是由个体构成,但更重视、更强调组织的学习。学习型组织建立以信息反馈、反思和共享为基础的学习系统,特别强调个人的、团队的和整个组织的三个层次。组织学习是组织生存和发展的前提与基础。学习贯穿于企业管理的始终,是企业获得生存与发展的基本条件。像人一样,企业的成长过程也是一个持续的学习过程。

3. 学后要有新行为

学习型组织非常强调新行为,要求学习后付诸行动、拿出成果,要产生新的行为。

知识窗

被誉为"学习型组织之父"的著名管理学者彼得•圣吉,在其著作《第五项修炼》中提出建立学习型组织的关键是汇聚五项修炼或技能:第一项修炼是自我超越;第二项修炼是改善心智模式;第三项修炼是建立共同愿望;第四项修炼是团体学习;第五项修炼是系统思考。《第五项修炼》的核心是强调以系统思考代替机械思考和静止思考,并通过了解动态复杂性等问题,找出解决问题的高"杠杆解"。《第五项修炼》试图通过这些具体的修炼办法来提升人类组织整体运作的"群体智力"。它涉及个人和组织心智模式的转变,深入到哲学的方法论层次,强调以企业全员学习与创新精神为目标,在共同愿景下进行长期、终身的团队学习。

三、柔性管理

(一)柔性管理的内涵

柔性一词在词典中被解释为:柔韧的、灵活的、能适应新环境的、可通融的。20世纪末它从两条途径被引进管理学中。一条是技术管理的途径,提到利用计算机智能技术进行敏捷制造、柔性制造。柔性在技术上代表弹性、可适应性、可扩展性和可兼容性。另一条是企业文化的途径,20世纪80年代,美国学者提出了企业文化的理论,强调人处于管理的中心和主导地位。企业文化强调企业精神、价值观和员工的凝聚力,这些因素与管理计划和制度相比,无疑更具柔性。

柔性管理是现代企业的一种灵活管理模式,它要求企业组织结构是扁平的和灵活的,企业产品开发、生产、销售和服务是以市场为导向的和快速变化的,信息沟通是畅通的和便捷的。人的积极性得到最大限度发挥,企业能够根据市场变化,迅速反应和调整管理。柔性管理是人性化的管理,是增强企业灵活性、适应性、创新性和快速反应能力的管理,它通过人性化的组织系统、优良的信息管理、快速的反应机制、灵活的生产体系、市场导向的开发和服务来实现这些目的。柔性管理是企业管理发展的新阶段,是现代企业管理的一种新模式,也是人本管理的一种新实践。

(二)柔性管理的理论依据

权变理论认为,管理行为、管理方法是和其所处的环境特点密切相关的,在企业管理中要根据企业所处的内外条件随机应变,不存在什么一成不变的管理模式,也不存在普遍适用的、最好的管理理论和方法。为了增强企业的适应能力,出现了组织结构、战略决策、市场营销、生产指挥等柔性化的趋势。柔性管理正是为了适应当今企业所处的环境而发展起来的。权变思想渗透到柔性管理之中。

行为科学理论认为,员工是社会人,强调重视人的因素。柔性管理正是以人为核心的管理,它吸取了行为科学理论的精华,以此增强管理的柔性因素,注意做好有关人的各项工作。注意感情投资,重视倡导企业精神,重视民主管理,使企业产生巨大的向心力和凝聚力,充分发挥员工积极性、主动性和创造力。

系统论认为,企业是一个具有多层次的复杂的动态系统,是一个人造的、开放的、动态的组织形式。企业柔性管理正是依据系统理论,重视从系统的角度制定战略、组织生产、进行营销、开展全面质量管理,并由此来全方位地实现优质化管理目标,不断增强企业系统的环境适应性。

总之,权变理论、行为科学理论、系统理论都从不同的方面丰富和扩大了柔性管理的内容,使企业柔性管理进一步走向成熟。

(三)柔性管理的内容

强调感情管理,塑造企业文化,推行民主管理,重视人才培训,人力资源开发;强调组织的柔性化,如由集权向分权的过渡,由金字塔形向大森林形组织形式过渡,建立组织结构的弹性权变设置等;强调战略决策的柔性化,如增强战略的灵活性、实行弹性预算、推行滚动计划法;强调营销的柔性化,如用各种灵活多变的营销方式,采取多种有效的营销组合来吸引消费者,刺激购买,实现销售;强调生产的柔性化,如制造业采用柔性生产线来组织灵活生产,突出多品种、小批量、适应市场变化的产品;强调利用高新技术进行管理,如信息技术带来的管理信息系统,办公室自动化等技术,使管理具有更灵敏、快速的特点;强调视觉标识管理,如运用心理学原理,采用企业标识设计、颜色的情感效果,重视管理心理学的应用。

企业管理的柔性和刚性是一对矛盾统一体,柔性管理并不排斥管理中的刚性成分,柔性管理实质上是在保持适度刚性的同时,尽可能地提高管理的柔性,使企业管理刚柔相济,更加科学、实用、灵活、高效。柔性管理与刚性管理的对比见表 8-1。

表 8-1　　　　　　　　　　　柔性管理与刚性管理对比

柔性管理	刚性管理
乐于向下属授权	将权力集中在自己手里
重视与成员的人际沟通	通过管理渠道发布信息
引导成员自我管理	强调对成员严加管束
实行扁平结构的弹性管理	依赖自上而下的层级控制
敢于挑战现状	容易接受现状
善于管理创新	善于平稳控制
管理风格具有可塑性和应变功能	管理风格相对稳定不易变化
有强烈的学习欲望,重视培养组织的学习能力	只重视成员招聘时已具备的能力,缺乏组织学习的观念
既管理成员的工作,又关心成员的成长发展	只对成员进行工作管理,成员的成长发展则是自己的事情
突出成员的主体作用,以愿景激励和调动成员的积极性和创造力	重视物质激励,认为成员工作就是为了追求经济利益
提倡无边界管理,按市场需要灵活组建团队	强调统一管理,部门分工,各负其责
强调组织的"快速反应能力",倡导成员一专多能	强调组织结构的稳定性,注重成员的专一技术

(四)柔性管理的特征

柔性管理以"人性化"为标志,强调跳跃和变化、速度和反应、灵敏与弹性的有机统一。它注重平等和尊重、创造和自觉、主动和企业精神、远见和价值控制。它依据信息共享、虚拟整合、竞争性合作、差异性互补、虚拟实践社团等,实现知识由潜到显的转化,创造竞争优势。

企业柔性管理的特征主要体现在以下几个方面:

1.从生产经营的角度看

柔性化的管理是组织在已有先进技术和规范管理的基础上,经过系统思考,改变思维模式,提高学习能力,力求实现自我超越,主动地适应外部环境的变化,来实现经营管理状态的变化。

2.从人力资源管理的角度看

重视组织成员的个人价值。重视组织与成员之间的诚信与合作的关系。重视员工的成长,为员工提供广泛的个人成长的机会。实行灵活多样的奖励方式,奖励内容对获奖者要有价值。提倡分享权利,鼓励员工参与决策。

3.从市场营销管理的角度看

(1)绿色营销。绿色营销观念的树立,绿色产品市场的拓展,要求企业生产经营的产品从生产过程到消费过程、从外包装到使用或废旧物的回收,都要有利于人类的健康和持续发展,有利于对环境的保护和改善,能够在创造企业内部经济效益的同时,带来外部社会的经济效益。

(2)服务营销。服务营销就是强调不断改进和提高服务水平和服务质量,不断推出新的服务项目和服务措施,力图让消费者得到最大的满足或满意。

(3)知识营销。知识经济时代营销管理人员存在的价值,已不再是单纯地推销产品和服务,更重要的是充当信息咨询顾问。他必须能够让产品与知识融合一体,在出售产品给消费者的同时,成为知识产品的创造者。

(五)柔性管理的实施

1.实施柔性管理的基础

一般来讲,实施柔性管理应具备的基础是:组织所处的环境复杂多变,无法做出比较准确的预测和计划安排以及组织从事的活动具有较强的竞争性,竞争的未知因素较多。

2.实施柔性管理的方式

柔性管理主张管理者应能展示其振奋人心的愿景,带领组织成员进入崭新的境地,并能将此愿景转化为现实。实现这种理想的方法包括愿景沟通、逐渐细化愿景、奖励、不断培训和调整组织等。

以促进学习、激发灵感和洞察未来作为管理的最基本职能。柔性管理是以关于人性的复杂人假设为基础,重视人的发展潜力和肩负责任的能力。

以满足顾客的需求和偏好为经营导向。柔性管理的经营就是将顾客的需求与偏好放在首位,而将利润置于满足顾客对商品需求和偏好之中,只要能将顾客的需求与偏好转化为商品或服务,利润就是这种转化的自然结果。

以网络型组织取代层级组织,以网络型的扁平化组织结构,代替金字塔形的组织结构,可以提高信息传递的效率和工作效率,加强部门间的沟通,灵活地适应市场的变化。

3.实施柔性管理的主要内容

(1)建设柔性组织。由集权向分权过渡,组织表现出很强的柔性,组织结构的网络化、管理层级的扁平化、组织实体的虚拟化等。在高度竞争的环境中,学习型组织成长更快。组织的柔性强调,没有普遍有效的"标准"组织形式。不断适应环境变化的需要是柔性的最大特点。

(2)实施团队柔性管理。在扁平化、网络化的组织结构中,相对自主的团队模式具有很大的优势,要敢于放权,在团队合作的基础上,发挥每一个人的最大潜能。

(3)制定柔性战略。面对风云变幻的组织环境,战略管理必须具备柔性。不仅战略规划要具备柔性,战略实施也必须以柔性来适应动态环境。在确定战略目标的前提下保持对市场变化的警觉性,增强战略的适应性,实行弹性预算,推行滚动计划。

(4)建设柔性文化。企业文化的建设是多方面的,有深层次的价值观,也有表层的企业形象,有正式组织的统一文化,也有组织内各种群体中的群体文化。建设柔性文化就是要在组织内形成人人参与改革、鼓励创新的氛围,大力倡导学习的风气,使全体人员在服务社会的理念上担负起道德责任,抓好企业文化的队伍建设,实施民主管理风格,重视人力资源开发与培养。

(5)发挥柔性领导的影响力。重视培养柔性情感,搞好情感投资,树立管理风范,具备极强的感召力、亲和力和凝聚力。管理者要做到善解人意,要具备刚柔相济的自信力量。要做到以德服人、无为而治。管理者要有柔性服务意识,大力推行管理者为成员服务,成员为组织服务,组织为社会服务、为客户服务,以诚信待人,建立起组织内部、社会、客户的"情感链"。

(6)注重柔性人际管理。人际管理要求把握柔性沟通艺术,对任何组织来说,沟通都是领导的重要职能。良好的沟通必须放弃依赖权威的单向信息传播,要考虑到双方的立场和心理需要,充分利用各种有效的沟通手段。柔性管理主张下级不应当只是被动地执行上级的指令,上下级间应当是互相帮助的关系,下级要积极地影响上级,但不能把这种关系庸俗化,同样,上级在处理与下级的关系时,也要采用柔性的技巧来影响下属,更重要的是要帮助下属成长。

四、危机管理

(一)危机管理的内涵

危机管理是指个人或组织为防范危机、预测危机、规避危机、化解危机、渡过危机、摆脱危机、减轻危机损害,或有意识利用危机等,所采取的管理行为的总称。危机管理是一个时间序列的管理,既包括危机爆发前的管理,也包括危机爆发后的管理。危机管理的目的在于减少乃至消除危机可能带来的损害。

危机是一种对组织基本目标的实现构成威胁、要求组织必须在极短的时间内做出关键性决策和进行紧急回应的突发事件。危机的含义强调:第一,危机是对组织构成重大威胁的事件,妨碍组织基本目标的实现;第二,危机是一种突发性的事件,往往出乎组织的预料突如其来;第三,危机给予组织决策和回应的时间很短,对组织的管理能力提出了很强的时间性要求。

(二)危机管理的原则

1.预防第一原则

危机管理并不是像某些人想象的那样,仅仅是处理和解决业已发生的危机。如果危机管理仅局限于此,则绝不能达到危机管理的最佳状态。危机管理应从事前做起,从机制上避免危机的发生,在危机的诱因还没有演变成危机之前就将其平息。

2.公众利益至上原则

在危机处理过程中,应将公众利益置于首位,以企业长远发展为危机管理的出发点。要想取得长远利益,公司在处理危机时就应更多地关注各利益相关者的利益,而不是只顾及公司的短期利益。

3.全局利益优先原则

企业在处理危机的过程中,局部利益要服从企业的全局利益。有时危机可能由局部产生,但其影响则是全局性的,因此必须从全局的角度考虑问题。

4.主动面对原则

当危机发生时,企业应承担第一消息来源的职责。主动配合媒体的采访和公众的提问,掌握对外发布信息的主动权。如果企业作为第二或第三消息来源,很容易造成媒体传播失真误导或使公众产生误解,陷入被动。危机发生后,不论危机的责任在何方,企业都应主动承担一定的责任。即使受害者对于危机的爆发负有一定的责任,企业也不应急于追究,否则容易加深矛盾,不利于问题的解决。在情况尚未查明、公众反映强烈之时,企业可以采取高姿态,宣布如果责任在于自己,一定负责赔偿,以尽快消除危机的影响。

5.快速反应原则

危机的突发性特点,要求危机处理必须迅速有效。危机一旦发生,会立即引起社会公众的关注。企业必须以最快的速度设立危机处理机构,调集训练有素的专业人员,配备必要的危机处理设备或工具,以便迅速调查、分析危机产生的原因及其影响程度,全面实施危机管理计划。由于公众对危机信息的了解愿望十分迫切,他们密切关注事态的发展。企业发布信息必须及时,以便有效地避免各种谣言的出现,防止危机的扩大化,加快重塑企业形象的进程。

6.统一对外原则

在危机管理过程中,企业必须指定专人负责,进行对外联系与沟通。一个声音对外,以确保宣传口径一致,不出现矛盾或差异。在危机处理过程中,最好不要中途换人,因为更换人员需要花费时间重新了解事件真相,在沟通方法与口径上也可能与原来不一致,从而引发公众的不信任,对企业处理危机的诚意产生怀疑。

(三)危机管理过程

危机管理是一个全过程的时间序列过程,包括事前管理、事中管理与事后管理。危机管理可分为危机预防与危机处理两个过程。危机预防包括危机爆发前企业所有的努力,包括危机意识的培养、危机管理计划的制订与培训、危机预警系统的建立、危机的避免与消除等。危机处理包括危机的事中管理与事后管理。事中管理包括建立危机处理机构、表明危机处理的诚恳态度、开展危机调查与评估、制订危机处理方案、实施危机处理方案等;事后管理包括对危机处理结果进行评估与总结,做好危机处理的善后工作等。

1.危机预防

危机管理的重点应放在危机发生前的预防上。其目的在于"居安思危""未雨绸缪""防患于未然"。做好危机的预防、预测和预应。为此建立全面的危机管理预警系统是必要的。

(1)危机意识的培养。把一只青蛙放到沸水里,它立刻会跳起来,但如果把它放在温水里慢慢地加温,它可能感到非常舒服,直到被煮熟。这说明了生于忧患、死于安乐的道理。企业要避免"温水煮蛙"现象的发生。首先要求其高层管理者具备危机意识,这样才能使企业从战略上不致迷失方向,避免在不经意之间滑入危机的泥潭中。企业的全体员工都要树立起强烈的危机意识,使每位员工都具有居安思危的思想。提高员工对危机发生的警惕性,使危机管理能落实到每位员工的实际行动中,做到防微杜渐、临危不乱。

(2)危机管理计划的制订与培训。企业应根据自己所处的行业特点及可能发生的危机类型,制订一整套危机管理计划,明确怎样防止危机爆发,一旦危机爆发应如何做出针对性的反应。危机管理计划的制订,可以帮助企业在危机时刻有条不紊地处理危机。危机管理计划通常包括危机事件的界定、危机管理的目标、危机管理的原则、危机管理小组的建立、危机调查的内容、危机发展过程的记录、危机处理对策的提出以及危机沟通策略的制订等。为了提高企业全体员工的危机管理技能,有必要将危机管理计划发给每一位员工,并由危机管理小组的成员担任教师,对员工开展有针对性、有侧重点的危机管理培训。企业也可以根据自己的情况,模拟可能发生的危机,进行各种训练演习。

(3)危机预警系统的建立。提前发现危机发生的征兆是有效进行危机预防的前提。危机预警系统的建立有助于危机管理小组及时地收集与评判有关企业危机的各种信息,提前发出危机预报。所谓危机预警就是企业采用定量与定性相结合的方法,对危机的诱因及危机的征兆进行事先的监测与评判,并由此发出危机警示的管理活动。危机预警是危机预控的基础。危机预警系统一般主要由危机监测、危机评判、危机预报等三个子系统构成。

(4)危机预控。危机预控主要在于提前对可能引起危机的各种诱因采取措施,或对难以避免的危机做好准备,全部或部分地清除危机爆发的诱因,尽最大可能避免危机的爆发或减少危机爆发后的危害程度。对于不同种类的潜在危机,危机预控可以从排除策略、缓解策略、转移策略和防备策略中选择一种最适用的策略。

2.危机处理

危机处理主要在于控制危机事态,遏止危机蔓延,缩短危机过程,尽早结束危机,将危机损失减到最低限度,做好恢复、总结及改进等危机善后处理工作,使危机当事者尽快恢复正常运作,并获得必要的改进和提高。

(1)建立危机处理机构。危机发生后,应立即根据危机的类型,按照预先制订的危机管理计划,迅速组成由企业高层管理者、相关的职能部门,以及企业外部专家组成的危机处理小组,并明确规定危机处理小组成员之间的职责分工、相应权限和沟通渠道。危机处理小组组建后,要明确负责人,即首席危机处理官员以及危机处理期间的发言人。

(2)表明危机处理的诚恳态度。危机处理小组要迅速对相关公众表明企业危机处理的积极态度。企业应本着诚恳、负责的精神,表现出对危机受害者的同情、关注,表明企业会立即着手调查,尽可能减少公众的反感和不满。

(3)开展危机调查与评估。危机处理小组应立即组织危机调查,以形成对危机的正确认识。调查的重点包括了解危机发生的详细经过、了解危机的受害者及受害情况、查明导致危机爆发的原因等。在调查的基础上,对危机所造成的实际损失程度、危机蔓延的可能性、危机对企业的长远影响、相关公众对危机的可能反应等进行评估。

(4)实施危机处理方案。对于已经制订危机管理计划的危机类型,危机处理小组应尽快启动危机管理计划。对于尚未制订危机管理计划的危机类型,危机处理小组应根据危机调查与评估的结果,尽快制订危机处理方案。主要内容包括:确定危机处理的目标和原则;选择危机处理的策略;制订对受害者的赔偿措施;明确危机沟通的对象、方式、策略;明确危机的恢复策略等。

(5)对危机处理结果进行评估与总结。在危机事态基本得到控制后,企业应对危机处理的结果进行评估。通过评估发现企业在危机处理中存在的不足,总结危机处理中的经验。在对危机处理结果进行全面评估的基础上,危机管理小组应撰写书面的危机处理总结,向上级或董事会报告。在必要的情况下,通过媒体向外部公众公布危机处理结果。

(6)做好危机处理的善后工作。为了使企业尽快从危机的阴影中摆脱出来,实现企业的可持续发展,需要做好危机处理的善后工作,即尽快消除危机的消极影响;进一步提高危机管理技能;改进管理制度,减少管理漏洞等。

五、信息化管理

(一)信息化管理的概念

信息化管理是以信息化带动工业化,实现企业管理现代化的过程,它是将现代信息技术与先进的管理理念相融合,转变企业生产方式、经营方式、业务流程、传统管理方式和组织方式,重新整合企业内外部资源,提高企业效率和效益,增强企业竞争力的过程。

信息化管理可以分为三个层面:

1. 以数据的信息化实现精确管理

通过计算机技术的应用,对企业生产经营过程中发生的诸如采购、库存、销售以及相关成本、费用、收入等信息给出及时、准确的记录,以供有关方面查询。这样,通过信息的查询,就可以得到同类业务在不同工作主体上的效果差异,进而能够提出业务改进的可靠依据。

随着经济的急剧发展和现代信息技术在企业管理中的广泛应用,许多企业从财务管理中资金的精确管理,到库存物料价值的准确分析,再到整个供应链的执行过程,都进行了科学管理的信息化处理,实现企业的精确管理,企业适应信息技术发展成为企业提高管理的基础。

2. 以流程的信息化实现规范业务处理

即把企业已经规范的一些流程以软件程序的方式固化下来,使得流程所涉及岗位员工的工作更加规范高效,减少人为控制在管理中的随意行为,同时也能提升客户满意度。

信息技术的应用,使企业内部能够基于共同的业务规范,提高了事务处理的效率,消除了信息传递过程的误差问题,增强了企业内部的业务交互效率,增加了单位时间内的企业效益,减少了企业的总体交易成本。现代信息技术也为实现企业内外的信息沟通提供了物质基础。

3. 以决策的信息化改善企业经营

运用计算机技术对已信息化的原始数据进行科学的加工处理,从而起到对管理和决策的支持作用。例如,信息技术的运用对经营各环节如库存、销售、资金运用等的状况进行跟踪,可以及时反馈和预警;可以对关键业务的经济指标进行统计分析,如财务运营指标、库存周转率、销售业绩评估、生产成本分析等;还可以提供企业整体运行的系统指标,为经营决策提供可靠依据。

近十几年来,世界各国的企业界都在致力于企业的信息化,探索从工业经济向信息经济过渡时期的企业信息化途径。

(二)信息化管理的主要应用

1.供应链管理(SCM)

供应链管理(Supply Chain Management,SCM)是指对供应链中的信息流、物流和资金流进行设计、规划和控制,以便增强竞争实力,提高供应链中各成员的效率和效益。

通俗地讲,供应链管理就是能够在满足服务水平需要的同时,把正确数量的商品在正确的时间配送到正确的地点,使得系统成本最小。供应链管理具体体现为对供应商、制造商、分销商、零售商和客户所构成网络中的物流、信息流、资金流、工作流等通过计算机网络技术的运用进行整合以达到系统最优化的一系列管理过程。具体包括:

(1)物料需求计划(MRP)管理系统。物料需求计划(Material Requirement Planning,MRP)管理系统是以相关需求理论为基础,与先进的计算机技术相结合,以产品的需求情况来确定所需要的原材料(或零部件)的时间和数量、计划交付时间,最终达到压缩库存量、保证生产和供应的目的。它是制造、生产企业用于库存管理的有力工具。

MRP管理系统的工作原理:第一步,产生主生产计划(Master Production Schedule,MPS)。即先根据对客户的订单、产品需求的预测,以及高层制订的生产大纲,在现有资源下决定产品生产的数量,制订出主生产计划;第二步,实现物料需求计划(MRP)。在决定生产的批量后,通过物料清单(Bill Of Material,BOM),对产品所需物料展开计算,确定零件(指外购零件)、原材料的数量、需要的时间等;第三步,输出制造和物料采购计划。根据库存记录决定采购的物料的品种、规格、数量、时间等,输出详细的制造与外购的零件、部件、原材料的清单。

由于MRP管理系统的定货量是根据需求来定的,因此,它可以将库存资金的占用降到最小的程度。

(2)制造资源计划(MRPⅡ)管理系统。制造资源计划(Manufacturing Resources Planning,MRPⅡ)管理系统是由MRP管理系统逐步发展起来的。最初的MRP管理系统主要有生产和库存管理的功能,只涉及物流,MRPⅡ管理系统纳入信息流、资金流,增加了生产能力的平衡、计划下达过程和实施过程的反馈调整等功能,信息可与其他系统共享。如MRP管理系统加上生产计划可以建立供应计划,而库存记录可用来进行成本核算,逐步形成集生产、供应、销售、财务等功能于一体的系统。

2.客户关系管理(CRM)

客户关系管理(Customer Relationship Management,CRM)是指通过管理客户信息资源,提供客户满意的产品和服务,与客户建立起长期、稳定、相互信任、互惠互利的密切关系的动态过程和经营策略。

企业要在激烈的市场竞争中立于不败之地,就必须时刻关注企业客户的需求,掌握客户的购买愿望、感受和行为。要通过发现潜在的客户群体,分析哪些是能为企业带来最大效益的客户,要研究如何保持客户的忠实程度以争夺市场和开拓市场。而高度发展的现代信息技术为企业的客户关系管理提供了强大的技术支持,使这种需求得以实现。通过向企业的销售、市场和客户服务的专业人员提供全面、个性化的客户资料,并强化跟踪服务、信息分析的能力,使他们能够协同建立和维护一系列与客户和生意伙伴之间卓有成效的"一对一关系"。一方面使企业得以提供更快捷和周到的优质服务,提高客户满意度、吸引和保护更多的客户,从而增加营业额;另一方面则通过信息共享和优化商业流程来有效地降低企业经营成本。

3.全面管理信息系统——ERP

在知识经济时代,企业所处的商业环境已经发生了根本性变化。顾客需求瞬息万变,为了适应以"顾客、竞争和变化"为特征的外部环境,企业必须要进行管理思想上的革命、管理模式与业务流程上的重组、管理手段上的更新,从而在全球范围内引发了一场以业务流程重组(Business Process Reengineering,BPR)为主要内容的管理模式革命和以企业资源计划(Enterprise Resources Planning,ERP)系统应用为主体的管理手段革命。

ERP 是把原来的 MRPⅡ拓展为围绕市场需求建立企业内外部资源计划系统,把客户需求、企业内部制造活动、供应商的资源融合在一起,完全按市场需求制造。其基本原理是将企业的制造流程看作是一个从供应商、制造工厂、分销网络到客户密切相关的"供应链",运用计算机硬件和软件手段尽力缩短这个"供应链",提高其运转效率,为企业产品质量、市场需求和客户满意提供保障,最终提高企业的市场竞争能力。

4.业务流程重组——BPR

业务流程重组(Business Process Reengineering,BRP)是 1990 年迈克尔·哈默首先提出的,1993 他和钱皮合著《公司重组——企业革命宣言》一书中对其进行了定义。他们指出,"为了飞跃性地改善成本、质量、服务、速度等现代企业的主要运营基础,必须对工作流程进行根本性的重新思考并彻底改革。"

它强调以业务流程为改造对象和中心、以关心客户的需求和满意度为目标、对现有的业务流程进行根本的再思考和彻底的再设计,利用先进的制造技术、信息技术以及现代化的管理手段,最大限度地实现技术上的功能集成和管理上的职能集成,以打破传统的职能型组织结构,建立全新的过程型组织结构,从而实现企业经营在成本、质量、服务和速度等方面的巨大改善。

它的重组模式是:以作业流程为中心、打破金字塔状的组织结构、建立横宽纵短的扁平式柔性管理体系,使企业能适应信息社会的高效率和快节奏、适合企业员工参与企业管理、实现企业内部上下左右的有效沟通、具有较强的应变能力和较大的灵活性。以集体智慧将企业系统所欲达到的理想功能逐一列出后展开功能分析,经过综合评价和通盘考虑筛选出基本的、关键的和主要的系统功能,并将其优化组合成企业新的运行系统。

5.集成质量管理——IQM

计算机辅助质量管理(Computer Aided Quality,CAQ)就是运用计算机实现质量数据采集、分析、处理、传递的自动化,实现质量控制和管理的自动化。

经济全球化进程的加快和计算机集成制造技术的完善使得计算机辅助质量管理正逐步向计算机集成质量管理(Integrated Quality Management,IQM)方向发展。IQM 在 CAQ 基础上的发展体现在两个方面:过程的延伸和范围的扩展。过程的延伸是指质量管理由制造过程延伸到设计开发过程,覆盖了产品整个生命周期。范围的扩展是指将 CAQ 管理下的企业内部局域网扩展为 IQM 下的远程计算机网络,使得跨地区、国际化的企业集团内各部门间的质量管理能够形成一个整体，在制造商和供应商之间实现直接的质量监控。

六、互联网思维

（一）互联网思维的概念

"互联网+"时代的创新与创新管理的首要聚焦点在于商业模式的变革，即产生了互联网思维。目前关于什么是互联网思维还无统一的说法，但大家公认为，互联网思维是指在（移动）互联网、大数据、云计算等科技不断发展的背景下，市场、用户、产品、企业价值链乃至整个商业生态进行重新审视的思考方式。

这种思维模式镶嵌于产品、生产、服务、销售、战略和商业模式设计等各个环节，是面向传统工业的直线思维向互联网的圆形范式的转变。见表 8-2。

表 8-2　　　　　　　　　　工业思维与互联网思维的对比

	工业思维	互联网思维
研发的思维模式	直线思维	圆形思维
特征表现	前向式，不可逆，一步到位	循环往复，不断迭代
风险属性	规模大、抗变换性弱	分阶段、风险可控
形式举例	"羊毛出在羊身上"	"羊毛出在猪身上"
营销模式	花巨资进行广告营销	口碑营销、社会化媒体直销
创新模式	封闭式创新	开放式创新
创新主体	研发人员创新	用户参与创新
盈利思维	依靠产品本身获取利润	产品本身可以免费
商业模式要点	规模、成本、质量	用户体验、用户参与

资料来源：孙黎，魏刚．"圆形决策"时代到来[J/OL]．中欧商业论坛，2015(1)．

（二）互联网思维模式

基于这种从直线思维向圆形思维模式转移的商业逻辑，理论和实践进一步细分了互联网思维模式，包括用户思维、大数据思维、跨界思维、简约思维、极致思维、迭代思维、平台思维、社会化思维、流量思维等。

1.用户思维

互联网思维的核心是用户，其在组织商业运作与价值链中始终都起到举足轻重的作用。这就要求企业产品、服务以及商业模式的设计都以用户为导向，即站在用户角度考虑组织产品创新、定价、品牌营销等问题，深度理解挖掘用户需求，让消费者"用脚投票"，从而获取组织创新的竞争优势。例如，奇虎360公司将用户体验作为公司产品和服务创新的首要准则，开发提供免费的电脑、手机杀毒与安全服务，极大程度保障了互联网用户的网络信息安全与心理安全感，从而在高度竞争的环境中取得了商业模式的成功。

2.大数据思维

互联网作为工具使得企业有能力积累超大规模的客户市场、供应商、"产、学、研"合作伙伴、竞争对手等海量数据信息,这些数据信息转换为企业核心的资产与竞争优势来源。在企业商业模式的全价值链流程中,大数据的分析与挖掘有利于生产资料和消费需求实现精准匹配;有利于精准定位市场分布等信息,从而制定完善的市场战略;有利于分类管理企业的合作伙伴与知识资源信息,实现资源的有效配置;有利于优化管理企业物流等运营信息,实现企业的竞争优势。

3.跨界思维

跨界思维模式是企业通过互联网技术与平台,延伸或重构旧有商业模式的产业边界,拓展自身产品与服务的商业价值,获取价值回报与竞争优势。比如,腾讯和阿里巴巴利用互联网与电商的平台优势,将微信支付、支付宝与百姓的生活联结起来,推广滴滴打车与快的打车等,这些应用又使微信、支付宝得到了更为广泛的用户基础与客户黏性,从而实现基于互联网的产业跨界。

4.简约思维

简约思维模式强调从产品研发、设计、生产到服务追寻极简思路,方便客户使用,避免互联网技术的复杂性导致客户体验与使用满意度的降低,从而增强产品竞争优势。如百度就散发着这种简约思维的魅力,当我们打开百度看到只有简单的几个字和一个LOGO,外加一个搜索框。整个页面看上去有些冷清,甚至单调,但这就是简约设计,让用户能够第一时间看到搜索框,从而清楚地了解产品的本质。

5.极致思维

互联网时代以及金融资本的持续投入催生了企业商业模式的残酷竞争,唯有充分挖掘客户需求,使客户获得公司产品与服务的极致体验,才能真正留住客户,确保客户黏性,这就是将工作做到极致的互联网新思维。

6.迭代思维

产品与服务创新在互联网的辅助下进一步降低了研发与创新过程的信息不对称,提升了企业创新过程的效率,从而降低了创新的生命周期。同时,互联网条件下企业高度竞争以及对客户需求的持续挖掘进一步加速了客户对新产品、新服务的多样化与个性化要求。这使得企业在产品研发、生产和服务环节不能固守单一模式,应当关注新产品与服务的持续迭代,从而在快速迭代的过程中持续、动态地满足客户要求。

7.平台思维

平台思维面向组织战略、商业模式与组织形态层面,强调利用互联网构建自身的商业生态系统,并通过与商业生态系统内利益攸关主体的竞争与合作搭建互动平台,从而获得平台优势。譬如,阿里巴巴为中小企业搭建电子商务与网上创业的平台,在对大规模中小企业与个体网店创业者收取一定佣金的基础上,完善服务、构建安全与制度规范、创造竞争与合作文化,最终依赖中小企业电子商务生态圈的集体繁荣获取在电子商务领域的平台优势。

8.社会化思维

互联网强调人与人之间的互联,本质是一种"网"的概念。信息传递、关系链构建、口碑建立等均来自互联的网络。互联背后可以产生网络的外部性,即每增加一个客户就会使整个网络产生正向的价值反馈,从而在整个社会层面产生溢出效应。企业应当在思维层面加以呈现,从而有效利用互联网的社会化效应开展创新,如互联网众包、众筹等模式创新。

9.流量思维

互联网流量简单说就是一个平台或者App的浏览量,可以按照日或年度计算,一般情况下,流量越高,网站的访问量越大,网站的价值就最高。流量思维主要面向业务运营,在流量思维中,凡是获取用户关注度的途径都能产生企业的热度。企业应高度关注客户流量,流量即是价值回报,也是商业模式成功与否的关键。譬如奇虎360公司,最初推广免费杀毒的模式引来了投资者与行业人员的反对,但免费杀毒获取的海量客户基础与高度认同的品牌效应,转而通过搜索等核心业务模块利用海量客户流量获得了高收益回报。

(三)"互联网+"时代的创新管理

国务院在2015年明确提出制定"互联网+"行动计划,推动移动互联网、云计算、大数据、物联网等与现代制造业结合,促进电子商务、工业互联网和互联网金融健康发展,引导互联网企业拓展国际市场。

在国家战略的引领下,农业、工业、金融、交通、民生、政府服务、教育、医疗等社会相关领域大力推进互联网条件下的技术、服务、模式创新,从而通过互联网利用信息技术,把互联网和包括传统行业在内的各行业结合起来,并在新的领域和传统领域多个方面创造新的生态。"互联网+"与传统领域创新结合的典型案例,见表8-3。

表8-3　　　　　　　　"互联网+"与传统领域创新结合典型案例

互联网+传统领域	典型案例	基本描述
互联网+通信	微信	智能终端即时通信与免费应用服务,实现即时通信,人机互联
互联网+零售	淘宝	网络零售、商圈、购物平台,以电子商务推动B2B、B2C、C2C、O2O等模式
互联网+家电	海尔U+智能家居开放平台	物联网时代生活家居解决方案的一站式平台,以客户需求为导向,实现家电产品与服务模块化,汇聚产品、服务、供应商、客户体验等资源
互联网+教育	MOOC	全球在线课程学习平台,实现在线教育与学分认可、全球知识与教学资源整合
互联网+交通	Uber	即时用车软件,提供安全、舒适、便捷的城市交通服务
互联网+生活产品	Nike+	耐克系列健康追踪应用程序与可穿戴设备一体化系统,丰富了产品功能的社会化、用户体验

资料来源:宁家骏."互联网+"行动计划的实施背景、内涵及主要内容[J/OL].电子政务,2015(6).

七、绿色创新管理

在传统的技术可行性与经济效益导向的创新模式之外,创新的环境影响开始受到关注,绿色创新、生态创新、环境创新等新兴创新范式纷纷涌现,成为驱动社会迈向可持续发展的重要因素。

1. 绿色创新的相关内涵

绿色已经成为资源节约和环境友好的代名词,任何保护生态系统和节约自然资源的事物都可被称为绿色的。绿色创新是一个宽泛的表述,可以说只要具备了创新的新颖性、价值性特征,且能实现资源节约和环境改善,就可以归为绿色创新。绿色创新也常被称为"可持续创新""生态创新""环境创新"等,并且通常与"可持续发展""环境问题""外部性"相关联。正是由于可持续发展和环境问题具有一定的公共性,而其影响又具有普遍性,因此不同学科背景的学者分别基于不同的视角开展绿色创新研究,也就引申出了不同的定义。

可持续创新(Sustainable Innovation)。可持续创新的概念最早可以追溯到1987年世界环境与发展委员会(World Commission on Environment and Development)在《Our Common Future》发表的报告。该报告提出了"可持续发展(Sustainable Development)"的概念,即可持续发展是"满足当代的需要,但不损害未来世代满足他们需要的能力"。围绕如何可持续发展,全球范围内展开了大量的相关研究,形成两种不同的观点。一种观点认为,要达成可持续发展的目标必须满足:可再生资源的使用速度不能超过其再生速度;不可再生资源的使用速度不能超过可代替它的可再生资源的再生速度;污染物的排出量不能超过环境的净化能力,这就是所谓的"强意可持续性"。其实现可持续发展的基本思路是限制自然资源的利用,对发展施加物理制约。另外一种观点认为,过于严格的物理约束不利于当代人的发展,要实现可持续发展我们只需在经济发展中考虑重大环境资源的使用及其减少问题,从而产生的对经济发展制约条件的差异,这就是所谓的"弱意可持续性"。其实现可持续发展的基本思路是从优化经济发展模式和发展过程中获取资源节约和环境友好的效果,以制度、规制和觉悟协调长远利益和短期目标之间的关系。绿色创新就是在"弱意可持续性"概念的基础上提出来的。

生态创新(Ecological Innovation)。最早出现在1996年学者Fusser和James的研究之中,其认为研究与实践应当重视那些为顾客与业务创造价值的新产品和新工艺,这些新产品和新工艺同时能够显著降低本身对于环境的影响。著名学者Kemp和Pearson进一步认为,生态创新是那些与产品、生产工艺、服务、管理手段、商业模式相关的生产、吸收、开发行为,这些创新行为在整个生命周期之中能够显著降低对于环境的危害与污染,减少资源使用的负外部性。

环境创新(Environmental Innovation)。Olter和Jean最早提出环境创新的概念,认为环境创新包含新的与改进的工艺流程、创新实践活动、创新系统以及产品,他们最终有利于环境并对环境产生可持续价值。Jaffe和Palmer认为环境创新几乎等价于生态创新,但生态创新的概念比环境创新更宽泛,生态创新强调通过"硬件"和"软件"的创新,实现资源节约和环境友好,包括产品生产或服务提供过程中投入的节约、循环利用、原材料的替代以及健康、安全和环境等。

绿色创新(Green Innovation)。著名学者Driessen和Hillebrand认为绿色创新的本质不在于面向可持续发展的创新活动降低环境压力,而在于创新活动本身对于环境创造的积极意义与价值,比如,由技术创新所产生的能源节省、污染保护、废弃物循环利用、绿色产品设计,抑或公司环境管理改进等。国内从 20 世纪 90 年代末开始使用"绿色创新"的概念,并从 21 世纪初起逐渐占据主流。绿色创新可概括为"绿色技术创新、绿色制度创新与绿色文化创新",绿色技术创新是绿色创新的核心和重要组成部分,同时绿色创新也涉及相关的制度与管理创新。绿色文化创新是实现绿色技术创新的引导和支持,其核心内容是倡导以人为本的发展观、不侵害后代人生存发展权的道德观、人与自然和谐相处的价值观。所以,国内的"绿色创新"更多指的是一种广义的创新,这种创新活动超出了单纯的环境技术的创新、工艺创新和产品创新,也包括了与此相关的组织创新、管理创新、制度创新等。

2.绿色创新管理的过程

以汽车生产价值链为例,旧有的封闭观点下,汽车价值链面向"零部件供应商—企业生产制造—分销—用户"使用的价值链,传统汽车企业关注企业制造过程是否存在有毒有害物质、大气污染、环境法律等问题。而在绿色创新的理念下,环境创新嵌入到创新价值链的全过程,延伸了生产者等其他行为主体的环境责任。从汽车零部件供应商与材料制造商、汽车制造商、分销商、用户到生活终端实施了环境要素的全程监控与管理,如图 8-4 所示。

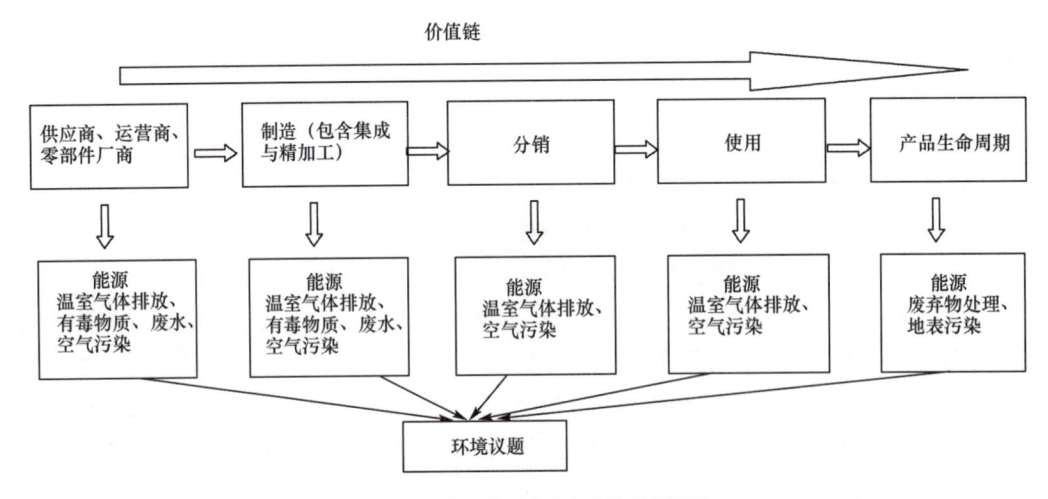

图 8-4 绿色环境下汽车企业的创新管理

资料来源:改编自 Esty,Daniel,and Andrew Winston.Green to gold:How smart companies use environmental stralegy to innovate,create value,and build competitive advantage.John Wiley & Sons,2009:169.

3.绿色创新的核心维度

环境与生态条件下的创新在原有的产品和流程等维度基础上,进一步延伸了创新活动与创新行为的内在维度,主要包括:

设计维度。绿色创新的设计维度决定了创新活动整个生命周期中对于环境的影响,其包含组建增量(对创新产品开发过程中通过增加部分产品功能与产品组建提升产品创新本身的环境质量,从而最大限度地降低产品流程、系统创新所产生的负向环境影响)、子系统变革(通过设计改进实现环境影响的减弱效应,并提升人员对于生态环境与能源的高效利用)及系统变革(对创新产品与流程体系的重新设计,以使形成的产品与流程创新满足生态友好的发展需要)三个方面。

用户维度。用户维度包含用户开发和用户接受。用户开发强调用户在产品定义、设计改进、研究与开发中的重要作用。企业从创意产生到产品商业化全流程、各阶段重视用户的作用,并有效地与用户开展产品开发各个阶段的协同合作,用户既是产品的开发者,也是产品的使用者。通常,快速与规模化的用户使用是创新成功的重要标志,且用户对于创新的接受程度很大程度受到社会价值观与社会规范的影响。譬如社会对健康的追求有利于绿色食品、绿色蔬菜等获得市场的创新成功。

产品服务维度。产品服务维度包含产品与服务的支付方式变革,以及产品与服务所嵌入的流程与关系的价值链变革。产品与服务的交付方式变革强调产品与服务同客户的互动以及其在客户消费关系中的感知。绿色理念与生活方式嵌入客户认知与消费习惯,有助于企业绿色创新行为的市场回馈以及企业持续绿色创新行为的动力与战略提升。流程与关系的价值链变革主要聚焦于产品与服务的价值网络,价值网络能否创造一个绿色环保的正向资源循环,并同时实现企业及其利益攸关者的可持续发展是绿色条件下创新管理的核心,例如,有资质的环保企业通过绿色产品与服务的价值宣传获得有利的市场垄断优势,从而实现企业绿色创新向持续竞争优势的转换。

治理维度。绿色创新的治理维度涉及所有制度层面与组织层面的环境创新解决方案,以实现企业层面竞争优势提升与社会层面环境正向效益反馈的双重目标。其中,环境法律、环境规范、环境评估标准等行政干预手段,以及环境补贴,环境创新优惠等激励手段有利于实现企业以及全社会对绿色环保条件下创新活动的重新审视与战略重视。

【任务小结】

知识管理是一种全新的管理思想,它既继承了人本管理思想的精髓,又结合知识经济这一新的经济形态的特点予以创新。学习型组织是一个能使组织内的全体成员全身心投入,并保持持续增长的学习力的组织。柔性管理是现代企业的一种灵活管理模式,它要求企业组织结构是扁平的和灵活的,企业产品开发、生产、销售和服务是以市场为导向的和快速变化的,信息沟通是畅通的和便捷的。危机管理是指个人或组织为防范危机、预测危机、规避危机、化解危机、渡过危机、摆脱危机、减轻危机损害,或有意识利用危机等,所采取的管理行为的总称。信息化管理是以信息化带动工业化,实现企业管理现代化的过程,它是将现代信息技术与先进的管理理念相融合,转变企业生产方式、经营方式、业务流程、传统管理方式和组织方式,重新整合企业内外部资源,提高企业效率和效益、增强企业竞争力的过程。互联网思维是指在(移动)互联网、大数据、云计算等科技不断发展的背景下,市场、用户、产品、企业价值链乃至整个商业生态进行重新审视的思考方式。绿色创新管理是企业在实施产品与工艺创新提升竞争优势的同时,嵌入绿色创新新理念并关注创新活动对环境的影响,实现环境与生态创新过程观的重要转变。

职场指南

组织必须时刻保持创新,没有创新,只会被市场所淘汰。创新可以提高企业的竞争力,为企业的持续发展提供动力。自主创新是企业的根本,创新的过程实质上是技术的价值追加过程和战略优势的形成过程。作为职业院校的学生,通过模拟并实践组织管理创新的过程,打开思路,培养创新思维,为今后在工作岗位上能做出更大的成就助力。

案例分析

案例1 微软公司的知识管理

自从1975年成立以来,微软公司的竞争优势之一就是其高质量的员工。这个极其成功的软件公司在雇佣具备高智商、强能力的人员方面做到了极致。根据《微软的秘密》的作者的看法,微软的关键战略之一就是"发现那些懂得技术与商业的精明的人"。

微软需要高层次人才的原因之一是它所处的竞争领域的快速变化的本质。微软在几年内上升到产业的主导地位,比尔·盖茨(该公司著名的CEO)坚决认为公司将保持领先。例如,盖茨和微软其他的执行总裁最近决定公司需要包含Internet,而且要将它与所有的产品和服务结合。因此,软件开发者和市场销售者需要能够很快地获取新技能。

但是对人力资源能力的这种高度关注不限制以产品为导向的人员中,比如微软的内部信息技术部也同样面临着生产软件、适应行业快速变化的压力。内部信息技术部由1 000多人组成,他们开发应用软件、构建信息基础结构、操作计算机与网络。不像许多公司一样,微软的内部信息技术部不能容忍技能老化的"遗老"。如果微软的产品套件包括OLE技术的话,那么内部信息技术部就必须很快地将其纳入公司的内部系统。微软的内部信息技术必须总是新的。

因此,内部信息技术部聚焦于鉴别和维持知识能力上。Neil Evans(内部信息技术部的前任部长),作为研究者,正在Emerging技术西北中心从事国家科学基金会项目;Chris Gibbon(时任内部信息技术部部长)聘用Susan Conway为项目经理,承担知识能力的课题。在进入微软之前,Conway就已经在计算机科学和Texaco从事类似的能力项目研究了。

Conway的目标是为微软IS的职位和员工创造一个网上能力形象。1995年11月已经完成了一个80人的应用开发小组的领头人的形象,2000年开始全面执行。该项目被称为Skills Planning "und" Development(也就是影响较大,众所周知的"SPUD"),其重点不是放在进入层的能力上,而是集中在那些需要并被要求站在领域前沿的人上。

微软内部信息技术部的"学习与交流资源"小组正在利用SPUD的主动性(内部信息技术部也负责该部门员工的培训与教育)。其目标是利用能力模型去转化、发展知识,而不仅仅是测试它。当微软内部信息技术部的员工很明白他们要具备什么能力时,他们就会成为微软内部与外部所提供的教育的最好消费者。人们也期望这个项目能够使员工与岗位、工作小组较好地适应。最终该项目会通过微软扩展到其他公司。

在该项目开始之前,微软已经定义过某些能力,但大部分限定在进入层的技能要求上。西北中心也正在研究软件开发者的进入层技能,例如新系统的需求定义。在 SPUD 项目的四种类型模式中,这些基础层能力作为基本知识已为人所熟知。

在基础层之上,还有局部或独特能力,它们是运用于特殊工作类型中的高级技能。例如,一个网络分析员可能需要局域网错误诊断的能力。能力的下一层是全局知识,它会在一个特殊功能部门或组织的所有员工身上得到体现。例如,管理部门的每位工作人员都必须精通财务分析;每位 IT 员工都要胜任技术设计和系统分析。

能力结构的最高层是普遍能力,普遍是对公司内所有员工而言的。这种知识是关于公司所从事的全部业务、所售产品、产业领头人等的知识。对所有员工的培训要寻求提供有关软件产业和微软战略的普遍知识。

在四种基本能力的每一种中又有两种不同类型。外在能力包括特殊工具或方法的知识和能力,如 Excel or SQL 6.0。如需求定义能力就是一种内在能力,内在能力包含更抽象的思考与推理能力。在微软,人们希望内在能力在一定时间内保持稳定,尽管 2000 年开始增添了 One new one 和 Web authoring。当然,外在能力随着特殊语言与工具发展的快速改变也要频繁地发生变化。在四种能力类型中,共有 137 种内在能力和 200 种外在能力。每种能力中的每个技能层都要以 3~4 个要点来描述,使其清晰和可度量。技能描述的目的是避免岗位和员工评级的模糊性。

因为 SPUD 项目的目的之一就是要让工作与员工能力相匹配,所以微软内部信息技术部的每项工作都必须按工作所需的能力进行定级。通常,这项工作是由负责这些工作的管理者来实施的。在普通的工作模板中有 40~60 种能力。

出现在工作定级过程中的一个早期问题就是,管理者要花 2~3 个小时去根据能力需要对工作定级。为了解决这个问题,人们鼓励管理者仅对最高级的能力进行定级,即要求最高技能水平的能力进行定级。这种做法的目的是让工作定级过程仅需半小时。

在 SPUD 项目的带头人中,管理者和员工都倾向于高技能水平定好的级别。Conway 认为,当规划出技能水平的详细指标时,工作和工人的特殊经验就能够很容易地与技能水平相比较,这个问题也就能够解决。

SPUD 项目还要构建一个在线系统,它包括能力结构、工作定级系统、定级数据库、员工能力水平。Conway 已经利用微软的 Access 为项目带头人构建了一个系统原型,尽管它运行较好,但该系统还需更好的性能,还需传到 SQL 服务器上。为了能让全世界的人通过微软的内部网方便地检索,该系统还应该有一个网络前端。

尽管技术问题很容易弄懂,但还存在一些要解决的问题,其中之一就是数据的存放位置。讨论之后,已经决定工作数据要集中管理,员工数据要保存在最初的小组中,但应给中央数据库做一复本。"进入"与"安全"问题是关键问题,因为这是有关个人信息的,即使对于管理者来说,进入比他低的所有员工的能力档案也会被认为是不合适的。另一种行为也是不受人欢迎的,这就是管理者小组为了那些具备自己所期望的能力的员工,而"偷袭"现有的小组。进入的细节问题还有待决定。

因为该项目的关键目标将能力形象与教育资源相连,所以在微软的内部和外部已经发展一些与特殊课程有关的连接,尽管还有一些实质性的工作有待完成。最后,学习与交流资源小组希望不仅能够推荐特殊课程,甚至还能推荐课程中有助于达到目标能力层的某些特殊资料与段落。Conway 希望有该系统能进入以作用描述和所需能力为基础的课程需求。最后,来自内部讨论会和外部的由 Puget Sound 区提供的课程将会按照他们所对应的能力和技能层进行定级。

SPUD 项目的前期研究进行得很好,现在正在微软的内部信息技术部的 1 000 名员工及他们的工作中执行。执行能力模型的工作从地理与功能两方面进行,首先开始于业务部门,然后是应用部门和在欧洲的所有工作岗位。

其中,需要考虑的一个问题就是能力模型如何能扩展到微软内部的以产品为导向的软件开发者身上。在产品领域,许多相同的能力是明显相关的。为了实现这一转移,Conway 正在考虑如何使能力模型与结构性工作(微软产品开发的方法)统一。因为给出评判,他们也会有助于确定能力的含义以及 IT 领域外的教育连接。但是他们与能力模型相关的特殊作用还未被讨论。

微软能力模型某些方面的作用要过很长的时间才能被确定。例如,Conway 希望该模型能成为这个快速变化的产业中使变革制度化的媒介。假设比尔·盖茨决定微软的员工要掌握一种新知识(如基于网络的软件开发),那么他可以坚持所有的工作能力要求中必须要有这种新知识,从而迫使这种能力的发展。看起来,在微软的商业与产业中,确定所需变革和快速执行变革的手段是很关键的。

Conway 也意识到项目的成功来自使用该项目的个人的行为。"如果他们感觉到从中得到了一些东西,那么这个项目才会发展下去。"她认为对于员工和高层管理者而言,感觉到自己有利于工作模板的发展是很关键的。那么,他们将买进能力模型。最后,通过聚焦于个人知识能力,从而推进知识进展的目标,要求组织内所有的人积极参与。

请思考:

1. 微软公司的知识管理对你有何启示?
2. 微软的 SPUD 项目计划的实施,在哪几个方面促进了公司的知识管理?

案例 2　自我改善的柔性管理

大连三洋制冷有限公司(简称大连三洋)成立于 1992 年 9 月,于 1993 年正式投产,是由日本三洋电机株式会社和中国大连冷冻机股份有限公司合资兴办的企业。

大连三洋是在激烈的市场竞争中成立的。当时他们对外面对来自国内外同行业企业形成的市场压力,对内则面临着如何把引进的高新技术转化成高质量的产品,如何使来自各方面在文化程度、价值观念、思维方式、行为方式上有着巨大差异的员工,形成统一的经营理念和行为准则,适应公司发展的需要的问题。因此,大连三洋成立伊始,即把严格管理作为企业管理的主导思想,强化遵纪守规意识。

可是,随着公司的发展和员工素质的不断提高,原有的制度、管理思想和方法,有的已不能适应企业的管理需求,有的满足不了员工实现其精神价值的需要。更为重要的是,随着国内外市场竞争的加剧,大连三洋如何增强自身应变能力,为用户提供不同需求的制冷产品,就成为公司发展过程中必须要解决的问题。因此,公司针对逐渐培养起来的员工自我管理的意识,使其逐步升华成为立足岗位的自我改善行为,即自我改善的柔性管理,从而增强了公司在激烈市场竞争中的应变能力。

大连三洋的经营领导者在实践柔性管理中深深地领悟到,公司不能把员工当成"经济人",他们是"社会人"和"自我实现人"。基于此,大连三洋形成了自己特有的经营理念和企业价值观,并逐步形成了职工自我改善的柔性管理。

通过这种管理和其他改革方法,大连三洋不但当年投产当年盈利,而且5年利税超亿元,合资各方连续3年分红,很快已收回投资,并净赚了两个亿。

大连三洋的职工自我改善是在严格管理的基础上日渐形成的。从公司创建起,他们就制定了严格要求规范的管理制度,要求员工要适应制度,遵守制度,而当员工把严格遵守制度当成他们自我安全和成长需要的自觉行动时,就进一步使制度能有利于发挥员工的潜能,使制度能促进员工的发展,具有相对的灵活性。

例如,他们制定的"员工五准则"中第一条"严守时间"规定的后面附有这样的解释,"如果您由于身体不适、交通堵塞、家庭有困难,不能按时到公司时,请拨打7317375通知公司。"在这里没有单纯"不准迟到""不准早退"的硬性规定,充分体现了公司规章制度"人性化"的一面。公司创立日举行社庆,将所有员工的家属都请来予以慰问。逢年过节,公司常驻外地的营销人员,总会收到总经理亲自书写的慰问信。在他们那里,"努力工作型"的员工受到尊重。职工合理化提案被采纳的有奖,未被采纳的也会受到鼓励。企业与员工共存,为员工提供舒适的工作环境,不断提升员工的生活质量,员工以极大的热情关心公司的发展,通过立足岗位的自我改善成为公司发展的强大动力。

请思考:

1. 试分析大连三洋柔性管理模式的内涵。
2. 大连三洋的柔性管理体现了怎样的管理思想转变?

案例3 从无到有:亚信构建"希腊式"危机管理机制

2002年4月23日,亚信北京地区所有员工都收到了一个通知,内容是:由于SARS肆虐,北京地区员工开始实行远程办公。亚信北京的员工们意识到,公司的危机管理机制正式启动了。

4月16日,亚信的"业务持续应急方案"正式诞生,CEO张醒生和亚信所有业务高管也由此开始密切关注疫情的发展:"那时候起,按照方案规定,我们所有高管的手机就已经24小时开机了。"

上述过程期间,亚信进行了紧锣密鼓的准备:建立SARS领导小组,由CEO担任组长,行政人事部门牵头,各业务部门的关键领导人员分别加入;对软件开发异地备份,即在全国各办事处,例如广州、上海、杭州、成都等地研发的软件,分别要在其他地区进行一个或一个以上的备份;行政人员开始向员工发放药品和防护用品;检查一旦需要远程办公的话,究竟有多少员工具备这样的工作条件(事后证明基本所有员工都配备了电脑);加宽公司内部网的带宽,把每个人的信箱容量扩大一倍……

4月24日,亚信启动了应急方案的第二天,84%的员工(高管人员除外)开始了远程办公。4月28日，亚信开始远程办公后一周，张醒生给自己所有的客户，也就是国内主要的电信运营商总经理们发去一封信，承诺：在非常状况下，亚信保证客户正常所需的一切支持，譬如，亚信仍旧提供24小时的支持服务，正在运营商处进行二次开发的亚信员工将在节日期间留守岗位。同时，亚信还向客户公布其高管人员的联系办法，并保证手机"24小时开机"。"你还别说，当天晚上真有运营商老总给我电话。"张醒生说：我问他什么事，他说，就是想验证一下我是不是开机。

"亚信危机管理机制诞生的契机是SARS，"张醒生说，"不过，它其实是一个应对所有危机的通用规则。"他举例解释：软件的数据备份源于所谓"容灾数据备份"的概念，是用来防止大的城市灾难（比如地震、火灾和战争等）对数据造成不可挽回的损失。"用在SARS上，是为了防止亚信北京的研发机构所处大楼出现感染现象，人员被隔离的状况。""因此，从这个意义上讲，SARS让亚信的危机管理机制练了一次兵。"

张醒生把亚信的危机管理机制形容为"希腊式"。他的意思是，该机制的整体结构类似于希腊建筑：上层的三角形屋顶是管理团队和管理层次，下面支撑的柱子是所应对的危机类型，而这些"柱子"坐落在一个强大的管理平台上。

在此模型下，亚信初步把危机分成三类：一类是战争、地震、疫病之类的灾难危机，应该是由行政部门来牵头进行处理；其次是业务危机，比如产品质量问题和流程出错等，出面负责进行协调的是业务部门；最后就是公共关系危机，这应该由市场部门主导解决。

不过，由于危机实际上牵扯到企业的方方面面（例如对于SARS事件，表面看应该是由行政和人事部门来关心员工的健康，实际上它也牵扯到亚信的业务，而任何业务危机，都免不了引发企业公共关系上的问题），所以，"所有这些东西要建立在一个统一管理的平台上"。这个平台就是"希腊式"建筑的底座，是各个部门与危机之间的对应与协调。

这个模型中最重要的一点是，危机管理必须是"一把手工程"。也就是说，CEO是那个处于"屋顶"尖上的人，作为"群龙之首"的他必须始终保持"警惕"，责权划分要非常明确。因此，亚信一旦启动应急方案，一个对高层管理人员形成约束的文件也会自动生效：例如，几个高层管理人员不能同时出差、24小时开机、建立规定工作序列等。但应急方案并不是启动之后便完事大吉。张醒生说："整个危机管理的流程必须形成一个闭环，这就是启动、执行和监督。"

是否启动方案是完全取决于决策层对形势的判断，判断的正确可能减少企业损失，判断失误有可能带来灾难。方案能否顺利执行，则与方案设计的周详程度有很大关系。"对于危机的考虑应该是建立在树形思考模式上的。"张醒生说，所谓"树形"是指对于很多问题的考虑要有连带性，"如同树枝生长一样"。

最后也是最重要的环节就是监督。对于亚信的员工来说，他们远程办公后收到的邮件是整个亚信每天情况的通报，亚信员工中所有出现过发烧症状员工的名字都曾经出现在邮件里。亚信的规定是，一旦员工自己、亲属或者周边有人有发烧症状都必须立刻上报，在24小时内必须就医，医生诊断后排除问题才能上班，而高层管理人员对当天的情况要进行一次或者一次以上的总结。

"一切都要尽量透明。"张醒生说,"对于危机进行管理的一个重要前提,就是保证信息流通畅。如果在某些环节上不透明,隐藏的信息无法得到处理,一旦问题爆发,足以让整个组织陷于被动。""不能不承认,我们,包括整个国家在内,在这场风暴中也学到了很多东西。"

请思考:

1. 亚信启动应急方案,从容应对"SARS"对你有何启示?
2. 危机管理的过程包括哪些?如何做好危机预防?

案例4 互联网思维:优步(Uber)颠覆传统出租车行业

由于城市空间的有限和人口增加,私家车、公交车和出租车出行模式产生了许多的问题。打车软件通过"互联网+"的手段为社会与民众提供了一种新的出行的解决方案,最大限度上整合了社会出行资源,方便汽车驾驶员与出行的乘客,其中优步(以下简称Uber)模式最具代表。

Uber成立于2010年,是一家最初面向美国的互联网专车服务公司,2015年进入中国,目前估值已达到500亿美元,在全球近300个城市开展业务。Uber通过手机App平台实现乘客与司机互联,提供拼车、租车等用车服务。同时,在技术层面实现了车辆与乘客网络定位,按目的地拼车,在线支付费用,私家车、专车、拼车服务等,从而最大限度上实现社会车辆资源、乘客需求资源及服务分类与需求资源匹配几方面的优化整合。2015年3月,Uber运营车辆(14 088辆)第一次超越纽约黄色出租车数量(13 587辆),成为Uber创业与发展的里程碑。最新数据显示,美国Uber司机每年净收入8.5万美元,每月收入达到出租车司机年平均月收入的两倍。

Uber以互联网App为核心支撑,最大限度地方便了乘客出行,实现了社会资源的高效配置与整合,其服务创新突出体现了以下几种互联网思维:

简约思维与极致思维。Uber主张"少即是多"的体验重构。乘客叫车只需三步:打开App——选择车型——点击用车。App页面上呈现距离乘客最近,且可以提供服务的汽车显示出来,不会形成"密集恐惧症"。同时,乘客不需要输入目的地就能叫车,由此司机不能"挑单",乘客不再处于被选择的地位,保证乘客能够平等获得服务。

大数据思维。Uber不存在乘客需求的抢单机制,其通过数据与技术后台驱动分配距离乘客最近的司机资源,同时司机无须一边驾驶一边抢单,提升了安全性。此外,Uber的定价采用统一的数据模型,并根据进军城市的人均收入与油价成本进行调整。

用户思维。Uber通过一键式服务形成与乘客的情感联结。譬如北京"一键呼叫CEO",16位企业高管乘坐轿车围着清华转,学生通过Uber轿车和高管在车上进行15分钟面试;上海"一键呼叫直升机服务",2 999元试飞一次,20多位电影明星成为首飞乘客,新华网、新浪、腾讯等几十家媒体跟进报道等。此外,面向各地的创业团队,Uber给予他们非常大的自主设计权,他们可以通过"新增键"来延伸服务。

请思考：

1.Uber的创新模式对出租车行业形成了怎样的冲击和颠覆？
2.Uber有哪些互联网思维？

复习思考题

一、填空题

1.创新是一个_____,由_____、_____、_____、_____四个基本要素构成。创新是一个_____,它是从思想到行动、从构想到现实的知行统一的发展过程。
2.从创新的规模以及创新对系统的影响程度来考察,可将其分为_____和_____。
3.企业的技术创新主要表现在_____、_____和_____三方面。

二、选择题

1.局部创新是(　　)
A.影响系统的社会贡献的性质
B.改变系统的目标和使命
C.在系统性质和目标不变的前提下,系统的某些部分变动
D.主动的调整系统的战略和技术
2.下列属于环境创新的是(　　)
A.通过企业的公关活动,影响政府政策的制定
B.通过企业的技术创新,影响社会技术进步的方向
C.通过组织创新,提高管理劳动的效率
D.通过市场创新去引导消费者,创造需求
3.(　　)的目的在于更合理地组织管理人员的努力,提高管理劳动的效率
A.制度创新　　　B.目标创新　　　C.技术创新　　　D.组织创新
4.学习型组织的理念是(　　)
A.学习　　　　　B.创新　　　　　C.生命意义　　　D.自我超越

三、简答题

1.管理创新的含义是什么？
2.管理创新涉及哪些方面的内容？
3.什么是知识管理？它有哪些特征？
4.你认为企业应该如何实施柔性管理？
5.危机管理过程包括哪些内容？

参 考 文 献

[1] 孔茨,韦里克.管理学[M].9版.北京:经济科学出版社,1995.
[2] 西蒙.管理决策新科学[M].北京:中国社会科学出版社,1985.
[3] 德鲁克.管理实践[M].北京:工人出版社,1989.
[4] 罗宾斯.管理学[M].4版.北京:中国人民大学出版社,1997.
[5] 雷恩.管理思想的演变[M].北京:中国社会科学出版社,2000.
[6] 胡克金斯基.管理宗师——世界一流的管理思想[M].大连:东北财经大学出版社,1998.
[7] 泰罗.科学管理原理[M].北京:团结出版社,1999.
[8] 海耶尔.管理百科全书[M].上海:上海辞书出版社,1991.
[9] 华勒斯坦.学科·知识·权力[M].北京:三联书店,1999.
[10] 拉法耶.组织社会学[M].北京:社会科学文献出版社,2000.
[11] 哈默尔.战略创新和追求价值[M].北京:华夏出版社,2001.
[12] 哈默尔.管理创新:理由、内容与方法[J].哈佛商业评论(中国版),2006(3).
[13] 德鲁克.创新与企业家精神[M].北京:机械工业出版社,2008.
[14] 圣吉.第五项修炼:学习型组织的艺术与实务[M].上海:上海三联出版社,2002.
[15] 阿吉里斯.组织学习[M].北京:中国人民大学出版社,2004.
[16] 卡斯特,等.组织与管理:系统与权变的方法[M].傅严,等,译.北京:中国社会科学出版社,2000.
[17] 雷恩.管理思想的演变[M].孔令济,译.北京:中国社会科学出版社,1997.
[18] 拉姆斯.美国企业竞争六大经典战例[M].何茂春,等,译.北京:中国经济出版社,1990.
[19] 于英川.现代决策理论与实践[M].北京:科学出版社,2005.
[20] 佘丛国,席酉民.国内外管理科学与工程研究热点的比较分析[J].科学学研究,2002(4).
[21] 李怀祖.管理研究方法论[M].2版.西安:西安交通大学出版社,2004.
[22] 芮明杰.管理学:现代的观点[M].上海:上海人民出版社,1999.
[23] 郭咸纲.西方管理思想史[M].北京:经济管理出版社,1999.
[24] 孙耀君.管理思想发展史[M].太原:山西经济出版社,1999.
[25] 杨文士.管理学原理[M].北京:中国人民大学出版社,1994.
[26] 周三多.管理学[M].北京:高等教育出版社,2000.
[27] 徐绪松,吴强,等.管理科学前沿问题研究[N].光明日报,2005-9-20.
[28] 张兰霞.新管理理论丛林[M].沈阳:辽宁人民出版社,2001.

[29] 郑健壮.管理学原理[M].北京:清华大学出版社,2010.
[30] 李占祥.面向知识经济时代企业管理变革的新趋势[J].中国工业经济,2001(1):11-13.
[31] 周健临,唐如青,等.管理学教程[M].上海:上海财经大学出版社,2000.
[32] 臧良运.管理学基础[M].北京:中国电力出版社,2012.
[33] 王爱民,张素罗.管理学原理[M].成都:西南财经大学出版社,2009.
[34] 罗珉.管理学[M].北京:机械工业出版社,2006.
[35] 周三多,陈传明,鲁明泓.管理学——原理与方法[M].上海:复旦大学出版社,1999.
[36] 王芳华,芮明杰.现代企业管理案例选[M].上海:复旦大学出版社,1997.
[37] 仇明.学习型组织及其创建途径探讨[J].中国软科学,2002(1).
[38] 李华伟,董小英,左美云.知识管理的理论与实践[M].北京:华艺出版社,2002.
[39] 陈传明,周小虎.管理学原理[M].北京:机械工业出版社,2012.
[40] 龚丽春.管理学原理[M].北京:冶金工业出版社,2008.
[41] 刘晓欢.企业管理概论[M].北京:高等教育出版社,2009.
[42] 赵有生.管理学基础[M].北京:中国财政经济出版社,2009.
[43] 单凤儒.管理学基础[M].北京:高等教育出版社,2003.
[44] 罗锐韧.哈佛管理全集[M].北京:企业管理出版社,1999.
[45] 杨锡怀.企业战略管理(理论与案例)[M].北京:高等教育出版社,1999.